KB174470

자신에게 고용된 사람들

자신에게 고용된 사람들

한국의 자영업자 보고서

1판1쇄 | 2017년 11월 27일
1판2쇄 | 2018년 12월 17일

지은이 | 김도균, 김태일, 안종순, 이주하, 최영준

펴낸이 | 정민용
편집장 | 안중철
편집 | 강소영, 윤상훈, 이진실, 최미정

펴낸 곳 | 후마니타스(주)
등록 | 2002년 2월 19일 제300-2003-108호
주소 | 서울 마포구 양화로 6길 19(서교동) 3층
전화 | 편집_02.739.9929/9930 영업_02.722.9960 팩스_0505.333.9960

블로그 | humabook.blog.me
S N S | humanitasbook
이메일 | humanitasbooks@gmail.com

인쇄 | 천일_031.955.8083 제본 | 일진_031.908.1407

값 16,000원

ISBN 978-89-6437-293-7 03300

이 도서의 국립중앙도서관 출판예정도서목록(CIP)은 서지정보유통지원시스템 홈페이지(http://seoji.nl.go.kr)와
국가자료공동목록시스템(http://www.nl.go.kr/kolisnet)에서 이용하실 수 있습니다.(CIP제어번호: CIP2017029826)

● 이 책은 2016년 정부(교육부)의 재원으로 한국연구재단의 지원을 받아 수행된 연구임(NRF-2016S1A3A2923475).

자신에게 고용된 사람들

/ 한국의 자영업자 보고서 /

김도균 김태일 안종순 이주하 최영준 지음

후마니타스

\ 차례 \

01

우리 사회의 자영업자는 누구인가

경제활동 인구의 26퍼센트

(OECD 자영업자 비율, 그리스·터키·멕시코에 이어 4위)

1차 산업 종사자 115만 명 (농민 등)

2차 산업 종사자 94만 명 (제조업·건설업 종사자 등)

3차 산업 종사자 460만 (무급 가족 종사자 포함)
- 종업원 5인 이상 고용 자영업자 28만 명
- **종업원 없는 1인 자영업자 277만 명**
- **종업원 4인 이하 고용주 89만 명**
- **무급 가족 종사자 66만 명**

특수 고용직 230만 명
- 임금 근로자 범주에 속하는 134만 명
- **자영업 범주에 속하는 96만 명**

* 진한 글씨로 표시된 자영업자들이 이 책의 주인공이다

출처: 국가통계포털에 제시된 경제활동인구조사 통계 및 2016년도 경제활동인구조사 자료를 이용해 계산·종합함.

02

서비스 산업 자영업자 가운데

57.1퍼센트가 50~60대

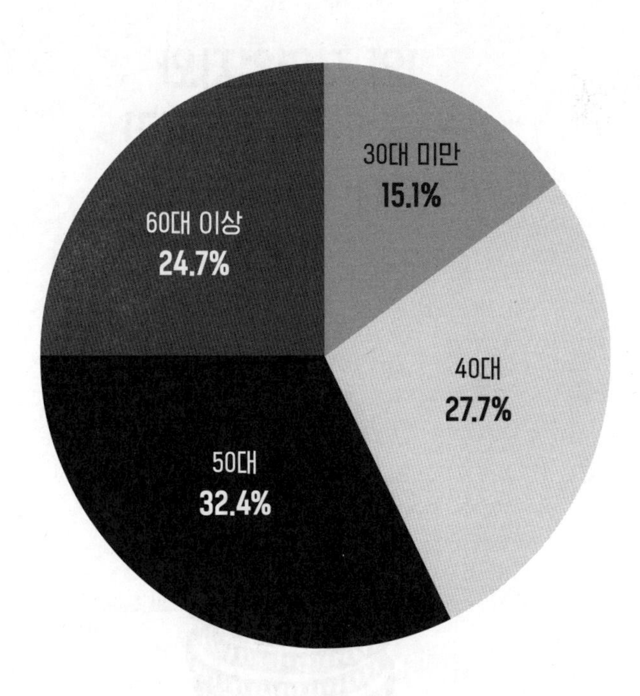

출처: 통계청, "자영업 현황 분석," 2016.

03

서비스 분야의 자영업자들은 영세하다

1인 자영업자와 무급 가족 종사자가 전체의 75퍼센트

출처: 2016년도 경제활동인구조사 자료를 이용해 계산함.

04

서비스업의 여성 자영업자는 더욱 영세하다

여성 자영업자 가운데 29.7퍼센트가 무급 가족 종사자

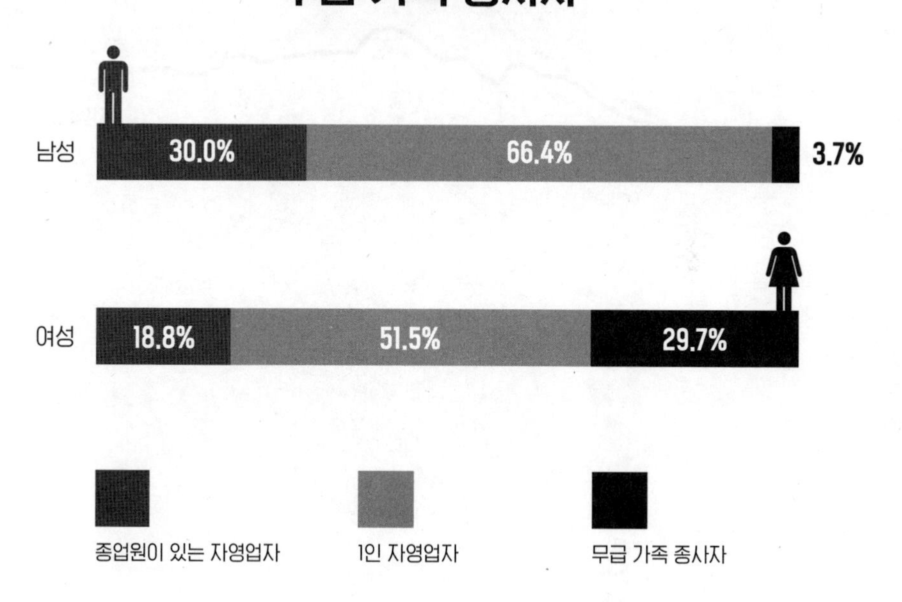

출처: 2016년도 경제활동인구조사 자료를 이용해 계산함.

05

2016년 기준, 자영업자의 1인당 소득은

임금 근로자의 60퍼센트 수준

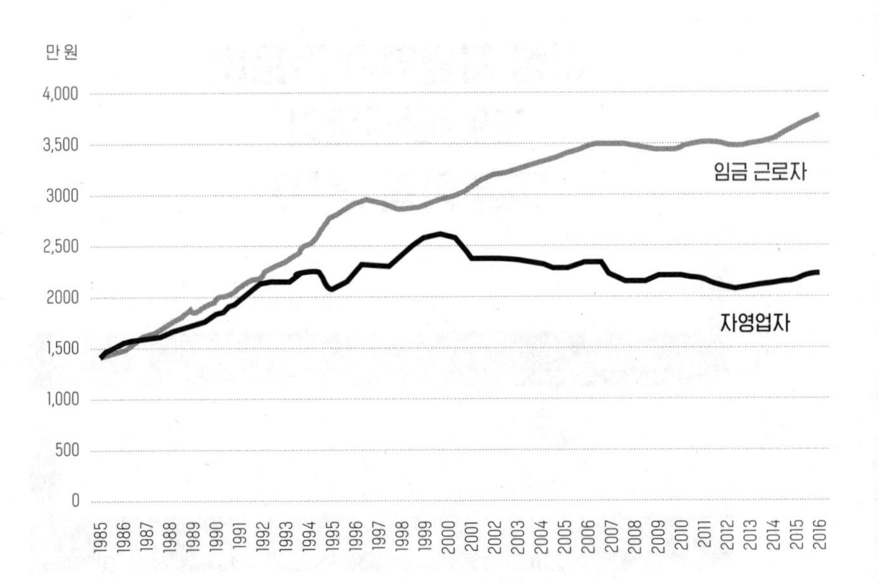

1. 임금근로자 소득=피용자보수/임금근로자수   2. 자영업자 소득=가계부문영업잉여/자영업자수

출처: 국민소득계정, 한국은행; 경제활동인구조사, 통계청

06

자영업자가 임금 근로자보다 빚이 많다

자영업자 9,812만 원

임금 근로자 7,508만 원

출처: 2016년 기준. 통계청, "가계금융복지조사."

07

고령 자영업자가 빚이 많다

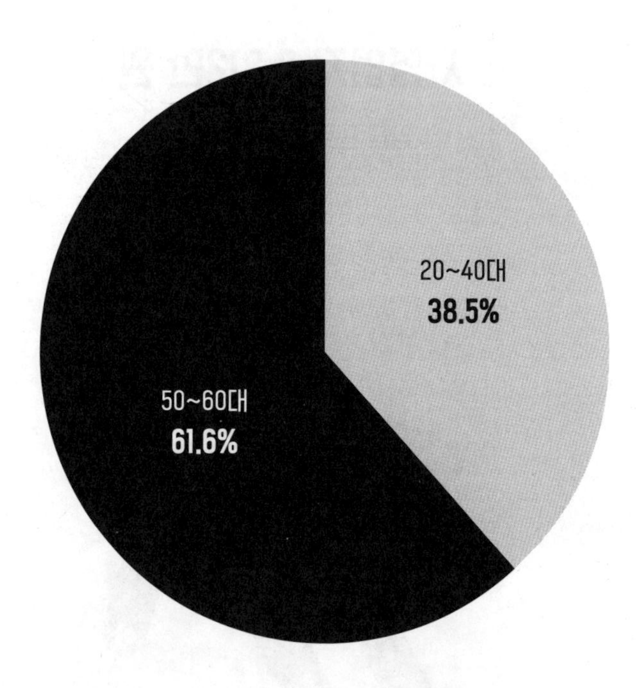

자영업자 대출액의 연령별 분포

출처: 한국금융연구원, "가계 부채 분석 보고서," 2016년 제1호.

08

자영업자들은 공적 보호의 사각지대에 있다

산재보험과 고용 보험 가입률 (단위: %)

		산재보험	고용 보험
자영업자	고용주(고용원이 있는 자영업자)	**25.6**	**15.4**
	자영자/가족 종사자	**1.4**	**1.6**
	특수 고용 종사자	**3.3**	**3.3**
임금 근로자	상용직 근로자	90.0	84.8
	임시/일용직 근로자	90.4	35.5

출처
자영업자: 한국복지패널, "제7차 한국복지패널," 한국보건사회연구원, 2014
임금 근로자: 통계청, "자영업 현황 분석," 2016.

09

음식업에서 경쟁은 갈수록 심해졌다

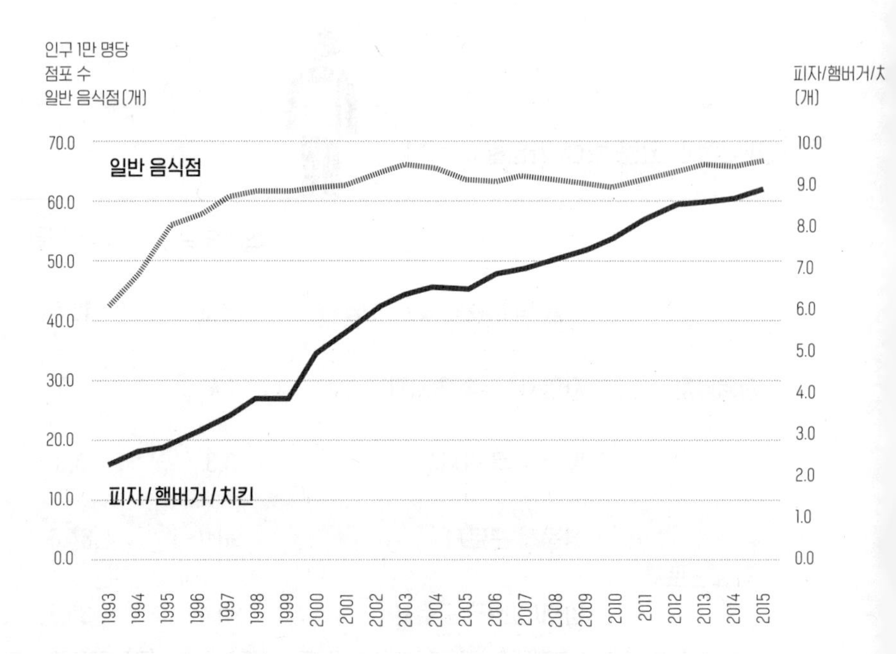

출처: 연도별 전국사업체조사, 주민등록인구수 자료를 바탕으로 계산함.

10

폐업자 가운데 70퍼센트가 창업한 지 5년 미만

2015년, 한 해 동안 107만 명이 창업했고

74만 명이 폐업했다.

폐업자 가운데 70퍼센트는

창업한 지 5년도 채 되지 않았고,

2년 내에 폐업한 경우도 40퍼센트에 달한다.

출처: 국세청, 『국세통계연보』, 2016.

11

자영업자들은

주말에도 일한다

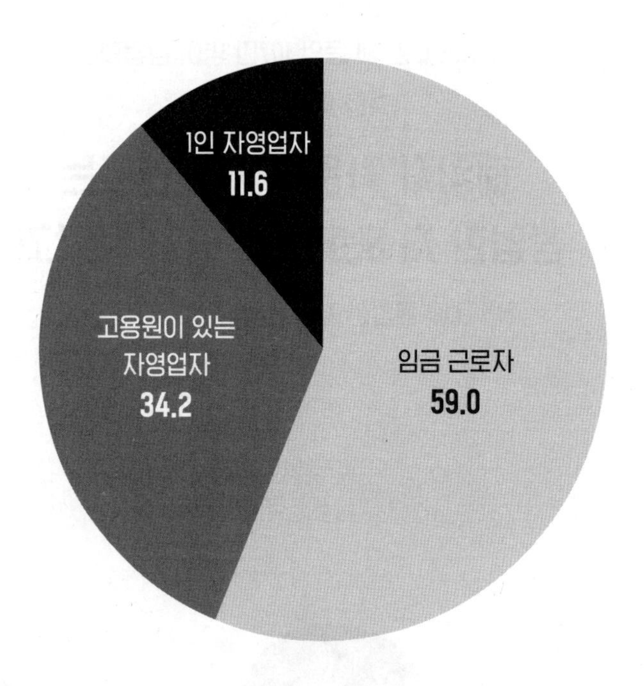

주5일 근무 / 개업 비율 (단위: %)

출처: 2014년 기준. 장훈, "기업 여가 활동 활성화를 위한 정책 수립 연구," 한국문화관광연구원, 2016에서 재인용.

| 프롤로그 |

자영업의 현실은 한국 사회·경제의 축소판

자영업자가 너무 많다는 사실, 그리고 자영업으로 먹고살기 힘들다는 사실은 어제오늘 일이 아니며, 자영업자도 알고 소비자도 안다. 그동안 자영업 대책도 숱하게 발표되었다. 하지만 뚜렷한 성과가 보이지 않는다. 이제는 문제가 불거질 때만 그때그때 현안에 대응하는 분위기다. 이런 상황에서 이 책은 왜 자영업 문제를 이야기하는가. 우리는 자영업 문제에 한국 경제의 온갖 문제가 응축되어 있다고 생각한다. 그래서 자영업 문제를 제대로 이해하는 것이 곧 한국 경제의 근본 문제를 파악하는 것이고, 자영업 문제의 해결책은 우리 경제의 효과적인 치료제가 된다고 믿는다. 몇 가지 예를 들어 보자.

가계 부채

이미 1천조 원을 훌쩍 넘어선 가계 부채의 대표적인 유형은 두 가지다. 주택 담보 부채와 생계형 부채다. 빚을 내서 집을 샀는데 주택 경기가 침체해 집은 팔리지 않고 빚만 떠안은 경우가 주택 담보 부채다. 심각하기는 해도 자산(집)을 소유하고 있기 때문에 그나마 형편이 낫다. 더 심각한 것은 생계형 부채다. 생계형 부채의 대표적인 유형이 자영업 부채다. 은퇴하고 받은 퇴직금에 은행 빚을 보태서 창업을 했지만 장사가 여의치 않아 원금까지 까먹는 경우다. '가계 부채는 우리 경제의 뇌관'이라고들 하는데, 주택 담보 부채보다는 생계형 부채가 뇌관이 될 가능성이 높다.

부동산과 자산 소득

2014년, 사회과학계에서는 프랑스 경제학자 토마 피케티의 책 『21세기 자본』이 화제가 되었다. 책 내용을 한 줄로 요약하면 다음과 같다. '자본주의 경제가 발달할수록 일해서 버는 소득보다 자산을 굴려서 버는 소득이 더 커진다.'

최근에는 금융자산 소득이 커졌지만, 역시 대표적인 자산 소득은 부동산 소득이다. 건물주가 아이들의 장래 희망이 되고 있고, 높은 임대료는 자영업자들에게 가장 큰 부담이다. 이로 말미암아 많은 자영업자들이 '재주는 곰이 부리고 돈은 왕서방이 버는' 꼴이라거나 임대료를 내기 위해 일한다는 불만을 토로하고 있다.

장시간 근로

'저녁이 있는 삶'은 한때 대선 후보 경선에 나섰던 인사가 내세운 슬로건이다. 당시에도 신선했지만 시간이 지날수록 울림이 있는 구호다. 저녁을 가족과 보내지 못하기는 샐러리맨도 마찬가지다. 하지만 자영업자에게 저녁이 있는 삶이란 더욱 상상하기 힘들다. 음식점·커피숍·편의점치고 밤늦게까지 열지 않는 곳이 없다. 소비자 입장에서는 편리한 일이지만, 밤늦게까지 일하는 자영업자와 종업원으로서는 자신도 힘들고, 아이들이 있다면 더욱 어려운 상황이다.

갑을 관계와 최저임금

공정 경쟁을 저해하는 독소 가운데 하나가 우리 경제에 만연한 갑을 관계이다. 프랜차이즈 본사와 가맹점, 영업 본사와 대리점 간의 관계에서 자영업자는 '을'의 위치에 있다. 반면 자영업주는 피고용인에 대해서는 갑의 위치에 있다. 갑인 자영업주가 을인 알바생을 대하는 태도 역시 야간 수당 미지급, 인격 모독 등 불법 부당한 경우가 적지 않다. 양극화를 해결하기 위한 중요 방안 가운데 하나로 최저임금 인상이 제시되고 있는데, 최저임금 인상이 가장 부담되는 집단은 자영업자다. 고용한 종업원 숫자가 많지 않아도 인건비 증가는 고용주 입장에서 큰 부담이다. 인건비가 늘어나면 그만큼 자신의 수입이 줄어듦으로 최저임금 인상이 달가울 리 없다. 자신의 수입도 시간당 임금으로 환산하면 최저임금에 미달한다고 말하는 자영업자들이 많다. 영세 자영업자와 피고용인의 관계를 누군가는 '을과 병의 서글

픈 전쟁'이라고 규정하기도 한다.

국민연금 사각지대

65세 이상 노인 가운데 국민연금을 받는 사람은 대략 전체 노인의 3분의 1이다. 고정적인 수입이 있고 없고는, 노후 생활의 편안함(혹은 고달픔)에 큰 영향을 끼친다. 국민연금을 못 받거나 받더라도 액수가 미미한 이유는 근로 기간 동안 연금 보험료를 제대로 납부하지 않기 때문이다. 임금 근로자는 정규직은 물론이고 비정규직도 웬만한 규모 이상의 중소기업에서 일하면 대체로 사회보험료를 꼬박꼬박 낸다. 그러나 자영업자와 자영업자가 운영하는 영세 사업장의 종업원들은 대체로 사회보험료를 미납하는 경우가 많다. 현재는 물론이고 미래에도 국민연금이 노후 보장 기능을 제대로 하지 못한다는 것은 심각한 문제다. 갈수록 노인 인구는 빠르게 늘어날 것이므로 상황은 더욱 심각하다. 문제 해결의 관건은 자영업자와 이들의 종업원들로 하여금 어떻게 연금 보험료를 낼 수 있게 하는가에 달려 있다.

이중구조

경제의 이중구조는 기업·노동·산업이 각각 대기업과 중소기업, 정규직과 비정규직, 고생산성과 저생산성 분야로 나뉘고 양자 간의 격차가 크다는 것을 말한다. 이런 격차는 소득 양극화를 초래하고 불평등한 사회를 낳는다. 대부분의 자영업은 중소기업, 아니 기업이라는 말이 무색한 영세 상공업자이다. 또한 영세 자영업에 고용된 종업원은 대부분 비정규직이며, 고용주 역시 수입은 적고 언제 문을 닫을 지 모를 만큼 불안정하므로 처지는 비정규직과 다를 바 없다. 대체로 규모가 영세하고 구매력이 한정된 지역에 지나치게 많이 몰려 있어서 낮은 생산성을 피할 수 없는 것이 현실이다.

감세/증세

우리 재정의 가장 큰 문제는 돈이 부족하다는 것이다. 쓸 돈은 적은 데 써야 할 곳은 계속 늘어난다. 그래서 2008년 이후 한해도 빼지 않고 내리 적자다. 절약해도 돈이 부족하면 더 걷어야 한다. 게다가 우리나라의 조세 규모는 OECD 국가들 중 최하위권이다. 그럼에도 증세가 어려운 이유는 우리 사회가 세금 올리는 데 몹시 부정적이기 때문이다. 소득세를 올리자면 당장 "근로자만 봉이냐" "자영업자들의 새는 구멍부터 막아라"라는 소리가 나온다. 부가가치세를 올리자면 자영업자들이 반발한다. 자영업자들은 부가가치세를 높이면 그 부담이 고스란히 자신들에게 돌아온다고 생각하기 때문이다.

세금에 대한 불신은 재정의 문제만은 아니다. 공정한 조세는 정부 신뢰와 사회정의의 근간이 되기 때문이다. 자영업자의 탈세를 조장하는 구조와 풍토가 우리 사회에 만연한 불신과 비리의 토대가 된다는 데 많은 사람이 고개를 끄덕일 것 같다.

이처럼 자영업 문제는 한국 경제의 축소판이다. 워낙 많은 문제가 복잡하게 얽혀 있기 때문에 단시간에 한두 가지 해법만으로 해결하기는 어려울 것이다. 그래서 우리는 문제가 무엇인지를 드러내기로 했다.

이 책의 제목은 '자신에게 고용된 사람들'이다. 자영업자의 영어 표현인 'self employed'를 풀어 쓴 말이다. 우리는, '자기 사업을 하는 사람'이라는 뜻의 자영업자(自營業者)보다는 영어 표현을 풀어쓴 이 말이, 우리 사회 자영업자의 실상을 잘 보여 준다고 생각한다. 웬만한 직장에 다닐 수 있음에도 자기 사업을 하겠다고 자발적으로 자영업자가 된 이들이 과연 얼마나 될까. 이런 사업가들은 전체 자영업자 가운데 극소수일뿐더러 이 책의 관심 대상이 아니다. 대다수는 은퇴 후 다른 선택지가 없었던 사람들, 그래도 열악한 비정규직보다는 나을 것 같아서 선택한 사람들, 노동조건은 임금 근로자와 마찬가지나 형식만 자영업자인 사람들이다. 이들은 자신 외에는 마땅한 고용주를 찾을 수 없었던 사람들, 그래서 자신에게 고용된 사람들이다. 이 책은 바로 이들을 주인공으로 한, '한국의 자영업자들에 대한 보고서'다.

한국에서 자영업은 근대화 이후 나름의 역사성을 갖고 진화해 왔다. 또한 현재 경제활동인구의 4분의 1이 자영업자이며, 앞으로도 크게 줄어들 것 같지는 않다. 과거에도 미래에도 대한민국 국민의 상당수는 여기에 속할 것이다. 그럼에도 상대적으로 주목받지 못하고 있는 이들 자영업자의 현실을, 우리는 드러내고 싶었다. 현실을 온전히 이해할 때 이들을 둘러싼 어려움과 대면하고, 대안을 모색할 수 있으리라 믿는다. 필자들의 이런 의도와 바람이 얼마나 충실히 구현되었는지는 잘 모르겠다. 하지만 이런 시도가 필요하다는 생각이다.

많은 사람들이 이 책을 읽었으면 좋겠다. 그리고 우리 사회의 자영업자에 대한 논의가 조금 더 진전되기를 희망한다.

각 장의 내용을 소개하면 다음과 같다.

1장에서는 우리나라 자영업자 형성 과정과 현황을 논의한다. 우리나라의 자영업자 규모는 총고용의 4분의 1이 넘는다. OECD 회원국들 중에서 네 번째로 비중이 높다. 우리보다 비중이 높은 국가들은 그리스, 터키, 멕시코로 모두 농업 비중이 매우 높다. 농업은 원래 자영업자가 많은 분야이므로 농업을 제외하면 한국이 단연 높다. 왜 한국은 다른 국가들에 비해 유난히 자영업자의 비중이 높을까. 그것은 우리의 고유한 역사적 경험과 경제사회 구조에서 비롯된다. 무엇보다 남북 분단과 한국전쟁, 급속한 산업화와 도시화는 도시 자영업자를 양산했다. 또한 탈산업사회로의 진입, 빠른 은퇴와 늘어난 수명은 자영업자가 줄어들지 않는 현재 상황의 경제 사회적 배경이다.

2장에서는 자영업자의 과잉 문제와 서비스업 생산성의 관계를 이야기한다. 영세 자영업자의 과잉과 낮은 서비스 생산성은 동전의 양면이다. 그러나 '영세 자영업자를 줄이고 첨단화·대형화를 통해 서비스업의 생산성을 높여야 한다.'라는 일각의 주장은 상투적일 뿐만 아니라 문제를 잘못 짚고 있다. 새로운 수요를 창출하지 않는 한 첨단화·대형화하더라도 해당 기업의 생산성만 높아질 뿐 전체 서비스산업의 생산성에는 별 영향을 못 미친다. 더구나 영세 자영업자의 형편이 나아지는 것도 아니다. 해법은 영세 자영업자들에게 더 나은 선택지를 만들어 주거나, 영세 자영업 일자리를 조금 더 나은 일자리가 되도록 하는 것이어야 한다.

3장에서는 자영업 부채 문제를 논의한다. 자영업 부채는 가계 부채와 기업 부채의 성격을 모두 가지고 있어서 다루기도 어렵고, 실태 파악도 제대로 안 되는 것이 현실이다. 하지만 한국은행 발표 자료를 보면 자영업 부채는 2000년대 들어 빠르게 증가해 왔고, 가계 부채만큼 심각하다. 이 장에서는 외환 위기 이후 정부가 자영업 창업을 일종의 실업 대책으로 적극적으로 활용한 데다가 자영업자들도 쉽게 대출을 받을 수 있도록 은행 문턱을 낮춘 것이 자영업 부채가 빠르게 증가한 결정적 원인이었다고 지적한다. 그렇기 때문에 자영업 부채 문제를 해결하려면 일단은 자영업 부채의 이중적 속성(가계 부채+기업 부채)을 고려한 실태 파악이 우선이고, 이를 근거로 대출을 규제할 필요가 있지만, 규제 정책만으로는 한계가 있다는 점도 강조한다. 규제 일변도의 정책은 자영업 부채의 질만 악화시킬 뿐이기 때문이다. 그보다는 실업이나 소득 상실의 위험을 개개인에게 떠넘기는 '민간에 떠넘긴 케인스 처방'과 금융 중심 정책에서 벗어나 고용 정책과 사회정책의 역할과 비중을 더 늘릴 필요가 있다는 점을 강조한다.

4장에서는 자영업자와 조세 문제를 논의한다. 자영업자와 밀접한 관련이 있는 소득세와 부가가치세 문제를 둘러싼 오해를 집중 해부한다. 우리나라는 다른 나라와 달리 부가가치세에 대한 거부감이 소비자보다 자영업자 쪽에서 더 강하다. 부가가치세를 자신들이 부담한다고 생각하기 때문이다. 이 글은 부가가치세에 대한 자영업자들의 불만이 우리나라의 독특한 상거래 관행이나 부가가치세 도입 당시의 사회 상황 때문임을 지적하고, 앞으로 부가가치세를 인상하려면 이런 점들을 섬세하게 다룰 필요가 있다고 지적한다. 그다음으로는 부가가치세보다 더 민감한 소득세 문제를 다룬다. 자영업자와 임금 근로자의 과세 형평성 문제는 어제오늘의 일이 아니며, 이 문제를 해결하기 위해 정부는 그동안 임금 근로자의 근로소득세 부담을 대폭 낮추어 왔다. 하지만 이 글에서는 그동안 자영업자의 소득 파악 문제가 많이 개선된 결과 임금 근로자의 조세 불만 또한 사실과 많이 다르다는 점을 지적한다. 그러므로 여전히 고소득 자영업자의 소득을 파악하기 위해 더 많은 노력을 기울여야 하지만, 증세를 둘러싼 진지한 고민이 필요한 시점이 되었다는 점을 강조한다.

5장에서는 복지에 대한 자영업자의 태도를 살펴본다. 많은 자영업자들이 경제적으로 어렵고 사회적 위험에 노출되어 있음에도 이들의 정치적 성향은 보수적이라고 알려져 있다. 이 글은 자영업의 경험이 복지 정책에 대한 지지 태도를 어떻게 변화시키는지에 주목한다. 이를 위해, 자영업 이슈가 본격화되었던 2007년 이후인 2008년과 2009년 자영업에 새롭게 진입한 이들을 추적해 2007년, 2010년, 2013년에 어떻게 의식이 변해 왔는지를 살펴본다. 종래 임금 근로자였다가 새롭게 자영업을 경험한 사람들의 의식 변화를, 상용직 임금 근로자 집단 및 줄곧 자영업에 종사했던 집단과 비교해, 자영업 경험이 일정 정도 복지 태도의 보수화를 가져왔음을 밝힌다. 그 원인으로서, 사회보장의 왜곡된 구조와, 고용주로서 자영업자들이 처한 불안정한 현실에 대해서도 살펴본다.

6장은 임대료와 권리금 문제를 다룬다. 자영업자를 가장 힘들게 하는 일순위는 아마 임대료와 권리금일 것이다. 장사가 안 돼서 문을 닫는 경우도 많지만 장사가 잘되는데도 임대료·권리금 때문에 문을 닫아야 하는 사례를 우리는 흔히 본다. 여기서는 2001년 〈상가건물 임대차보호법〉 제정으로 자영업자의 불안정한 상황이 많이 나아지기는 했지만 그럼에도 해결되지 않은 문제들이 무엇인지 살펴본다. 무엇보다 법 제정 당시에 도입된 환산 보증금 제도가 여전히 남아 있어서 임대료와 보증금이 일정 수준 이상이면 법의 보호를 받지 못하고, 그렇기 때문에 건물주가 임대료를 두세 배 올려도 문제가 되지 않는 현실을 지적한다. 이와 함께 2015년 법 개정으로 권리금이 법제화되었음에도, 비정상적인 권리금 관행을 규제하는 틀이 여전히 마련되지 않아 앞으로 창업하고자 하는 신규 자영업자들이 피해를 입을 수 있다는 점을 살펴본다.

7장에서는 자영업자의 공정 경쟁(갑을 관계) 문제를 논의한다. 공급 과잉인 자영업 시장에, 구조 조정되거나 퇴직한 사람들이 끊임없이 진입함에 따라 경쟁이 한층 치열해지고 있다. 이런 상황에서 많은 이들이 프랜차이즈 가맹을 선택하지만, 가맹점주는 낮은 수익으로 어려움을 겪고 대기업 가맹본부가 이익을 얻는 구조가 만들어지며, 그 결과 생계형 창업을 선택한 '을'의 상황은 암울하다. 또한 대기업의 무차별적 사업 확장으로 말미암아 영세 자영업자의 골목 상권은 위기에 처해 있다. 이런 상황은 영세 자영업종의 종업원인 '병'의 근로조건 또한 심각하게 저해하는 결과를 가져왔다. 대기업과 건물주인 '갑', 영세 자영업주인 '을', 종업원인 '병' 간의 착취 관계가 고착화되고 있는 것이다. 이 문제를 해결하기 위해서는 국회에서 처리를 미루고 있는 프랜차이즈 법 및 공정거래법의 개혁을 통해 가맹점주를 포함한 영세 자영업자의 권익을 보호하고, 이들이 종업원 인건비를 낮추는 방식으로 생존 전략을 찾는 구조를 바꿔야 하며, 공정거래위원회의 역할과 위상을 재정립하고 중소기업 및 중소 상인 적합 업종 제도를 대폭 개선해야 한다고 지적한다. 아울러 영세 자영업주들이 자신의 권익을 옹호할 수 있는 노동3권과 연대를 강화하는 방안에 대해 살펴본다.

8장에서는 자영업자가 사회보험의 사각지대에 놓이는 문제를 논의한다. 앞에서도 말했듯이 생계를 위해 별다른 준비 없이 자영업에 뛰어드는 사람들은 많지만 이들의 일자리와 소득은 점점 불안정해지고 있다. 그럼에도 임금 근로자 중심의 사회보험 제도가 갖는 특성상 자영업자들은 쉽게 배제되고, 사회보장 체계의 변방에 머무르게 된다. 이와 더불어 부부가 함께 일하거나, 주말도 없이 일하는 영세 자영업자들은 시간과 비용의 문제 때문에 가정에 자녀들만 남겨 두는 경우가 많다. 또한 여성 자영업자의 경우 일과 가사의 양립이라는 부담을 개인이 감당해야 하므로 이중의 고통을 겪고 있다. 이런 상황을 살펴본 후 이 글은 자영업자에 대한 사회적 보호가 확대되고 있는 다수 유럽 국가들의 사례를 살펴보고, 한국에서 어떤 방안들이 가능할지를 고민한다.

9장에서는 특수 고용직 문제를 논의한다. 자영업과 임금노동의 중간 지대에 위치하고 있는 특수 고용 노동자들 가운데 다수는 낮은 소득과 불안정한 취업 상태에 놓여 있지만, '근로자성'이 인정되지 않는 노동법상의 지위로 말미암아 법적 보호를 받지 못하고 있다. 또한 근로관계의 존재를 근거로 제공되는 사회보장제도의 적용에서도 배제되어 왔다. 나아가 이들이 구성한 노동조합도 법적 노조로 인정받지 못하고 있으며, 노조에 가입하면 일방적인 계약 해지를 당하는 경우가 빈번하다. 이런 문제의 해결 방안에 대해 이 장에서는 노동법, 사회보장제도, 노동조합의 세 차원에서 논의한다. 즉 노동법상 근로자 개념을 확장하고, 특수 고용 노동자들에 대한 사회보험의 혜택을 넓히는 동시에, 노동3권을 보장하는 방안을 제안한다.

10장에서는 기술 변화와 자영업자의 미래에 대해 살펴본다. 인공지능과 로봇이 발달함에 따라 이들이 공장과 사무실에서 인간 노동을 빠르게 대체할 것으로 전망된다. 다른 한편, 그 결과 새로운 고용 형태가 등장해 고용 총량이 감소하지 않을 수도 있다. 그러나 고용 총량이 감소하지 않는다 하더라도 소수의 첨단 기술 직종을 제외하면, 다수에 해당하는 고용의 질은 낮아질 가능성이 크다. 그러나 중요한 변수는 정부와 제도이다. 정부와 제도가 어떻게 기능하는가에 따라 변화의 속도는 물론이고 방향도 달라질 수 있다. 예컨대, 고도의 기술 발전으로 일의 내용은 급속히 변하고 있는데, 그것에 걸맞은 인력의 기술 업그레이드는 그 속도를 따라가지 못하고 있다. 이 문제를 해결하려면 학교교육, 직업훈련, 평생교육 등에 대한 사회 투자에 힘써야 하며, 이를 뒷받침하고 촉진하기 위해 사회보장 체계도 정비해야 한다. 본장에서는 기술 발달로 인한 수요 공급의 불일치 문제, 직업훈련·교육에 대한 투자 현실, 사회보장제도의 재조직화 방안을 검토한다.

11장에서는 이 책의 필자들 및 자영업 문제를 함께 고민했던 연구자들이 자유로운 형식의 좌담을 통해 지금까지의 논의를 정리하는 자리를 마련했다. 글을 통해 충분히 말하지 못했던 부분들, 좀 더 강조하고 싶은 이야기, 여전히 남은 쟁점들에 대한 이야기를 나누었다. 공공 부문 일자리 81만 개 창출 논쟁, 평생교육 체계, 특수 고용직 보호, 사회적 경제, 최저임금제 등 자영업과 관련한 다양한 이슈가 논의되었는데, 앞으로 한국 사회가 좀 더 고민해야 할 과제라 할 수 있겠다. 이 좌담으로 결론을 대신한다.

1.

우리 사회의 자영업자들은 누구인가

조개 구이 전문점, 소 갈빗살 전문점, 안동 찜닭…….

IMF 외환 위기 이후 우후죽순으로 생겼다가 얼마 뒤 시들어 버린 식당 아이템들이다. 서민들의 가벼운 주머니 사정을 반영한 '대패 삼겹살'도 번창하다 사라졌고, 악착같아야 버틸 수 있는 세태를 반영하듯 '매운 불닭'도 인기였으나 이내 시들해졌다. 장기 집권하는 품목도 있는데, 치킨 집이 대표적이다. 하지만 이 또한 '치킨'이라는 품목이 장수하고 있는 것이지, 개별 치킨 '집'이 호황을 누리는 것은 아니다. 그 이유는 물론 치킨 집이 너무 많아서이다. 작은 아파트 단지에도 상가마다 한두 개는 으레 입점해 있다. 한국에 전 세계 맥도널드 매장보다 많은 수의 치킨 집이 있다는 통계[1]는 그리 놀랍지 않다.

학습지 교사, 퀵서비스·택배 기사, 대리 운전기사, 요구르트 판매원, 보험 설계사……. 일상에서 늘 마주치는 사람들이다. 우리에게 다양한 서비스를 제공하는 이들의 법적 신분은 '특수 고용 노동자'이다. 소속된 회사가 있지만 고용주와 '고용' 계약이 아닌 '도급' 계약을 맺었다. 그래서 〈근로기준법〉 등 법적 보호를 받는 임금노동자가 아니다. 그러니 형식적으로는 개인 사업자, 즉 자영업자로 분류해야 한다. 하지만 하는 일의 내용을 보자면 일반적인 자영업자와는 구분된다. 이들은 이런 서비스가 처음 공급되던 시기만 해도 형편이 괜찮았으나, 이제는 경쟁이 치열해져 상황이 꽤 열악하다. 최저임금제가 적용되지 않으므로 시급으로 따지면 최저임금을 받지 못하는 사람들이 태반이다. 이들의 규모는 정부 공식 통계로는 50만 명 수준이지만 이는 실제보다 훨씬 과소 추정된 수치이다. 실상을 좀 더 제대로 반영한 연구에 의하면 2014년 기준 230만 명에 달한다(조돈문 외 2015).

이처럼 치킨 집 사장도 특수 고용 노동자도 자영업자인 셈이다. 그렇다면 우리 사회에서 자영업자들은 누구일까? 통계청 정의에 따르면 취업자는 임금 근로자와 비임금 근로자로 구분되며,[2] 비임금

1_공정거래위원회(2017)에 따르면 2015년 기준 전국 치킨 프랜차이즈 가맹점 수는 총 2만4,678개로, 통계에 포함되지 않은 동네 개인 치킨 집까지 더하면 4만 개를 넘을 것으로 추산된다. 한편, 전 세계 맥도날드 매장 수는 3만6천여 개로 알려져 있다.

근로자는 다시 자영업자와 무급 가족 종사자로 구분된다. 부부가 함께 식당을 운영할 때, 남편 명의로 개인 사업자 등록이 되어 있으면 남편은 자영업자이고 아내는 무급 가족 종사자가 된다(아내가 공식적인 종업원으로 신고되고 급여를 받으면 물론 임금 근로자가 된다). 좁은 의미의 자영업자에는 무급 가족 종사자가 제외되지만, 넓은 의미의 자영업자에는 포함된다. 각국의 자영업자 규모를 비교하는 OECD 통계의 '자영업자'에는 무급 가족 종사자가 포함된다. 이 책 또한 자영업자와 무급 가족 종사자를 구분해서 언급하지 않는 한 무급 가족 종사자를 자영업자에 포함한다.

특수 고용 노동자의 경우, 범주 자체가 비교적 최근에 생겼기 때문에 아직까지 이들에 대한 명확한 구분과 조사가 제대로 이루어지지 않고 있다. 통계청의 공식 분류를 보면 이들 가운데 일부는 임금 근로자, 일부는 자영업자에 포함된다. 공식 통계 50만 명은 임금 근로자로 분류된 특수 고용 노동자 중에서도 일부에 해당한다. 한국에서 어떤 사람들이 자영업에 종사하는지, 규모가 얼마나 되는지 등에 대한 본격적인 이야기를 하기 전에, 먼저 다른 국가들과 비교해서 살펴보자.

2_여기서 한 가지 염두에 둘 것은 통계청이 취업자를 '임금' 근로자와 '비임금' 근로자로 분류하는 것은 근로자를 취업자와 동일한 의미로 사용한다는 뜻이다. 다시 말해 통계 분류에는 비임금 근로자도 근로자에 포함된다. 이 책 또한 '근로자'를 지칭할 때는 임금 근로자뿐만 아니라 비임금 근로자도 포함한다. 그래서 자영업자와 대비되는 통상적인 의미의 근로자/노동자를 지칭할 때는 '임금 근로자/노동자'로 표현할 것이다.

한국의 자영업자 규모는 OECD 최고 수준

〈그림 1〉을 보면 그리스, 터키, 멕시코의 자영업자 비중은 자국 전체 고용의 30퍼센트를 넘는다. 한국은 그 뒤를 이어 33개국 가운데 4위로 26퍼센트에 달한다. OECD 평균이 16퍼센트이므로 한국은 평균보다 10퍼센트포인트 정도 더 높다. 그래도 그리스, 터키, 멕시코는 한국보다 5퍼센트포인트 이상 더 높으므로 한국이 아주 많은 편은 아니라고 생각할 수도 있다. 그러나 국가별 농업 비중의 차이를 고려해야 한다. 농업은 성격상 다른 산업에 비해 자영업자의 비중이 높기 때문이다. 따라서 농업의 비중이 큰 국가는 자영업자의 비중도 클 수밖에 없다. 자영업자 비중 순위 1, 2, 3위인 그리스, 터키, 멕시코는 1차 산업(농업) 비중 역시 1, 2, 3위이다.

우리나라의 경우 주로 비농업 분야, 특히 소매업이나 음식점 등 서비스 분야의 자영업자들의 비중이 높다는 것이 문제가 된다는 점에서, 다른 국가들과 비교할 때는 농업 분야를 제외해야 한다. 농업 비중을 제외하고 비교하면 한국과 이탈리아의 자영업자 비중이 가장 높다. 왜 한국은 다른 나라들보다 자영업자 비중이 월등히 높을까? 우선 산업화 과정에서 그 이유를 찾을 수 있다.

그림 1 | OECD 국가별 자영업자 비율(단위: %)

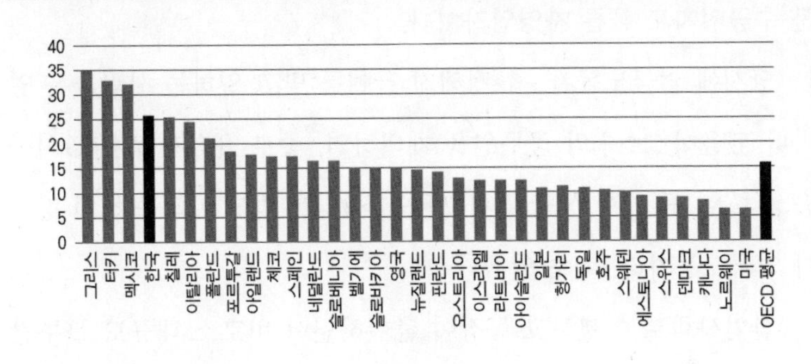

출처 : OECD(2015).

한국에서 자영업자들은 어떻게 만들어졌는가

산업화는 전통적인 자영업자의 규모를 줄인다

일하는 사람 가운데 자영업자와 임금노동자의 규모는 산업사회와 전 산업사회를 가르는 주요 기준이다. 150년 전쯤의 우리 사회를 상상해 보자. 대략 일하는 사람의 80퍼센트 이상은 농사를 지었다. 농민은 대부분 자영업자로 분류할 수 있다. 자영농뿐 아니라 소작농 역시 정해진 급여를 받지 않고 생산량 가운데 일부를 지대로 지주에게 지불하고 나머지를 갖는다는 점에서 자영업자에 가깝다. 상공업자도 대부분 자영업자였다. 시골 장터를 떠도는 보부상이나 방물장수는 물론이고, 농한기에 새끼를 꼬는 농부나 베를 짜는 아낙이 살림에 쓰고 남는 것을 내다 팔면 자영업자로 분류할 수 있다. 갖바치 등 전문 수공업자도 물론 자영업자이다.

당시에 임금노동자, 즉 정해진 급여를 받고 일하는 사람들은 얼마나 됐을까? 소수의 공무원을 제외하면, 종로 육의전(六矣廛)이나 송상(松商) 등 대형 상단의 피고용인, 새경을 받고 일하는 하인 정도가 임금노동자라 할 수 있겠다.

산업사회로 이행하고 공장이 출현하면서 비로소 대규모 블루칼라 임금노동자 집단이 출현했다. 상업이 발달하고 대형 회사들이 등장함에 따라 화이트칼라 임금노동자들도 급증했다. 서구에서는 오랜 기간 동안 산업화 과정을 거치면서 농민과 영세 수공업자 들이 도시의 (블루칼라 및 화이트칼라) 임금노동자로 바뀌었다. 이렇게 서구의 산업화가 서서히 진행된 반면, 한국에서는 그 속도가 유례없이 빨랐다. 이런 속도의 차이는 한국의 경제사회 구조를 여러 측면에서 서구와 다른 모습으로 만들었다. 농촌의 자영업자(농민)가 도시 노동자로 바뀌는 과정 또한 마찬가지다.

급속한 산업화는 농촌 사람을 도시 자영업자로 밀어냈다

한국의 산업화 역사를 길게 잡으면 일제 강점기까지 거슬러 올라갈 수 있지만 본격적인 산업화는 1960년대부터 시작되었다고 보는 것이 적절하다. 그런데 그 전에 농촌 자영업자(농부)가 도시 노동자로 대규모 전환되는 계기가 있다. 바로 남북 분단과 뒤이은 한국전쟁이다.[3]

이런 상황은 〈국제시장〉(2014)이라는 영화에도 잘 나타나는데, 흥남 부두에서 가까스로 탈출해 부산으로 피난을 내려간 주인공 가족은 국제시장에서 잡화점을 운영한다. 그러나 대부분의 피난민들은 아무 연고도 없이 떠밀려온 터에 노점상이나 지게꾼이 되었다.

사람들이 A 대신 B를 선택하는 이유, 혹은 A에서 B로 옮기는 이유는 A보다 B가 더 좋아서다. 경제학적 표현을 빌리면 A의 효용보다 B의 효용이 더 크기 때문이다. 그러나 현실을 좀 더 온전히 이해하기 위해서는 두 가지 측면을 함께 볼 필요가 있다. 하나는 '끌어당기기'다. A와 B 모두 택할 수 있지만 A보다 B가 더 매력적이어서 B로 옮기는 것이다. 또 하나는 '밀어내기'다. 더 이상 A를 유지하기 힘들어서 어쩔 수 없이 B로 옮기는 것이다. '끌어당기기'는 앞에서 말한 경제학적 관점과 다르지 않다. 하지만 '밀어내기'는 다르다. 전적으로 자유의사에 의한 선택이라고 보기 어렵기 때문이다.

월남한 실향민이 이남에서 도시 노동자, 그중에서도 주로 자영업자가 된 것은 분단과 전쟁이라는 사회적 격변 속에 강요된 것이므로 전형적인 '밀어내기'에 해당한다. 그런데 뒤이은 산업화 시기에 시골 농사꾼이 도시 노동자로 전환될 때도 '밀어내기'는 중요한 역할을 했다. 좀 더 나은 삶을 위해 청운의 꿈을 품고 도시로 향한 사람들도 있었겠지만, 그보다는 지독한 가난 때문에 혹은 가족의 생계를 위

3_해방 이후 해외 동포들의 귀환 역시 도시 노동자(대개는 자영업자)가 급증한 원인이다.

해 어쩔 수 없이 고향을 등진 사람들이 더 많았다.

도시에 정착한 사람들 가운데 일부는 임금노동자가 되었다. 봉제 공장 재단사와 미싱 시다가 되었고, 그들의 동생은 용접공과 부품 조립원이 되었다. 또한 많은 사람들이 중국집 배달원, 가게 점원, 식모 등 서비스 분야의 임금노동자가 되었다. 그러나 도시의 임금노동 일자리는 농촌으로부터 급격히 유입되는 인구를 모두 흡수하기에는 턱없이 부족했다.

일자리를 구할 수 없는 이들은 고물상, 리어카 행상, 노점상 등 영세 자영업자가 되어야 했다. 1978년에 출간된 조세희의 연작소설 『난장이가 쏘아 올린 작은 공』은 이 시기 도시 빈민 문제를 다루고 있는데, 이 소설의 주인공 격인 난쟁이가 평생 동안 가진 직업을 나열하면 채권 매매, 칼 갈기, 고층 건물 유리 닦기, 펌프 설치하기, 수도 고치기 등으로, 하나같이 영세 자영 업종이다. 그의 부인은 부업으로 인형에 치마 입히는 일을 했으니 이 또한 자영업을 한 셈이다.

실제 기록을 봐도 마찬가지다. 『사당동 더하기 25』(또하나의문화, 2012)는 사회학자인 조은 교수가 25년간 한 도시 빈곤층 가족의 삶을 기록한 책이다. 이 연구는 1986년 서울 사당동 철거민촌의 스물두 가구를 사례 연구하면서 시작되었다.[4] 이 스물두 가족은 전형적

4_사당동은 원래 경기도에 속한 임야였는데 서울 도심 재개발에 따라 밀려난 사람들이 정착하면서 마을을 이루었다. 집값이 싸서 농촌에서 이주한 많은 사람들이 이곳에 자리 잡았다.

인 도시 빈곤층이었다. 가구주 연령은 28세부터 66세까지 다양하며, 이들의 고향을 보면 3명이 서울이고 2명은 월남했다. 나머지는 전라도, 경상도, 충청도 등 타 지역에서 옮겨왔다(경기도와 제주도 출신은 없다).

이들의 직업은 다음과 같다. 쌀집 주인, 공사판 잡부, 목수, 파출부, 아파트 경비원, 도배 잡부, 건설 노동 십장, 청소부, 사무직, 우유 배달원, 묵 행상, 시장 잡역부, 시계 행상, 개인택시 기사, 미용실 운영, 시장 좌판, 미장이, 리어카 행상, 식당 종업원, 가내 수공업자.

임금노동자는 손에 꼽을 정도이고 나머지는 자영업자이다. 자영업자 가운데 3명은 자신의 가게가 있으므로 형편이 좀 낫지만 다른 이들은 모두 '몸뚱이 하나밖에' 가진 것이 없는 전형적인 영세 자영업자이다. 도시에 정착해 영세 자영업자가 된 사람들 중에는 고생 끝에 번듯하게 자리 잡은 사람들도 있지만, 더 많은 사람들이 영세 자영업자의 처지를 벗어나지 못했고, 그들의 자식들 역시 유사한 경로를 밟는 경우가 흔했다. 조은 교수가 25년간 관찰한 가족은 월남한 실향민 집안이었는데, 자식과 손자들 모두 영세 자영업자와 비정규직을 전전했다.

1960~70년대 대규모 이촌향도(離村向都) 현상은 1980년대에 거의 마무리되었다. 이후에도 우리 경제는 지속적으로 성장했고 산업구조의 고도화가 계속 진행되었다.[5] 서구의 경험에 비추어 보면, 임금 일자리가 늘어나서, 도시화의 결과 급증한 영세 자영업자들을 흡수해야 했다. 그러나 현실은 그렇지 못했다. 사실 1차 산업을 제외

하고, 2·3차 산업 종사자만 따지면 자영업자 비중은 1960년대부터 2000년대 초반까지 꾸준히 늘었다. 왜 그랬을까? 몇 가지 설명이 있는데 가장 중요한 것은 우리 사회가 1990년대부터 산업사회에서 탈산업사회로 전환되기 시작했다는 점이다.[6] 한 사회의 주된 산업은 경제 발전에 따라 농업(1차) → 제조업(2차) → 서비스업(3차)으로 이동하는 경향이 있는데 산업화 이후 사회, 즉 탈산업 사회는 서비스업을 중심으로 한다.

탈산업화 시기에는 이전과 다른 자영업자 집단이 출현했다

서비스업이 중심인 탈산업사회는 제조업이 중심인 산업사회에 비해 자영업자가 증가하는데, 한국의 경우 이런 현상이 더욱 뚜렷하다. 그런데 한국이 탈산업사회로 전환하기 시작한 1990년대부터 늘어난 자영업자 집단은 그 이전의 도시 자영업자 집단과는 다소 성격이 다르다. 특히 두 집단을 들 수 있다.

5_도시화에는 두 가지 유형이 있다. 첫째는 시골을 떠나 도시로 옮기는 이촌향도로, 주로 산업화 초기의 현상이다. 또 하나는 농어촌이 도시로 개발되는 것인데 주로 산업화 후기에 볼 수 있다. 1980년대 이후에도 농어촌 인구는 줄고 도시 인구는 늘었는데, 이때는 농어촌이 도시로 개발된 것의 영향이 더 크다.

6_탈산업사회는 영어의 post industrial society를 번역한 것이다. 좀 더 정확하게는 '산업화 이후의 사회'로 번역할 수 있다. 영어의 industry는 좁은 의미로는 2차 산업 즉 제조업을 지칭한다. 따라서 산업화 이후의 사회란 2차 산업(제조업) 중심 이후의 사회를 말한다.

한 집단은 특수 고용 노동자다. 특수 고용직이란 소속된 곳은 있지만 개인 사업자 신분으로, 정해진 임금 대신 실적에 따라 수입을 얻는 직종을 일컫는다. 화장품 외판원, 요구르트 판매원, 보험 설계사 등 과거부터 있었던 직종 외에도 퀵서비스·택배·대리기사 등 1990년대 이후에 생겼거나 숫자가 크게 늘어난 직종이 많다.

특수 고용 노동자는 거의 대부분 서비스업에 종사한다. 따라서 서비스업이 커질수록 특수 고용 노동자도 늘어난다. 기존 특수 고용직의 규모가 커지기도 하지만 대리 운전처럼 새로운 서비스업이 생기기도 한다. 게다가 신자유주의나 세계화의 경향으로 말미암아 기업들 간 경쟁이 치열해지고 비용 절감에 몰두하는 분위기는 특수 고용직의 양산을 더욱 부추겼다. 1980년대까지만 해도 학습지 교사들은 고정 급여를 받는 임금노동자였다. 그러나 1990년대부터 학습지 시장의 경쟁이 치열해지면서 실적에 따라 수당을 받는 위탁 계약제로 전환되었다. 학습지 회사의 입장에서는 직원으로 채용해서 월급을 주는 것보다 위탁 계약을 맺는 것이 비용을 줄일 수 있기 때문이다. 게다가 실적에 따라 수당을 지급하므로 고객 유치에도 더 열심일 것이다. 전자 회사의 애프터서비스(A/S) 기사도 과거에는 정식 직원이었지만 이제는 서비스 대행 계약을 맺고 실적에 따라 수당을 받는 체계로 바뀌었다. 레미콘 기사나 골프장 캐디도 마찬가지다. 심지어 자장면이나 치킨을 배달하는 일에도 위탁 계약이 등장했다. 자장면 배달원과 치킨 배달원은 더 이상 중국집과 치킨 집의 직원이 아니다. 배달 서비스 계약을 맺은 엄연한 사업자인 것이다. 그래서 배달하다가 오토바이 사고가 발생해도 책임은 가게 주인이 아니라 전적으로 배달원 본인이 져야 한다.

점포를 운영하는 자영업은 소규모라도 자본이 필요하다. 그러나 대다수 특수 고용직은 몸만 있으면 되므로 창업보다 뛰어들기 쉽다. 따라서 경쟁은 더욱 치열해지고 수입은 떨어지기 마련이다. 게다가 하는 일로 보면 노동자와 진배없지만 법적으로는 자영업자이므로 사회보험의 사각지대에 놓이며 노동권도 보호받지 못한다.

'회사를 퇴직해 창업한 중장년 자영업자.' 새로 등장한 두 번째 유형의 자영업자는 바로 이들이다. 퇴직(혹은 실직)한 중장년의 점포 창업은 IMF 외환 위기 이후 본격화되었는데, 이제는 가장 흔한 창업 유형이 되었다.

IMF 외환 위기로 한국 경제는 산업화를 시작한 이래 처음으로 대량 실업을 겪었다. 그동안에는 빠른 경제성장과 산업화 덕분에 일자리가 계속 증가만 했지 기존 일자리가 일거에 사라진 적은 없었다. 그래서 대량 실업에 대한 변변한 대책이 있을 리 만무했다. 또한 이때 일자리를 잃은 사람들은 금융기관과 대기업 종사자 등 화이트칼라들이 많았는데, 이들에게 공공 근로 사업이나 소액의 수당 지급 같은 미봉책은 적절한 대책이 아니었다. 그들에게는 다시 일자리가 주어져야 했다.

그러나 그들 눈높이에 맞는 화이트칼라 일자리가 부족했으므로 그 대안이 창업이었던 것이다. 직장에서 내몰리는 상황에서 퇴직금에 조금만 보태면 창업 자금을 마련할 수 있었다. 그래서 당시 많은 실직·퇴직자들이 자영업 전선에 뛰어들었다.[7] 그 결과 외환 위기 이후 2000년대 초반까지 매년 약 50만 개의 신규 창업이 이뤄졌다(폐업 또한 매년 40만 개에 달했다). 우리나라 30대 대기업의 고용 규모가 85만 명 정도이므로 매년 굴지의 대기업 몇 개가 생기는 것과 맞먹는 규모였던 셈이다(폐업 또한 매년 굴지의 대기업 몇 개가 사라지는 것과 맞먹었다). 결과적으로 자영업 종사자의 수는 1999년 561만6천여 명에서 2004년 611만여 명으로, 매년 10만 명씩 증가했다.

외환 위기의 충격에서 회복된 뒤에도 퇴직 중장년의 자영업 창업은 계속되었다. 두 가지 이유 때문이다. 하나는 외환 위기 이후 화이트칼라 노동시장의 여건이 바뀌었기 때문이다. 이전에는 그런대로 평생직장이라는 개념이 유지됐으므로 정년까지 근무할 수 있었다. 하지만 이제는 정년까지 버티는 경우가 예외적인 상황이 되었다. 50대 전후, 한창 일할 나이지만 비슷한 수준의 일자리를 구할 수 없는 형편에서, 그나마 퇴직금으로 자영업을 창업하는 것 이외에 이들이 선택할 수 있는 대안은 많지 않았을 것이다.

두 번째 이유는 정년은 짧고 수명은 길다는 점이다. 보통의 임금노동자는 정년까지 근무한다고 해도 60세다. 평균수명이 80세를 넘어가면 정년 후에도 20년 이상을 더 살아야 한다. 노후를 충분히 대비하지 못한 데다, 자식들에게 의존하기도 어렵고, 10년 이상은 충

7_외환 위기 이후 정부가 자영업 창업을 장려하기도 했다. 이 문제는 3장에서 다룬다.

분히 일할 수 있다는 점에서, 역시 대안은 자영업 창업 이외에 마땅치 않다. 정년퇴직 후 창업할 바에는 몇 년 일찍 시작하는 것이 유리하고 퇴직금도 더 받을 수 있으므로 명예퇴직(명퇴)을 결심하는 사람들이 많았다. '베이비부머'(1955~63년생)들의 은퇴가 시작되는 2010년경부터 이런 유형의 창업이 늘어났다.

그리고 자영업의 경험이 없는 많은 사람들이, 좀 더 안전할 것이라는 생각에 유명 프랜차이즈 가맹점을 선택했다. 혹은 프랜차이즈는 아니더라도 퇴직금 등 여유 자금이 있으니 그래도 번듯한 가게를 차렸다. 2013년에 창업한 10명 중 5명은 이 범주에 속한다. 제살 깎아 먹기식 과당경쟁, 본사와 가맹점 간의 갑을 관계, 비싼 임대료 등 프랜차이즈 점포를 운영하는 자영업자의 어려움은 익히 알려져 있다. 이들 대부분이 음식업과 소매업에 몰려 있는데, 음식·숙박업의 평균 생존 기간은 창업 이후 3.1년으로 3분의 2가 이 기간 내에 문을 닫는다.

앞으로 자영업자의 규모는 감소하겠지만

산업화 이후 지금까지 자영업자 비중의 변화 추세를 살펴보자. 〈그림 2〉의 '자영업자'는 무급 가족 종사자를 포함한 것이다. 자영업자는 다시 1차 산업에 종사하는 자영업자(농업 자영업자)와 2·3차 산업에 종사하는 자영업자(비농 자영업자)로 구분했다.

이 그림을 보면 1960년대부터 최근까지의 자영업자 비중의 감

그림 2 | 임금 근로자와 자영업자의 비중 변화(1963~2014년, 단위: %)

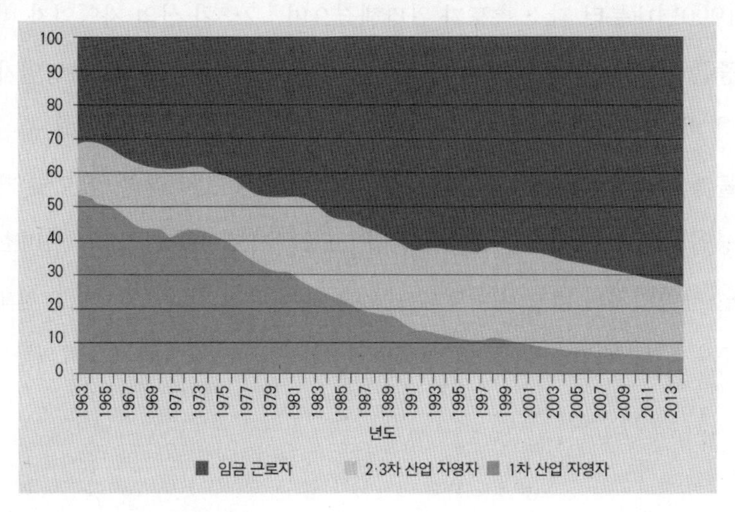

출처 : 통계청, "경제활동 인구 조사."

소는 거의 급속한 도시화에 따라 1차 산업 자영업자(주로 농민)들이 (도시) 임금노동자로 전환되었기 때문임을 알 수 있다. 1차 산업 자영업자의 비중이 감소하는 것과 대비해 임금노동자의 비중이 빠르게 증가한 것이다. 그런데 1차 산업 자영업자 가운데 일부는 도시 자영업자로도 전환되었으므로, 2·3차 산업 자영업자 비중도 2000년대 초반까지 완만하게 증가했다.[8]

8_1963년부터 2013년까지 전체 산업 고용자 수는 세 배 이상 늘었다. 그래서 비중이 아니라 절대 규모로 나타내면 증가폭이 훨씬 크다.

1차 산업 자영업자 비중은 1980년대까지 빠르게 감소했지만, 1990년대부터 감소 속도가 완만해졌으며,[9] 2·3차 산업 자영업자 비중은 2000년대 중반 이후 약간 감소했다. 그렇다면 앞으로 자영업자의 비중은 어떻게 될까? 1차 산업 자영업자의 비중은 약간 더 줄어들겠지만, 이미 충분히 줄어서 감소의 여지는 크지 않다. 앞으로 자영업자의 비중 변화는 2·3차 산업, 그중에서도 3차 산업, 즉 서비스업 자영업자의 비중이 어떻게 될 것인가에 달려 있다(2차 산업은 전체 종사자 규모도 감소 추세이며, 특성상 자영업자의 비중도 그다지 높지 않다).

한국의 자영업자는 누구인가

자영업자는 '자신의 사업을 운영하는 사람'이다. 그리고 앞에서도 밝혔듯이 넓은 의미로는 함께 사업을 운영하는 무급 가족들도 포함된다. 따라서 종업원이 몇 천 명인 사업체를 운영하는 사업가도 자영업자이며, 아파트 상가 채소 가게 주인 부부, 개인택시 기사, 그리고 농부도 자영업자이다. 하지만 큰 사업체를 운영하는 사업가나 농부

9_1963년 63퍼센트였던 1차 산업 종사자 비중은 10년 뒤인 1973년 49.8퍼센트, 다시 10년 뒤인 1983년 29.7퍼센트, 다시 10년 뒤인 1993년 13.5퍼센트로 떨어졌다. 그리고 20년 뒤인 2013년에는 7퍼센트가 되었다.

는 이 책의 관심 대상이 아니다. 이 책이 관심을 갖는 자영업자는 소규모 점포 운영자나 행상인 등 영세 자영업자, 그리고 전통적인 자영업자는 아니지만 그렇다고 임금 근로자도 아닌 집단인 특수 고용직 종사자들이다.

이들 자영업자의 규모는 얼마나 될까.[10] 2016년 기준으로, 자영업자는 557만 명인데, 여기에 무급 가족 종사자 112만 명까지 포함하면 669만 명으로 전체 노동자의 26퍼센트 정도가 자영업자이다. 이 가운데 1차 산업 종사자는 115만 명이며 대부분 농민이다. 그리고 2차 산업에 종사하는 자영업자는 94만 명인데 제조업에 51만 명, 건설업에 42만 명이 종사한다(나머지는 전기·가스·상하수도 등 기반 시설 관련).

이 책에서 특히 관심을 갖는 자영업자는 서비스업 즉, 3차 산업의 자영업자다. 3차 산업의 자영업자는 무급 가족 종사자를 포함해서 460만 명이다. 이 가운데 영세 자영업자는 얼마나 될까. 공식적으로 10인 미만을 '소상공인', 5인 미만을 '영세 자영업자'라고 한다.

3차 산업 자영업자 중에서 종업원을 5~9인 고용한 자영업자는 22만 명이고 10인 이상 고용한 자영업자는 6만 명으로 합쳐서 전체의 6퍼센트에 불과하다. 즉 자영업자의 대다수는 ① 종업원이 없는 1인 자영업자, ② 종업원 4인 이하의 고용주, ③ 무급 가족 종사자 등 세 유형 중 하나에 속한다. 규모는 순서대로 277만 명, 89만 명,

---

10_이하의 수치는 국가통계포털에 제시된 경제활동인구조사 통계 및 2016년도 경제활동인구조사 원 자료를 이용하여 저자가 직접 계산해 종합한 것이다.

66만 명이다.

앞에서도 밝혔듯이 특수 고용 노동자 규모는 통계청 공식 통계와 실제가 크게 다르다. 통계청 공식 통계로는 2016년에 50만 명 남짓 된다. 그러나 이는 실제보다 매우 과소 추정된 것이다. 통계청이 조사하는 특수 고용 노동자는 임금 근로자 중에서 '특수 형태 근로 종사자'라는 명칭으로 분류된다. 구체적으로는 임금 근로자 〉 비정규 근로자 〉 비전형 근로자 〉 특수 형태 근로자로 분류된다.[11] 이들은 비전형·비정규 임금 근로자 중에서 "독자적인 사무실, 점포 또는 작업장을 보유하지 않았으면서 비독립적인 형태로 업무를 수행하면서도, 다만 근로 제공의 방법, 근로시간 등은 독자적으로 결정하면서, 개인적으로 모집·판매·배달·운송 등의 업무를 통해 고객을 찾거나 맞이하여 상품이나 서비스를 제공하고 그 일을 한만큼 소득을 얻는 근무 형태(예: 학습지 교사, 보험 설계사, 골프장 캐디)"로 정의된다. 스스로 본인이 임금 근로자라고 응답한 사람들 중에서 이 요건에 해당하는 경우만 집계한다. 따라서 처음부터 자영업자라고 응답한 사람들은 배제된다.

조돈문 외(2015)의 연구에 따르면 통상 특수 고용 노동자로 분류되는 사람들 가운데 다수가 통계청의 특수 형태 근로 종사자 범주에

11_임금 근로자는 정규직 근로자와 비정규직 근로자로 구분되며, 비정규 근로자는 한시적 근로자, 시간제 근로자, 비전형 근로자로 구분된다. 그리고 비전형 근로자는 파견 근로자, 용역 근로자, 특수 형태 근로자, 가정 내 근로자, 일일 근로자로 구분된다.

서 빠져 있다. 이 연구의 추정 결과를 보면 2014년 기준으로 통계청 분류에서 임금 근로자 범주에 속하는 사람들 가운데 특수 고용 노동자 규모는 134만 명이며, 자영업자 범주에 속하는 사람들 가운데 특수 고용 노동자 규모는 96만 명이다. 연구진이 보기에는 이 연구의 추정 규모가 실제에 가까운 것으로 판단된다.

앞서 제시한 서비스업 1인 자영업자 277만 명에는 자영업자로 분류된 특수 고용 노동자 96만 명이 포함되어 있다. 그러나 임금 근로자로 분류된 특수 고용 노동자 134만 명은 제외되어 있다.

정리하면, 전체 자영업자 669만 명 중에서 1·2차 산업 종사자와, 서비스 업종 종사자 가운데 5인 이상 사업체 종사자를 제외한 432만 명, 그리고 이 432만 명에 속하지 않는 특수 고용 노동자 134만 명, 합쳐서 566만 명 정도가 이 책에서 관심을 갖는 가장 넓은 의미의 '자영업자'이다.[12] 다음 장부터 이들의 이야기를 하나씩 살펴보자.

12_여기에 영세 자영업자는 아니지만 소상공인에 해당하는 규모 5~9인 이하 자영업자도 이 책의 문제의식을 어느 정도는 공유할 것이다. 그리고 OECD 통계의 자영업자 중에 특수 고용 노동자가 포함되는지는 불확실하다.

● 1장과 2장의 내용은 김태일(2017)의 12장에 일부 수정, 수록되었다.

2.

너무 많은 자영업자, 어디로 갈 것인가

서비스업의 퍼즐 : 경쟁은 치열한데 왜 생산성은 낮을까?

경제가 발달할수록 산업의 중심은 1차 산업(농업) → 2차 산업(제조업) → 3차 산업(서비스업)으로 옮겨 간다. 선진국들의 산업구조는 이미 오래전에 서비스업 중심으로 바뀌었다. 한국 또한 1990년대 중반 이후 서비스업 중심으로 변화되었다. 그런데 서비스산업의 생산성이 낮아 경제성장을 위해서는 이를 높여야 한다는 이야기가 2000년대 이후부터 들려 왔다. 한국의 서비스산업 생산성이 떨어지는 이유는 영세 자영업자가 너무 많기 때문이므로 그 수를 줄이고 시설 투자를 늘려 첨단화·대형화해야 한다는 주장도 있다.

그러나 이미 많은 부채를 지고 있으며 임대료와 인건비 부담을 짊어지고 있는 영세 자영업자의 처지를 고려할 때 이는 현실적인 해결책이 되기 어렵다. 또한 영세 자영업자의 규모를 줄일 경우 퇴출된 사람들이 어느 부문으로 흡수될 수 있을지도 고려해야 한다.

서비스산업의 생산성을 어떻게 측정할 것인가도 생각해 볼 필요가 있다. 한국처럼 자영업자들이 밤낮없이 높은 노동 강도로 일하는 모습을 다른 나라에서는 찾아보기 힘들다. 그 덕분에 한국을 방문한 외국인들은 편리한 서비스 체계에 감탄한다. 음식·세탁·청소·쇼핑·배송 등 수많은 서비스가 전화 한 통, 터치 한 번으로 해결된다. 골목마다 24시간 편의점과 새벽까지 영업하는 음식점과 주점이 즐비하다. 편하고 빠르고 값도 싸다. 그런데 왜 한국의 서비스산업은 생산성이 낮다는 것일까?

서비스업의 생산성은 수요에 의해 좌우된다

경제학에서 말하는 생산성은 일반적으로 노동생산성을 가리킨다. 제조업의 노동생산성은 이해하기 쉽다. 1백 명이 일하는 공장에서 1년에 스마트폰 1만 개를 만들다가 설비를 늘려 다음해에 1만5천 개를 만들었다면 노동생산성이 50퍼센트 증가한 것이다. 반면 서비스업의 생산성은 조금 다르다. 스마트폰 판매점을 운영하는 A가 하루 평균 5개를 팔다가 새 모델이 출시되어 20개를 팔았다면 노동생산성은 네 배가 된 것이다[물론 노동생산성은 노동자 1인이 창출하는 부가가치로 계산된다는 점에서 엄밀하게는 스마트폰별 판매 마진(혹은 이윤)을 기준으로 따져야 하지만, 마진이 크게 다르지 않다고 가정하자].

다른 직종의 예도 살펴보자. 부동산 중개소를 운영하는 B가 작년에 전세 계약 5건을 성사했는데 올해는 인근 아파트의 재건축이 완료되어 매매 10건, 전세 12건을 성사했다. 수입도 대략 5배가 늘었고 노동생산성도 5배 늘었다. 프랜차이즈 커피점을 운영하는 C는 길 건너에 또 다른 커피점이 들어서면서 매출이 절반으로 떨어졌고, 노동생산성도 절반이 되었다. 대리 기사인 D는 2년 전만 해도 1건에 평균 3만 원을 받았으나 경쟁이 치열해져 현재 1만5천 원을 받는다. 매일 3건의 일을 하는 것은 변함없지만 노동생산성은 절반이 되었다.

세 사례 모두에서 노동생산성이 변했는데 그 내용은 조금씩 다르다. 대리 기사 D는 가격이 떨어져 수입이 절반이 되었지만 서비스 생산량은 3건으로 동일하다. 공인중개사 B는 재건축 아파트 분양이라는 호기를 맞아 서비스 생산량이 늘고 더불어 노동생산성도 증가했다. 사회 전체적으로 분명 부동산 중개라는 서비스의 양은 늘었지만 B의 노동시간에는 큰 차이가 없다. 사무실에서 대기하는 시간이 줄고, 발품 팔고 계약서를 작성하는 시간이 늘었을 뿐이다. C는 경쟁

커피점이 생겨 한정된 고객이 반으로 줄었고 더불어 매출도, 노동생산성도 절반이 되었다. 동네 전체로 보면 커피 생산량은 변함없지만 C의 서비스 생산량은 절반이 되었다. 그러나 공인중개사인 B의 사례에서처럼 근무시간은 동일하다.

경제학 원론에서 가정하는 '완전' 경쟁 상황에서는 공급자 A의 생산량이 공급자 B의 생산량에 아무런 영향을 미치지 못하며 서비스 가격도 달라지지 않는다. 그러나 현실은 다르다. 서비스산업에서 수요는 대개 한정적이다. 또한 일반적으로 공급이 수요를 초과한다. 종사자들이 한정된 파이를 나누어 먹는 셈이다. 골목마다 늘어선 마트(유통 서비스)나 식당과 미용실(개인 서비스)의 출혈 경쟁이 대표적인 사례이다. 이런 상황을 완전경쟁과 구분해 '상대적 경쟁'이라고 한다. 요컨대 경쟁이 생산성을 높인다는 통념과는 달리, 서비스업에서는 상대적 경쟁의 수준이 높아질수록 생산성이 낮아진다.

서비스업의 생산성을 높이는 세 가지 방법

OECD 국가 중 서비스업이 가장 발달한 미국 사례와 비교해 보자. 미국은 서비스업의 노동생산성도 한국의 두 배 이상으로 최상위 수준이다. 이런 결과에는 금융·컨설팅·의료 등 부가가치가 높은 전문 서비스업이 발달했다는 점, 그리고 소매·음식점 같은 전통적인 서비스업도 월마트나 맥도널드처럼 첨단·대형화되었다는 점이 큰 몫을 한다. 그런데 전문성이나 첨단·대형화와 크게 관련이 없는 개인 서비스, 이를테면 이발이나 택시 운전 같은 서비스도 우리보다 생산성이 높다. 왜 그럴까?

장하준 교수는 자신의 책 『그들이 말하지 않는 23가지』(부키, 2010)에서 인도와 스웨덴 버스 기사의 노동생산성을 비교하고 있다. 스웨덴 버스 기사의 임금은 인도 버스 기사 임금의 50배다. 노동생산성은 노동자 1인이 창출한 부가가치액으로 측정한다. 그리고 임금이 높다는 것은 창출한 부가가치액도 크다는 것을 의미한다. 따라서 스웨덴 버스 기사의 생산성은 인도 버스 기사의 그것보다 수십 배 높다고 말할 수 있다.[1] 그러나 화폐가치가 아닌 실제 창출한 서비스의 질이나 양으로 따져도 그럴까? 인도의 버스 기사는 더 긴 시간 동안 더 많은 손님을 실어 나른다. 게다가 좁고 혼잡한 도로를 뚫고 가야 하므로 한층 숙련된 운전 기술을 발휘해야 한다. 그러므로 스웨덴 버스 기사에 비해 생산성은 낮게 평가될지라도 실제 창출한 서비스의 양과 질은 그보다 낮지 않다. 이 사례에서 알 수 있듯이, 서비스업 생산성은 그 나라의 1인당 GDP와 밀접한 관련이 있다.[2]

1_물론 버스 기사의 임금이 노동생산성(버스 기사가 창출한 부가가치액)에 정비례하지는 않을 것이다. 가령 한 국가의 사회경제 구조가 자본과 노동 중 어느 쪽에 더 우호적인지, 대중교통에 정부가 얼마나 보조하는지 등에 따라, 노동생산성이 같더라도 임금이 달라질 수 있다. 그러나 이런 점들을 감안해도 장하준 교수의 책이 전하려는 메시지는 여전히 유효하다.

한국의 서비스 생산성이 선진국보다 낮은 데는 1인당 GDP 격차(임금격차)가 중요한 요인으로 작용한다. 하지만 그 밖에도 몇 가지 요인들이 더 있다. 그중 하나가 치열한 경쟁 탓에 서비스 요금이 낮다는 점이다. 사실 1인당 GDP 격차를 감안해도 한국의 개인 서비스 이용료는 다른 선진국들에 비해 저렴하다. 이미용 요금, 택시 요금도 그렇고, 대리 기사 요금은 미안할 정도이다. 마트에서 산 물건을 집까지 배달해 주는 서비스는 심지어 무료이다. 식당 종업원이나 편의점 알바생의 임금이 낮은 것 역시 그들이 제공하는 서비스의 대가가 싸다는 것을 의미한다.

서비스업 생산성을 높이는 방법에는 세 가지가 있다. 첫째, 1인당 GDP, 즉 임금 수준을 높이는 것이다. 둘째, 금융·마케팅·법률 등 부가가치가 높으면서, 앞으로 수요가 늘 것으로 예상되는(즉 공급이 늘어도 과잉되지 않는) 전문 서비스 시장을 확대하는 것이다. 셋째, 공급자의 규모를 줄여 공급자 1인당 수요를 늘리는 것이다. 서비스업과 자영업자 과잉 문제와 관련해 살펴볼 부분은 세 번째이다.[3] 공급과잉 업종의 공급자 규모를 줄이려면 해당 업종의 종사자들을 다른 업종으로 옮겨야 한다. 과잉 업종에서 퇴출된 인력은 어디로 가야 할까?

2_1인당 GDP는 'GDP / 인구수'이다. 그리고 서비스업의 생산성은 '서비스업이 창출한 GDP / 서비스업 고용량'으로 정의된다. 1인당 GDP와 서비스업 생산성은 밀접히 관련되어 있을 수밖에 없다.

3_서비스업의 생산성을 높이는 방법과 그 시사점에 대한 상세한 논의는 김태일(2016) 참조.

퇴출된 인력은 어디로 가야 하는가?

서비스 중심 경제에서, 퇴출된 영세 자영업자들이 농어업이나 제조업으로 옮겨 가기는 어렵다. 결국 서비스업 내에서 움직이게 된다. 동종 업체의 임금노동자가 되는 것은 어떨까. 가령 재래시장 상인들이 대형 마트 직원이 되는 것, 혹은 떡볶이 가게 주인이 햄버거 프랜차이즈 매장의 직원이 되는 것 말이다. 그럴 수도 있다. 하지만 대형 마트 매장의 직원이나 패스트푸드점 직원이 영세 자영업자보다 형편이 나은 것은 아니므로, 자발적으로 도·소매나 음식점 직원으로 전직할 사람은 많지 않을 것이다.

게다가 사람들이 생필품을 구매하고 식음료를 사 먹는 양은 크게 변하지 않는다. 재래시장 대신 대형 마트가 들어섰다고 해서, 혹은 작은 식당들이 폐업하고 대형 프랜차이즈가 들어왔다고 해서 갑자기 생필품을 많이 구매하거나 더 자주 외식을 하지는 않는다. 영세 자영업자의 퇴출을 이야기하는 것은 수요에 비해 공급자가 너무 많기 때문이다. 그런데 퇴출된 자영업자가 임금노동자로 바뀔 뿐이라면, 이 부문 공급자의 숫자는 그대로인 것이다. 더구나 점포가 첨단화·대형화될수록 동일한 매출을 올리는 데 필요한 노동력은 줄어든다. 그 결과 대형 마트나 외식 업체 직원도 되지 못한 사람들은 어디로 가야 하는가?

사실 한국은 선진국들에 비해서 1·2차 산업의 고용 비중이 높은 편이다. 달리 말하자면, 서비스업의 고용 비중이 낮은 편이다. 그런데 고용률(근로 연령대 인구 중 취업자 비율)도 낮은 편이므로 서비스 분야의 고용을 더 늘려야 한다. 소매·음식업 분야의 고용은 줄이되 총고용을 늘리려면 다른 서비스 업종의 고용을 늘려야 한다. 그렇다면 어느 분야에서, 어떻게 늘려야 할까.

선진국은 한국에 비해 서비스업의 고용 비중도 크며, 총 고용률도 높으므로, 이들의 사례를 살펴보면 유용한 시사점을 얻을 수 있다. 한국과 주요 OECD 국가들의 서비스업 고용 형태를 비교해 보자.

우선 서비스업 전체, 그리고 특히 이 책의 주요 관심 대상인 소매와 음식업 분야를 비교해 보자. OECD 통계에서 소매·음식업은 각각 '도·소매'와 '음식·숙박'으로 나뉘어 있다. 따라서 이 두 분야의 통계를 보면 된다('도·소매' 분야 종사자 가운데 도매와 소매의 비중은 30 : 70 정도이며, '음식·숙박' 분야 종사자 가운데 음식과 숙박 비중은 94 : 6 정도이다).

비교 국가로는 일본, 독일, 스웨덴, 영국을 선택했다. 일본은 선진국 가운데 한국과 사회경제 구조가 비교적 유사한 국가이며, 독일·스웨덴·영국은 유럽 국가들 가운데 서로 다른 세 개의 복지 자본주의 체제를 대표하는 국가들이다.[4] 미국도 한국이 참고하는 대표적인 국가지만, 비교 가능한 통계가 제공되지 않아서 제외했다. 또한

4_덴마크의 사회학자 요스타 에스핑-안데르센(Gøsta Esping-Andersen)은 자신의 책 『복지 자본주의의 세 가지 세계』(*The Three Worlds of Welfare Capitalism*, 1990)에서 복지 자본주의의 유형을 자유주의형, 보수주의(조합주의)형, 사회민주주의형으로 구분한 바 있는데, 영국, 독일, 스웨덴은 각 유형을 대표한다.

미국은 OECD 국가들 가운데 자영업 비중이 가장 낮으면서 서비스업의 고용 비중은 가장 높아 한국과는 상반되므로 비교를 통해 유용한 시사점을 얻기에 그리 적합하지 않다.

서비스업 전체의 고용 규모를 비교하면 두 집단으로 구분된다. 한국·독일·일본이 70퍼센트 내외이며, 스웨덴과 영국이 80퍼센트 내외이다. 한국·독일·일본은 상대적으로 제조업 비중이 높아서 스웨덴과 영국에 비해 서비스업 비중이 낮게 나왔다. 한국의 경우, 이처럼 서비스업의 총고용 규모는 높은 편이 아니지만, 종사자 가운데 자영업자의 비중은 가장 높다(다른 국가들과 15퍼센트포인트 내외의 격차를 보인다). 요컨대, 한국 서비스업의 자영업자 비중이 높은 것은 서비스업 총고용 규모 자체가 커서가 아님을 알 수 있다.

다음으로 '도·소매'와 '음식·숙박' 분야를 보자. '도·소매'의 경우 한국의 고용 규모는 다른 국가들에 비해 큰 편이 아니다. 일본은 한국보다 크며 독일과 영국은 비슷하다. 스웨덴만 한국보다 약간 작다. 이에 비해 '음식·숙박'은 한국의 고용 규모가 나머지 국가들에 비해 크다. 한국은 8퍼센트인 데 비해 일본은 6퍼센트, 영국은 5퍼센트 정도이며, 독일과 스웨덴은 4퍼센트 이하다. 하지만 '도·소매'와 '음식·숙박' 분야의 자영업자 비중은 한국이 다른 국가들에 비해 25퍼센트포인트 이상 압도적으로 높다.

보건·복지 서비스 고용이 가장 취약하다

서비스 분야의 과잉된 영세 자영업자들이 같은 서비스업 내의 다른 분야로 이동해야 한다면 어느 분야가 가능할까. 먼저 서비스업의 세부 분야별 고용 비중을 비교해 보자. OECD 통계에서 서비스업은 총 15개 세부 분야로 구분된다. 〈표 1〉을 보면 서비스업 전체의 고용 규모는 한국이 나머지 4개국 평균에 비해 5.63퍼센트포인트 낮지만, 분야별로 보면 한국이 8개 분야에서 평균보다 높다.

'서비스'는 내용과 대상에 따라 유통 서비스, 개인 서비스, 사업 서비스, 사회 서비스로 구분한다.[5] 각 세부 분야별로 '도·소매'와 '숙박·음식' 분야의 과잉 자영업자를 흡수할 여지가 얼마나 있는지 따져 보자. 유통 서비스의 '운수·저장' 분야는 택시·대리·택배 기사처럼 영세 자영업자가 많고 평균 소득도 낮다. 또한 한국에서 이 분야의 고용 규모는 이미 낮은 편이 아니므로 과잉 인력을 흡수할 처지가 못 된다. 개인 서비스 분야도 마찬가지다. 특히 '기타'는 이·미용, 목욕·세탁·수선 등으로 한국에서 영세 자영업자가 대거 몰려 있는 분야이다. 또한 '숙박·음식'과 함께 한국의 고용 규모도 다른 국가들에 비해 두드러지게 크다. 가정 내 고용은 가정부·파출부 등 가사 돌봄 서비스가 대부분이며, 한국에서 이 부분의 고용 규모 역시 다른 국가

5_개인 서비스를 소비자 서비스, 사업 서비스를 생산자 서비스라고도 한다.

표 1 | 서비스업 분야별 전체 종사자 규모 비교(2015년 기준, 단위: %)

유형	분야	한국	일본	독일	영국	스웨덴	평균[1]	차이
유통	도·소매	14.6	17.4	14.2	13.1	11.7	14.1	0.52P
	운수·저장	5.4	5.9	4.9	5.0	5.1	5.2	0.22P
개인	음식·숙박	8.4	6.1	3.9	5.4	3.5	4.7	3.68P
	가정 내 고용	0.3	0.0	0.5	0.2	0.0	0.2	0.13P
	기타	4.9	3.3	2.8	2.8	2.6	2.9	2.05P
	예술·오락·레저	1.6	1.1	1.4	2.7	2.5	1.9	-0.29P
사업	정보·통신	3.0	3.4	3.0	4.0	4.2	3.6	-0.67P
	금융·보험	3.0	2.9	3.1	4.0	2.0	3.0	0.04P
	부동산	2.1	1.5	0.5	1.1	1.5	1.1	0.91P
	전문·과학·기술	4.0	3.4	5.6	7.0	8.5	6.1	-2.09P
사회	관리·지원	4.8	4.7	5.0	4.9	4.7	4.8	-0.03P
	정부[2]	3.6	3.8	6.5	5.6	6.5	5.6	-1.96P
	교육	7.0	4.9	6.6	10.6	11.5	8.4	-1.39P
	보건·복지	6.8	12.6	12.8	13.5	15.3	13.5	-6.72P
기타	해외 기관	0.1	0.0	0.0	0.1	0.0	0.1	0.02P
서비스업 전체		69.7	70.9	70.8	80.1	79.7	75.4	-5.63P

주 : 1) '평균'은 한국을 제외한 나머지 4개국 평균이며, '차이'는 한국과 평균과의 차이다.
2) 정부에는 사회보장 행정이 포함되어 있다. 사회보장 행정은 국가에 따라 공무원이 담당하거나 한국의 국민연금공단 같은 공공 기관이 담당한다.
출처 : OECD(2015).

들에 비해 크다.

참고로 서비스업, 그중에서도 특히 우리의 경우 영세 자영업자가 밀집된 대표 업종인 도·소매와 음식·숙박 업종의 자영업자 비중을 비교해 보자.

서비스업 전체로도 한국의 자영업자 비중은 다른 국가들에 비해 훨씬 높지만, 도·소매와 음식·숙박을 따로 떼어서 보면 압도적으로 높다. 우리는 주인 1명에 종업원 1.2명꼴인데, 다른 국가들은 주인 1명에 종업원 9명(도·소매), 혹은 주인 1명에 종업원 6명(숙박·음식)꼴이다.[6]

표 2 | 서비스업의 자영업자 비중 비교(2015년 기준, 단위: %)

	한국	일본	독일	스웨덴	영국
서비스업 전체	25.2	9.9	10.3	3.6	12.8
- 도·소매	40.2	9.0	9.9	11.9	9.6
- 숙박·음식	36.7	15.4	15.3	14.5	9.8

출처 : OECD(2015).

사업 서비스는 세부 분야에 따라 고용 규모가 다른 국가들과 유사한 것도 있고 작은 것도 있다. 이 분야에는 부가가치가 크고, 지식 정보사회에서 성장 잠재력을 높이는 데 핵심이 되는 업종들이 대거 몰려 있다. 성장 동력으로서 중요하므로 육성할 필요가 있지만, 높은 전문성이 요구되므로 '도·소매'와 '숙박·음식' 분야의 과잉 인력이 옮겨 가기는 어렵다. 물론 부동산 중개업이나 보험 설계사처럼 상대적으로 전문성이 낮은 업종도 있다. 그러나 이런 업종은 이미 포화 상태이다(한국의 '금융·보험'과 '부동산' 분야의 고용 규모가 다른 나라들에 비해 큰 이유는 부동산 중개사와 보험 설계사들이 많기 때문이다).

한편, 사회 서비스 분야는 공공성이 높아서 국가가 직접 제공하거나 민간을 통해 제공하더라도 국가에 일정한 책임이 있는 경우가 대부분이다. 이 분야의 고용 규모는 한국이 다른 국가들에 비해 두드러지게 작다. '정부'의 경우, 한국의 고용 규모는 일본과 유사하지만 유럽 국가들에 비해서는 3분의 2 수준이다. '교육' 분야에서는, 일본

6_앞에서 말했듯이, OECD의 자영업자에는 무급 가족 종사자가 포함된다. 따라서 이 통계는 무급 가족 종사자를 종업원으로 가정한다.

과 독일보다 크고 영국과 스웨덴보다 작다. 여기서 주의할 점은 한국의 교육 분야 종사자들 대다수가 사교육 종사자라는 점이다. 한국의 교육 종사자 규모는 대략 175만 명인데, 그중에 공교육 종사자는 70만 명이 조금 넘을 것으로 추정된다.[7] 거의 60퍼센트가 사교육 종사자인 셈이다. 이에 비해 다른 국가의 사교육 종사자 규모는 한국보다 훨씬 작다.

'보건·복지'는 15개 서비스 분야 가운데 다른 국가 대비 한국의 고용 규모가 가장 작다. 다른 국가들의 경우 이 분야의 고용 규모는 최소 5.8퍼센트포인트(일본)에서 최대 8.5퍼센트포인트(스웨덴)까지 한국보다 높으며, 이들 국가에서 '도·소매'와 함께 15개 분야 중 가장 고용 규모가 큰 2개 분야에 속한다.

그렇다면 '도·소매'와 '숙박·음식' 분야의 과잉 인력이 사회 서비스 분야로 옮겨 갈 수 있을까. 정부와 공교육 분야는 전문성(혹은 자격 요건)은 차치하더라도, 정원 규제가 엄격하므로 이동이 쉽지 않다. 사교육 분야 또한 일정 수준의 전문성이 요구되며, 지금도 포화 상태라 오히려 규모를 줄여야 하는 상황이다.

사회 서비스 분야에서 저숙련 인력이 옮겨 갈 가능성이 있는 부분은 보건·복지, 그중에서도 요양 보호사, 간병사와 같은 돌봄 서비

7_교육통계서비스(http://cesi.kedi.re.kr/index)에서 제공하는 유초중고 및 고등교육 기관 교직원 수에 기타 공교육 종사자(전업 시간강사 등) 추정치(5만여 명)를 더한 수치다.

스 분야이다. 비교 국가들 가운데 규모가 가장 작은 일본만큼만 되려 해도 한국에서는 140만 명 이상이 추가로 고용되어야 한다.

돌봄 서비스 부문의 고용 확대는 중요하다

산술적으로 140만 명이라는 계산이 나온다고 해도 실제로 그만큼 고용할 수 있다는 것은 물론 아니다. 국가 간 비교의 결과가 아니더라도, 이미 저출산 고령화 문제가 한국 사회의 지속 가능성을 고민할 정도로 심각하다는 점, 그와 관련해 '일과 가정의 양립'이 중요한 사회정책 의제임을 고려하면 이 분야에 고용이 증가되어야 할 필요는 현재도 크지만, 앞으로 더욱 커질 것이 분명하다. 그럼에도 고용이 쉽게 늘기 어려운 이유는 돌봄 서비스의 특성에서 찾을 수 있다.

돌봄 서비스의 경우 공급자 1인당 서비스를 제공할 수 있는 규모가 극히 제한되어 있다. 요양 보호사 한 사람이 하루에 몇 명이나 돌볼 수 있겠는가. 따라서 서비스 이용료가 비싸며, 필요성이 커도 온전히 자비로 이용하기는 쉽지 않다. 물론 의료나 교육 같은 전문 서비스처럼 가격이 높아도 대체 수단이 없으면 이용할 수밖에 없다. 하지만 돌봄 서비스는 가족이 대체할 수 있다는 점에서 쉽게 시장화되지 못했다. 정부가 돌봄 서비스를 공급하지 않고 시장에서도 비용 때문에 구매하기 어려운 환경에서 엄마·아내·며느리·딸 등 주로 여성들이 이를 직접 담당해 온 것이다. 이로 인한 직간접적 결과들, 즉 가족 갈등, 양육 문제, 여성의 과잉 노동은 이미 심각한 사회문제가 되고 있다.

반면, 다른 국가들의 경우, '보건·복지' 분야의 고용이 우리에 비할 바 없이 높은 것은 가족 대신 정부가 돌봄을 책임지기 때문이다. 한국보다 일찍 저출산·고령화, 일·가정의 양립 문제가 대두됐고, 그 해결책으로 돌봄 서비스를 제공할 정부의 책임을 강화한 것이다. 한국도 비슷한 과정을 겪고 있다. 선진국 수준에는 턱없이 못 미치지만 그나마 '보건·복지' 고용 규모가 6퍼센트를 넘게 된 것도 극히 최근의 일이다. 장기 요양 보험 도입, 무상 보육 확대 등에 따라 돌봄 분야 고용이 급증했기 때문이다. 그럼에도 출산율은 높아지지 않고 일·가정의 충돌로 인한 갈등이 여전하다는 것은, 돌봄 서비스에 대한 정부의 책임이 더욱 강화되고, 이 분야의 고용도 크게 늘어야 한다는 것을 의미한다.

한국의 여건을 고려하면 단기간에 획기적으로 돌봄 서비스 고용이 늘기는 어렵겠지만, 앞으로 꾸준히 늘 것임은 분명하다. 그렇다면 이 분야의 고용 증대가 '도·소매'와 '숙박·음식' 분야의 과잉 인력을 얼마나 흡수할 수 있을까? 돌봄 서비스는 특성상 여성 고용이 압도적이므로 여성 인력의 흡수는 가능해도 남성 인력은 쉽지 않다(물론 장기적으로는 남성 비중도 늘 것이다). 여성 인력의 흡수도 돌봄 서비스 고용이 얼마나 늘어날지, 그 가운데 기존 민간 서비스 분야로부터의 충원과 신규 고용이 얼마나 될지에 달려 있다.

돌봄 서비스 고용의 확대는 '도·소매'와 '숙박·음식' 분야 종사자(이 경우는 자영업자보다는 주로 피고용인이 되겠다)의 열악한 처우를 개선하는 데도 어느 정도 기여할 것으로 예상된다. 돌봄 서비스로 인력이 옮겨 가면 기존 서비스 업계는 임금 상승 압박을 받게 될 것이기 때문이다. 게다가 돌봄 서비스 분야의 임금은 정부가 정하므로, 정부가 적정 수준(시장에서 정해지는 경우보다 약간 높은 정도)으로 임금을 책정하면, 같은 노동력을 두고 경쟁해야 하는 민간 저임금 서비스 일자리의 임금 수준도 상승할 수 있다.

이처럼 돌봄 서비스 분야의 고용 확대는 우리가 당면한 사회문제를 해결하는 데도, 서비스 분야 여성 종사자의 저임금 문제를 완화하는 데도 중요하다. 그리고 '도·소매'와 '숙박·음식' 분야에 과잉된 여성 인력 해소에도 어느 정도 기여할 수 있다. 하지만 앞에서도 말했듯이, 돌봄 서비스 고용의 확대가 급속히 진전되기 어렵다는 점, 과잉 영세 자영업자의 대다수가 남성이라는 점에서 한계가 있다.

영세 자영업자들의 부담을 줄여 주는 것이 먼저

애초의 문제의식으로 돌아가 보자. '영세 자영업자의 과잉으로 자영업자들의 상황도 어렵고 서비스산업의 생산성도 낮으므로 영세 자영업자의 규모를 줄여야 한다.'는 주장에 대해, '그렇다면 퇴출된 자영업자는 어디로 가야 하는가.'라는 문제를 살펴보았다. 서비스 분야별 고용 규모의 국가 간 비교를 통해 돌봄 서비스 고용에 대한 시사점을 얻었지만, 제기된 질문에 대한 만족스런 해답은 찾지 못했다.

질문을 바꿔 보자. '형편이 그렇게 어렵다면 영세 자영업자들은 왜 계속 머물고 있는가.' 두 가지 답이 가능하다.

첫째, 가능한 선택지 중에서 그나마 가장 낫기 때문이라는 것이다. 대형 마트 계산원이나 패스트푸드점 직원, 빌딩 경비원보다는 낫다고 생각하므로 자영업을 계속하는 것이다. 물론 다니던 직장에서 명예퇴직을 당하지 않았다면, 퇴직했더라도 그동안의 경력을 살려 다른 일자리를 구할 수 있었다면, 아이를 키우느라 단절된 경력을 회복할 수 있는 일자리가 있었다면, 자영업을 선택하지 않았을지 모른다. 그러나 그런 일자리는 가능한 선택지가 아니었다.

이 경우, '더 나은 선택지를 만드는 것'이 문제의 해결책이 될 것이다. 하지만 이는 (퇴출 자영업자의 출구를 만드는 것과 마찬가지로) 어려운 일이다. 앞에서 말한 돌봄 서비스처럼 공공성이 높은 분야는 정부가 직접 일자리를 창출할 수 있지만, 순수한 민간 부문은 그럴 수 없다. 견실한 경제성장을 통해 민간에서 좋은 일자리가 많이 만들어지도록 정부는 간접적인 정책을 실시할 수 있을 뿐이다. 하지만 이는 영세 자영업자 문제가 아니더라도 마땅히 정부가 해야 할 일일 뿐이다.

둘째, 선택지를 제대로 검토하지 못했기 때문이라는 것이다. 자영업이라는 선택지에 대해 꼼꼼히 검토하지 못해서 실제보다 과대 평가했거나, 자영업 이외에 다른 선택지도 가능한데 미처 찾아보지 못했다는 것이다. 경제학 용어를 빌리면 '정보 부족'이라는 얘기다. 이때 해결책은 부족한 정보를 제공하는 것이다. 예컨대, '내가 하면 다를 것'이라는 근거 없는 믿음만으로, 이미 포화상태인 '치맥' 시장에 뛰어들려는 명퇴자에게, 현실에 대한 냉정한 계산을 제공해 주는 것, 각자의 노하우를 발휘할 수 있는 임금 일자리를 찾아서 연결시켜 주는 것이다. 즉, 정부가 구직 컨설팅을 하고, 나아가 필요한 직업 능력을 갖추도록 훈련도 제공해야 한다. 진부한 대책처럼 들리지만 중요하다. 물론 정부가 구직 컨설팅 및 직업훈련 체계를 갖추고 실행해 온 지는 꽤 됐지만 성과는 크지 않다. 그러나 좀 더 성과를 낼 수 있도록 더 많은 예산과 인력을 투입하고 관심을 기울여야 한다. 급변하는 사회에서는 변화에 적응하지 못하는 사람들이 있기 마련이며, 이들이 필요로 하는 도움을 제공하는 것은 마땅히 정부가 해야 할 일이다.

이런 질문도 가능하다. 퇴출이 어렵다면, 영세 자영업자의 부담을 덜어 줄 방법은 무엇일까? 우리 사회의 안 좋은 일자리를 구성하는 또 다른 사례인 비정규직 문제의 경우, 이를 해결하기 위해 정규직으로 전환하는 방법이 있지만, 이는 그렇게 간단한 일이 아니다. 그래서 비정규직 일자리의 질을 높이는 정책, 예를 들어 비정규직 차별 금지 정책을 실시하는 것이 대안으로 제시된다. 마찬가지로 무리하게 영세 자영업자의 수를 줄이려는 것보다, 먼저 영세 자영업자들의 부담을 덜어 주는 것, 그 결과 영세 자영업 일자리의 질을 높이는

데 정책적 노력을 집중하는 것이 중요하다.

영세 자영업자 문제에 대한 해법으로 이 책에서 강조하는 것이 바로 이런 접근이다. 영세 자영업자들의 어려움을 생각해 보자. 높은 임대료와 신용카드 수수료, 본사와 가맹점/대리점 간의 불공정 계약, 과다한 부채, 본인 및 피용인의 사회보험료 부담 등이 있을 것이다. 특수 고용직 종사자들의 경우에는, 노동자성이 인정되지 않아 발생하는 문제들, 예컨대, 사회보험의 사각지대에 놓임으로써 사고가 발생해도 자신이 모든 책임을 져야 한다는 것 등이 있다. 이런 문제들은 이미 널리 알려져 있고, 나름 정책도 존재하지만 이 역시 성과가 신통찮다. 어떤 정책들이 있는지, 그 내용은 무엇이고, 왜 성과가 미미한지, 대안은 무엇인지 다음 장들에서 살펴보자.

● 이 글은 "자영자 과잉과 서비스업 생산성의 관계, 그리고 문제 해결의 방향."『사회과학연구』(2015년 42권 2호)를 수정한 것이다.

3.

자영업 장려의 귀결

증가하는 부채

자영업, 해결사에서 근심거리로

지금은 자영업이 포화 상태를 넘어 과잉이라고들 하지만 한때는 자영업 창업을 적극 권장했다. IMF 외환 위기 직후 실업률이 치솟았을 때 얘기다. 정부가 쏟아 내는 실업 대책 패키지에는 어김없이 소상공인 지원과 실직자 창업 지원이 들어 있었다. 언론도 발맞춰 'IMF 시대 유망 자영업' 등의 연재 기획 기사를 올리며 분위기를 띄웠다. 그리고 이때 유망 자영 업종으로 치킨 집이 추천되었다.

그로부터 15년 후인 2013년 9월 14일자 『월스트리트 저널』(*Wall*

Street Journal)에는 한국의 치킨 버블 기사가 실렸다. 지난 10여 년간 한국에는 치킨 집을 비롯해 피자 가게, 빵집, 커피숍, 김밥 집 등 각종 프랜차이즈 업소들이 우후죽순 생겨났고, 그에 따라 수익률이 하락하고 자영업 대출 연체율이 상승하면서 경제 전반에 악영향을 끼치고 있다는 내용이었다. 그 즈음 한국의 치킨 집 숫자가 전 세계 맥도널드 매장 수보다 많다는 사실도 회자되었다.

외환 위기 이후 실업 문제 해결사로 각광받던 자영업이 한국 경제의 근심거리로 바뀌는 데는 긴 시간이 필요하지 않았다. 『월스트리트 저널』의 보도가 있기 훨씬 전부터 이미 심각한 문제였다. 2004년 가을, 전국의 음식점 업주 3만여 명이 여의도 한강 시민 공원에 모여 솥단지를 내던지는 퍼포먼스와 시위를 벌이기도 했다. 정부는 2005년에 자영업 종합 대책을 마련했으나 이렇다 할 성과를 내지 못했다. '솥단지 시위' 7년 뒤인 2011년 가을에는 7만여 명의 음식점 업주가 잠실 운동장에 모여 카드 수수료 인하를 요구하며 시위를 벌였다(이번에는 신용카드를 잘라서 초대형 솥단지에 던져 넣는 퍼포먼스가 등장했다).

자영업 장려의 귀결 : 자영업 부채

1천조 원을 훌쩍 넘긴 가계 부채는 한국 경제의 뇌관이라고들 한다.

언제 터질지 모르지만, 터지면 엄청난 충격을 가져올 것이라는 의미겠다. 그런데 가계 부채 못지않게 자영업 부채도 심각하다.

자영업 가구 수는 임금 근로자 가구 수보다 훨씬 적다. 그런데도 자영업 부채 규모는 2016년 9월 말 기준 464.5조 원으로 전체 가계 부채 1,227.8조 원의 40퍼센트 가까이에 달한다(한국은행 2016, 31). 규모도 크지만 자영업의 특성상 소득 변동성이 커서 채무불이행의 위험도 더 크다(소득이 불안정한 탓에 대출금리도 임금 근로자 가구에 비해 더 높다).

자영업 가구의 부채 규모가 임금 근로자 가구의 부채 규모보다 큰 것은 자영업의 특성 때문이다. 임금 근로자 가구의 부채에는 두 가지 유형이 있다. 하나는 내 집 마련 등 부동산을 구입하느라 진 빚이다. 부동산 값이 줄곧 상승하던 시절에는 빚으로 집을 사는 것이 재테크의 수단이기도 했다. 그러나 부동산 값이 떨어지고 앞으로도 그다지 오를 전망이 없는 상황이라 부동산을 대가로 진 빚이 족쇄가 되었다. 또 하나는 생계비 부족으로 인한 빚이다. 실업이나 저임금으로 말미암아 수입이 적어서, 혹은 대학 등록금 마련처럼 목돈이 필요해서 발생한 빚이다. 물론 일부는 수입 능력을 넘어선 소비로 빚을 지게 된 경우도 있을 것이다.

자영업 가구 부채는 여기에 한 가지 유형이 추가된다. 사업 때문에 진 빚이다. 즉 점포 임대, 인테리어, 프랜차이즈 계약 등 창업 자금을 마련하기 위해, 혹은 사업 부진으로 쌓이는 적자를 감당하기 위해 진 빚이다.

통상 경제활동에 참여하는 주체를 국가, 가계, 기업으로 분류한다. 이 세 주체가 진 빚이 각각 국가 부채, 가계 부채, 기업 부채이다. 기업 부채는 기업 운영, 즉 사업하느라 진 빚이다. 따라서 자영업 가구가 사업상 진 빚은 목적으로 본다면 가계 부채가 아니라 기업 부채에 해당한다. 그러나 빚 갚을 책임이 누구에게 있는가라는 측면에서 자영업 가구의 사업성 부채는 기업 부채와 다르다.

기업은 개인기업과 법인 기업으로 나눌 수 있다. 개인기업은 개인이 사업체를 소유한 것이므로 사장은 자영업자이다. 개인기업도 기업이지만, 통상 기업이라 할 때 법인 기업을 가리키므로 기업 부채라고 할 때도 법인 기업의 부채를 의미하는 경우가 많다. 법인 기업은 말 그대로 기업이 법인격을 획득한 경우다. 소유주는 법인 기업 부채에 대해 유한책임, 즉 출자한 지분만큼만 책임을 지면 된다. 그러나 개인기업의 사장, 즉 자영업자는 다르다. 사업상 진 빚도 자영업자 개인의 빚이며, 개인 빚은 무한책임이다. 개인 빚이라는 면에서는 일반 가계 부채와 동일하다. 즉 목적으로 보자면 기업 부채와 마찬가지인데, 책임 소재로 보면 가계 부채와 동일하다.

자영업 가구 부채를 포함해서 가계 부채가 심각한 문제가 된 것은 IMF 외환 위기 이후로 그리 오래되지 않았다. 외환 위기 이전까지만 해도 가계 부채의 규모는 아주 작았다. 외환 위기 당시 우리나라의 가계 부채 규모는 처분 가능 소득 대비 60퍼센트 수준에 불과했다. 그러던 것이 외환 위기 이후 빠르게 증가하기 시작해서 2016년 현재 145.6퍼센트까지 증가했다. 불과 20년 사이에 2.5배가 증가한 것이다. 자영업 부채 또한 마찬가지였다.

그전까지는 작은 규모를 유지해 왔던 가계 부채와 자영업 부채가 외환 위기 이후 10여 년 사이에 급증한 이유는 무엇일까? 그것은 외환 위기 이후 달라진 한국 경제의 구조적 특징 때문이다. 따라서 이를 이해하는 것은 자영업 부채 문제의 해법을 찾는 데 시사점을 줄 뿐만 아니라, 오늘의 한국 경제를 이해하는 데도 도움이 될 것이다. 그래서 이에 대해서도 제법 상세하게 풀어 보려 한다.

이번 장에서는 우선 자영업 부채의 특성을 좀 더 살펴보고, 그것의 규모와 변화 과정을 간략히 살펴볼 것이다. 그다음 외환 위기 이후 자영업 가구를 포함한 가계 부채가 늘어난 이유를 '민간에 떠넘긴 케인스 처방'이라는 관점에서 살펴본 후 해법에 대해 논의한다.

자영업자 가구는 임금 근로자 가구보다 부채가 훨씬 많다

앞에서 이야기했듯이 자영업 부채는 가계 부채와 기업 부채의 성격을 모두 갖는다. 이들이 내 집 마련이나 생계비 충당을 위해 진 빚(생계성 부채)은 물론 가계 부채에 해당한다. 그러나 사업 자금으로 빌린 사업성 부채는 목적으로 보자면 기업 부채, 책임 소재로 보면 가계 부채에 해당한다.

빌려준 돈을 받아야 하는 개별 은행의 입장에서는 빌린 돈의 용도보다는 누가 어떻게 빚을 갚는지가 더 중요하다. 생계를 위해서든 사업을 위해서든, 개인 명의로 빌리고 개인 명의로 갚아야 하는 것은 마찬가지이므로 모두 가계 부채로 취급한다. 하지만 경제를 총괄하는 정책 당국의 입장은 다르다. 국민의 경제활동을 제대로 파악하려면 개인이 빌린 돈이라도 생계를 위해 빌린 것과 사업을 위해 빌린 것을 구분할 필요가 있다. 그래서 한국은행에서는 자영업자가 생계용으로 빌리면 가계 부채로, 사업용으로 빌리면 기업 부채로 분류한다. 물론 생계 명목으로 빌려서 사업 자금으로 쓸 수도 있고, 사업 명목으로 빌려서 생활비로 쓸 수도 있기 때문에 이런 구분이 엄밀하게 적용되기는 어렵다.

한국은행에 따르면 자영업자 가구의 부채 규모는 2016년 9월 말 기준으로 464.5조 원이다. 이 중에서 가계 부채로 분류되는 생계성 부채는 164.0조 원이고 기업 부채로 분류되는 사업성 부채는 300.5조 원이다. 2013년에는 생계성 부채가 245조 원, 사업성 부채가 206조 원이었는데, 그동안 사업성 부채가 더 빠르게 증가했음을 알 수 있다(한국은행 2013; 2016).

가계 부채의 증가는 세계적인 현상이며, 급기야 2008년 세계 금융 위기를 초래하기도 했다. 한국의 문제는, 미국이나 유럽 국가들과 달리 2008년 금융 위기 이후에도 가계 부채가 계속 증가하고 있다는 점이다. 임금 근로자 가구만이 아니라 자영업자 가구도 마찬가지다. 자영업자 가구는 예전에도 사업 자금을 마련하기 위해 빚을 졌지

그림 1 | 임금 근로자 가구와 자영업 가구의 부채 규모(단위: 만 원)

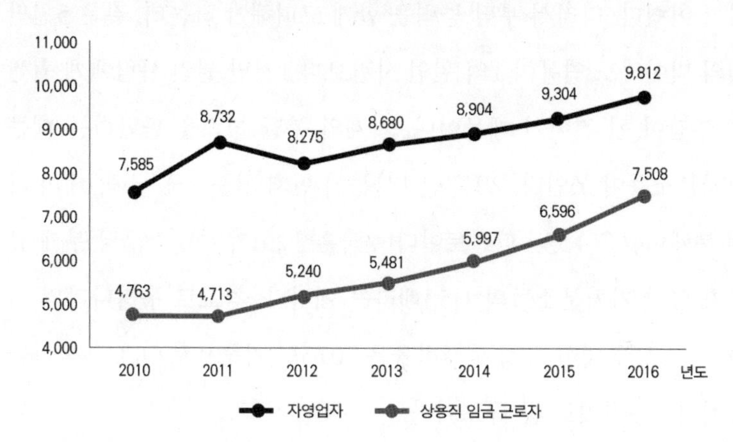

출처 : 통계청, "가계금융복지조사."

만 요즘처럼 큰 규모는 아니었다.

〈그림 1〉은 2008년 금융 위기 이후 부채를 보유하고 있는 임금 근로자 가구(상용직)와 자영업자 가구의 금융 부채 증가 추이를 보여준다. 부채가 있는 가구만을 대상으로 했으며, 임대 보증금 같은 비금융성 부채는 제외했다.

2010년에서 2016년 사이 7년 동안 임금 근로자 가구의 금융 부채는 4,763만 원에서 7,508만 원으로 증가했다. 그리고 같은 시기 자영업자 가구의 금융 부채는 7,585만 원에서 9,812만 원으로 증가했다. 비록 부채의 증가 속도는 임금 근로자 가구가 더 빠르지만 자영업 가구의 부채도 꾸준히 증가해 왔음을 알 수 있다.

하지만 절대 액만으로는 이것이 '문제'가 될 만한 수준인지 가늠하기 어렵다. 따라서 부담 능력을 함께 고려해야 하는데, 같은 5천만 원의 빚이라도 연봉이 1억 원인 사람보다 1천만 원인 사람에게 훨씬 큰 부담이 될 것이기 때문이다. 가계의 부담 능력을 판단하는 데는 가처분소득이 쓰인다. 2017년 1사분기 현재 처분 가능 소득 대비 가계 부채비율은 153.3퍼센트이다(한국은행 2017, 20). 가구당 부채 규모가 연간 가처분소득의 1.53배라는 얘기다. 참고로 우리나라의 처분 가능 소득 대비 가계 부채비율은 2015년 기준으로 OECD 국가들 중에서는 9번째로 큰 규모이다.

자영업자 가구와 임금 근로자 가구의 부채비율을 비교해 보자. 이번에도 부채를 보유한 가구만을 대상으로 해서 살펴보면, 임금 근로자 가구의 부채비율이 2010년 119.1퍼센트에서 2016년 133.5퍼센트로 증가하는 동안, 자영업자 가구의 부채비율은 2010년 194.0퍼센트에서 2014년 183.1퍼센트까지 하락했다가 2016년 204.0퍼센트로 다시 증가하고 있다(〈그림 2〉 참조).

비록 금융 위기 이후 임금 근로자 가계 부채와 자영업자 부채의 격차가 약간 줄어들기는 했지만, 여전히 자영업자 가구의 부채비율이 훨씬 높은 것을 알 수 있다.

우리나라의 경제구조는 외환 위기 이전과 이후가 크게 다르다. 조기 퇴직과 비정규직의 보편화, 양극화 심화, 저성장과 고실업 등 우리 경제의 현안 문제로 꼽히는 것들은 모두 외환 위기 이후 가시화된 현상이다. 탈산업화와 신자유주의는 이 문제들의 기저에 깔린 공통

그림 2 | 임금 근로자 가구와 자영업자 가구의 처분 가능 소득 대비 금융 부채비율 (단위: %)

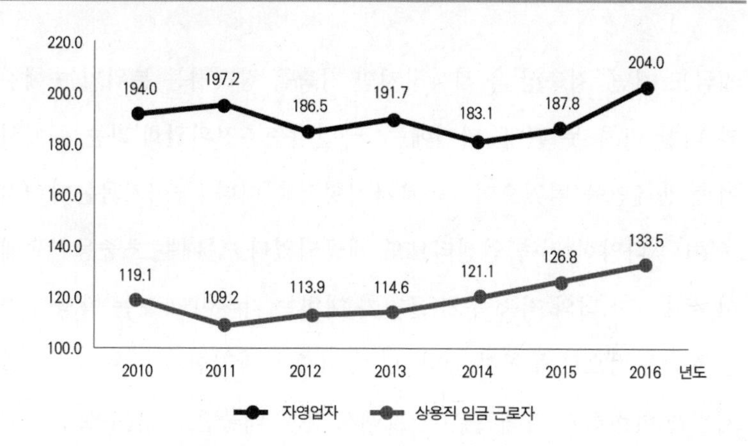

출처 : 통계청, "가계금융복지조사."

된 원인(遠因)이다. 하지만 개개 현상을 야기한 근인(近因)은 약간씩 다르다. 그 가운데 외환 위기 이후 급증한 가계 부채의 직접적인 이유를 우리는 '민간에 떠넘긴 케인스 처방'(Privatized Keynesianism)에서 찾는다.[1]

1_'민간에 떠넘긴 케인스 처방'은 콜린 크라우치(Colin Crouch)의 저서 *The Strange Non-Death of Neo-Liberalism*(Cambridge: Polity Press, 2011)에 등장한 개념인 'Privatized Keynesianism'을 의역한 것이다.

민간에 떠넘긴 케인스 처방

지금도 매년 '저축상'을 시상하지만 저축을 장려하는 분위기는 예전과 비할 바가 못 된다. 과거에는 '국민저축추진위원회'라는 곳에서 저축 캠페인을 벌였으며, '근로자재형저축'이나 '농어가목돈마련저축'처럼 다양한 저축 인센티브도 제공되었다. 한때는 초중등학교에서 저축 포스터와 저축 수기 글짓기 대회는 기본이고 모든 학생이 적금을 의무적으로 들어야 했다. 당시 저축을 장려한 까닭은 경제개발 재원을 마련하기 위해서였다. 그래서 은행 대출은 기업(주로 대기업)에 집중되었고 개인이 대출을 받기란 하늘의 별 따기였다.

경제활동의 세 주체인 국가, 가계, 기업의 활동을 생각해 보면 가계는 저축하고 기업은 빚지는 것이 당연하다. 노후·혼인·학자금 등을 대비하기 위해 가계는 저축을 하고, 기업은 자금을 조달해서 사업에 투자하는 것이다. 국가는 매년 세금을 걷어, 필요한 공공 지출을 함으로써 수지 균형을 이룬다. 즉 국가는 수지 균형을 이루고, 가계가 저축한 돈으로 기업이 사업을 하는 것이 통상의 국민경제 활동이다.

경기가 순조로울 때는 국가 균형, 가계 저축, 기업 융자가 잘 작동한다. 그러나 경기가 침체할 때에는 다르다. 물건을 만들어도 팔리지 않으면 기업은 사업 규모를 줄이고, 그 결과 기업의 융자 규모가 축소되고 고용 규모도 줄어든다. 실업이 늘면 가계 수입이 줄어드니 수요는 더욱 줄어든다. 경제 규모는 감소하고 악순환이 이어진다. 이는 케인스가 등장하기 이전인 20세기 전반까지 경기 불황기의 모습이다. 이때 영국의 경제학자 케인스는 다음과 같은 처방을 제시했다. '경기 침체는 민간 수요가 부족해서 발생한다. 민간 수요가 기업 공급을 충당하지 못하면, 정부가 수요를 창출해서 기업 공급을 충당하라.'

불황기에 정부가 수요를 창출하는 방식에는 두 가지가 있다. 하나는 대규모 공공사업을 벌여 직접 수요를 만드는 것이다. 또 하나는 연금이나 수당 등 민간에 이전하는 복지 지출을 늘려서 민간의 구매력을 높이는 것이다. 어느 방식이든 걷어 들인 세금보다 더 많이 지출해야 하고, 그러려면 빚을 내야 한다. 물론 정부가 빚을 내서 수요를 창출하는 것은 불황 극복을 위한 예외적인 대책이다. 경기가 정상으로 돌아오면 다시 수지 균형을 맞추면 된다.[2]

정부가 수요를 창출하라는 케인스의 처방은 제2차 세계대전 이후 서구 사회가 수십 년 동안 호황을 누리는 기초가 되었다. 그러나 '필요하면 정부가 빚을 내도 된다.'라는 처방은 정부 지출의 증가와 그에 따른 국가 부채의 증가를 초래했다. 충분히 예상할 수 있는 일이었다. 예외적인 처방이었고, 호황일 때는 적자를 보전하라는 것이었지만, 현실 정치에서는 그렇게 되기 어려웠다. 정부 재정은 정치적인 영향을 많이 받으므로 한번 늘어난 정부 지출은 줄이기 어렵기 때문이다. 결국, 세금을 더 걷거나 빚을 더 내는 것으로 귀결되지만 계

2_반대로 경기가 너무 호황이라 물가 상승이 우려되면 정부는 걷어 들인 세금보다 더 적게 지출함으로써 흑자 재정을 만들어 총수요를 줄인다.

속 그럴 수는 없는 노릇이다.

1980년대부터 본격화된 탈산업화와 세계화라는 사회경제 구조의 변화는 상시적으로 공급보다 수요가 적은 상황을 초래했다(탈산업화로 제조업 고용이 줄고, 세계화로 말미암아 값싼 제품이 밀려들어와 국내 산업이 위축되는 상황을 생각해 볼 수 있겠다). 1950~60년대라면 정부 지출을 늘리는 방식으로 대응했겠지만, 이제는 국가 채무에 대한 부담 때문에 쉽지 않다.

국가가 빚을 내 수요를 창출하기 어려워진 상황에서 등장한 대안이 가계가 빚을 내서 구매하는 것이었다. 물론 정부가 국민들에게 빚을 내서 물건을 사라고 요구할 수는 없다. 그러나 기업과 금융기관들이 신용 카드 사용과 은행 대출을 적극적으로 권하는 상황을 묵인(혹은 조장)하는 간접적인 방식으로 가계 부채를 경기 진작에 활용했다. 한국 또한 외환 위기 이후 이런 방식을 사용했다.

국가가 장려한 가계 부채

많은 사람들이 2003년에 발생한 카드 대란을 기억할 것이다. 자신의 상환 능력을 초과하는 신용 구매와 과도한 현금 서비스 인출로 카드 빚 연체자가 늘고, 그에 따라 카드 회사는 부도 위기에 몰리고, 소비 위축과 경기 침체로 이어졌던 일련의 상황을 말한다. 처음으로 신용 불량자가 사회문제화되었던 사건이다.

사실 카드 대란은 예견된 것이었다. 외환 위기 이후 정부는 침체된 경기를 되살려야 했다. 전통적인 케인스 처방을 따르자면 정부가 적자재정을 통해 수요를 창출해야 했다. 그러나 당시 IMF는 구제금융을 지원하는 조건으로 몇 가지 경제 운용 지침을 수용하게 했는데, 그중 하나가 정부의 재정 건전성이었다. 꼭 IMF의 요구가 아니었더라도 외환 위기를 수습하기 위해 이미 대규모 공적 자금을 투입했기 때문에, 추가로 정부 지출을 대폭 늘리기는 어려운 상황이었다.

그래서 내놓은 처방이 민간으로 하여금 빚으로 구매력을 늘리도록 하는 것이었다. 첫 번째 정책은 신용카드 활성화였다. 그동안 막아 왔던 대기업의 카드업 진출을 허용했으며, 1인당 70만 원으로 제한했던 현금 서비스 한도도 폐지했다. 고객 유치 경쟁에 돌입한 신용카드 회사들은 길거리에 부스를 설치하고 경품을 내걸면서 호객 행위를 했다. 신용카드의 본질은 무담보로 빚을 내주는 것이다. 따라서 신용을 검증해 빚을 안 떼이겠다는 판단이 들 때 발급하는 것이 원칙이다. 당시와 같은 '묻지마' 식 발급은 정상이 아니었다. 그 결과 신용카드 발급 숫자는 1999년 3천9백만 장에서 2002년 1억4백만 장으로, 불과 3년 만에 2.7배 정도 증가했다. 경제활동인구 1인당 보유하고 있는 카드 수도 1999년 1.8개에서 2002년 4.6개로 증가했다(김순영 2011, 80). 이에 따라 신용카드 대출(현금서비스+카드론)도 1999년 48조 원에서 2002년 357조 원으로 3년 만에 7배 이상 증가했다. 그리고 2003년 카드 대란이 발생했다.[3]

카드 대란으로 신용카드 활성화의 효과가 사라지자, 그다음으로 취한 정책이 소비자 대출 활성화였다. 일반 가계가 직접 돈을 빌리기 쉽게 해주자는 것이었다. 즉 경기 침체로 기업들이 투자를 꺼리는 탓에 감소한 기업 대출을 가계 대출로 보충하자는 것이었다. 외환 위기 이전 개인에게 턱없이 높았던 은행 문턱이 대폭 낮아졌으며, 금리도 내려갔다. 돈 빌리는 비용과 부담이 과거와 비할 수 없이 줄어든 것이다.

빌린 돈은 이자를 붙여 갚아야 하므로, 금리가 낮다 해도 빌린 돈으로 더 큰 수익을 내기 어렵다면, 중산층은 은행 대출을 꺼릴 것이다. 때마침 부동산 시장이 꿈틀거렸고, 경기 침체에 대응하는 고전적인 처방인 부동산 경기 부양을 위해, 주택 담보 대출 규제를 완화했다. 2000년대 초반 이후 2008년 글로벌 금융 위기 시까지 진행된 부동산 열풍의 시작이었다. 예금 취급 기관의 가계 대출 규모는 2003년 322조 원에서 2015년 812조 원으로 증가했는데, 같은 기간 주택 담보 대출 규모는 152조 원에서 501조 원으로 증가했다. 예금 취급 기관 가계 대출에서 주택 담보 대출이 차지하는 비중은 47.2퍼센트에서 61.7퍼센트로 증가했다. 부동산 가격이 오를 때는 대출금 상환이 문제되지 않았지만, 버블이 꺼지고 매매마저 침체되면서 대출금 상환이 엄청난 부담으로 돌아왔다.

3_신용카드 발급 수는 2011년 1억2,210만 장까지 증가했다가 최근 체크카드 사용 증가로 점차 하락하는 추세이다.

글로벌 금융 위기로 막을 내린 2000년대의 부동산 열풍은 우리나라만의 현상은 아니었다. 다수의 유럽 국가와 미국에서도 그랬다. 글로벌 금융 위기는 미국의 서브프라임 모기지(주택 담보 대출) 사태로부터 촉발됐다. 2000년대 초반부터 급등하던 부동산 버블이 꺼지면서 대출금 회수가 어려워진 금융기관이 부실화되면서 시작된 것이다. 이 또한 가계 부채 증가를 통해 경기를 부양하려는, '민간에 떠넘긴 케인스 처방'의 결과였다.[4]

자영업 부채는 가계 부채의 이란성 쌍둥이

자영업 부채는 일반 가계 부채와 닮은꼴이다. 외환 위기 이후의 신용카드 및 가계 대출 활성화 정책은 일반 가구의 부채 급증을 가져왔지만 자영업 부채도 크게 늘렸다.

신용카드 활성화 정책의 일환으로 신용카드의 현금 서비스 한도 규제가 폐지되자, 카드사들은 현금 서비스 한도를 월 1천만 원으로 인상했다. 그 결과 신용카드 10개로 1천만 원씩, 월 1억 원을 빌릴 수 있게 되었다. 이 정도면 신용카드 현금 서비스만으로도 소자본 창

4_금융 규제 완화 덕에 확산된 첨단 금융 기법 역시 중요한 역할을 했다.

업이 가능했다. 창업 자금까지는 아니더라도 현금 서비스로 운영자금을 조달하는 자영업자가 상당수였다.

은행의 가계 대출이 용이해진 것도 자영업 부채가 증가하는 데 큰 역할을 했다. 앞에서도 말했듯이, 전통적인 은행의 기능은 가계로부터 저축을 받아 기업에 사업 자금을 대출해 주는 것이다. 그런데 같은 사업 자금이라 해도 자영업자는 기업에 비해 사업 자금을 대출받기가 훨씬 어려웠다. 무담보 신용 대출은 물론이고 담보대출도 쉽지 않았다. 은행 문턱이 높기는 일반 가계와 마찬가지였던 것이다. 따라서 외환 위기 이후 일반 가계의 대출이 쉬워졌다는 것은 그만큼 자영업자의 대출 또한 쉬워졌음을 의미했다.

그런데 일반 가계의 은행 대출이, 낮아진 은행 문턱과 부동산 열풍의 결합으로 급격히 증가했다면, 자영업자의 은행 대출이 급증한 것은 낮아진 은행 문턱에 자영업 창업이 결합하면서 발생했다.

1장에서 소개했듯이, 외환 위기로 대거 양산된 실직·퇴직자들의 탈출구는 창업 외에 별반 없었다. 정부 역시 실업 극복 대책으로 창업을 장려했다. 외환 위기 직후의 활발한 자영업 창업, 그것도 소자본의 무경험자가 비교적 손쉽게 뛰어들 수 있는 소매·음식 등 생활 밀접 업종에 편중된 창업은 과잉 경쟁을 불러왔고, 그로 말미암아 수익률이 떨어지고 폐업이 속출한 것은 예정된 수순이었다. 창업과 폐업이 반복될수록 더 많은 창업 자금이 필요했고, 수익률이 떨어질수록 운영자금이 필요했다. 결국 자영업 부채가 급증할 수밖에 없었다.

소매·음식업 등 생활 밀접형 자영업 부문이 포화상태에 이르고 수익률이 떨어지자 정부도 대책을 마련해야 했다. 2003년 카드 대란으로 소비가 위축된 것이 결정적인 계기였다. 신용카드 활성화로 유지되던 내수가 주저앉자 자영업은 경영난이 더욱 심각해졌으며, 폐업이 급증했다. 결국 정부는 시장 원리에만 맡겨 둘 수 없다고 판단해 2005년에 '영세 자영업자 대책'을 수립하고 창업 자제와 구조조정을 유도했다.

그러나 정부의 자영업 구조 조정 정책에도 불구하고 생활 밀접형 자영업은 오히려 늘었다. 〈그림 3〉은 외환 위기 이후 최근까지 음식/주점업과 프랜차이즈 가맹점 수가, 2005년 시작된 구조 조정 정책에도 불구하고 줄곧 증가 추세였음을 보여 준다.

2000년대 중반 정부의 자영업 구조 조정 노력에도 불구하고 2000년대 후반 생활 밀접형 자영업이 늘어난 이유는 뭘까? 1장에서 논의했듯이, 외환 위기가 진정된 이후에도 퇴직자의 자영업 창업이 하나의 추세로 굳어졌기 때문이다. 특히 2010년경부터 베이비부머들의 퇴직이 본격화되면서 이런 경향이 강화되었다.

이를 더욱 부채질한 것은 글로벌 금융 위기 이후 정부의 정책 변화였다. 2008년 금융 위기로 경기가 침체하고 실업이 증가하자 정부의 자영업 정책은 구조 조정에서 지원 확대로 선회했다. 실업이 심각한 상황에서 자영업 구조 조정으로 실업을 더 키울 수는 없었기 때문이다.

2009년에는 기존 자영업 지원 정책의 업그레이드 버전이 등장했는데, 자영업 경쟁력을 강화한다는 명분을 내걸었던 '프랜차이즈

그림 3 | 생활 밀접형 자영업 추이(단위: 천 개)

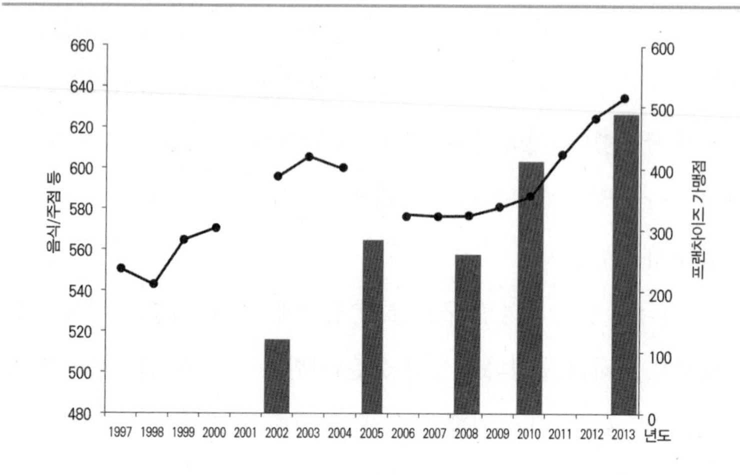

출처 : 통계청, "가계금융복지조사."

산업 활성화' 정책이 그것이다. 〈그림 3〉에서 프랜차이즈 가맹점이 2008년 이후 빠르게 증가한 데는 이런 정부 정책도 영향을 미쳤을 것이다.

자영업 과잉으로 경쟁이 치열해질수록 자영업자는 힘들지만 유리해지는 사람들이 있다. 물론 소비자도 그렇지만, 무엇보다 상가 임대업자를 꼽을 수 있다. 가게를 열고자 하는 사람들이 많을수록 임대료가 올라가기 때문이다. 6장에서 다루겠지만 비싼 임대료는 자영업자를 힘들게 하는 주범이다. 그다음은 프랜차이즈 사업자이다. 창업자로서는, 특별한 실력을 갖지 못하거나 경험이 없는 상태에서 경쟁하려면 인지도 있는 프랜차이즈 가맹점이 유리하기 때문이다. 특별한 능력이 필요하지 않는 소매 잡화점의 경우도 구멍가게보다는 브랜드가 있는 편의점을 찾기 마련이다. 소매·음식업만 그런 것이 아니다. 동네 세탁소도, 미용실도 프랜차이즈 가맹점으로 바뀌었다.

프랜차이즈 가맹점을 운영하려는 사람이 줄을 이으니 프랜차이즈 본사의 사업주로서는 그 자체로 큰 수익을 얻는다. 하지만 성공적인 프랜차이즈라 하더라도 가맹점 수가 과도하게 많아지면서 가맹점 주의 수입은 줄어들게 되었다. 또한 본사 사업주는 가맹점주를 모집하는 입장이고 가맹점주는 돈을 내고 가맹하는 것이므로, 통상의 관계로 보자면 돈을 내는 가맹점이 갑이고 모집하는 본사가 을이어야 한다. 그러나 실제로는 본사가 갑, 가맹점이 을이다. 본사의 '갑질' 혹은 불공정 거래는 임대료와 함께 가맹점주를 힘들게 하는 두 축이다(프랜차이즈 본사의 불공정 거래에 대해서는 7장에서 다룬다).

과잉 경쟁은 임대료의 상승과 개인 점포의 프랜차이즈화를 가져왔다. 또한 개인 점포든 프랜차이즈든 더욱 대형화·고급화해야 했다. 그 결과 창업 자금과 운영 비용이 상승했고, 이는 다시 자영업 부채의 증가를 가져왔다. 〈그림 1〉에서 2010년 이후 자영업 부채가 증가한 것은 이런 경향을 반영한다.

요컨대, 그동안 자영업 부채가 증가한 원인을 정리해 보면 대략 세 가지 정도이다. 첫째, 외환 위기 이후 은행의 문턱이 낮아지고 가계 대출이 용이해진 덕택이다. 둘째, 정부가 자영업 창업을 일종의 실업 대책으로 활용해 왔기 때문이다. 셋째, 자영업 경쟁이 자영업 창업 비용을 증가시켰기 때문이다.

그림 4 | 자영업자 대출액의 연령별 분포(단위: %)

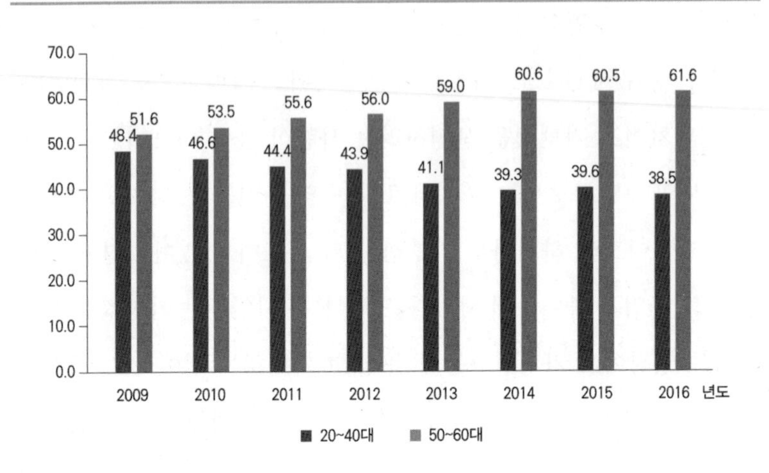

출처 : 한국금융연구원(2016), 〈표 3〉.

이런 원인들이 맞물려 자영업 부채가 증가해 왔다고 할 수 있는데, 이를 가장 압축적으로 보여 주는 현상이 바로 중·고령자 가구의 부채 증가 현상이다. 우리나라는 다른 나라와 비교해서 중·고령자 가구의 부채 비중이 높다. 일반적으로 연령별로 보면 가계 부채는 30~40대까지 증가하다가 점차 하락하는 경향이 있다. 그런데 우리나라는 50~60대가 가계 부채를 주도해 왔다(김지섭 2015).

그 주된 요인 중의 하나가 바로 자영업 부채이다. 〈그림 4〉는 연령별로 자영업자 대출액의 비중을 보여 준다. 자영업자 대출액에서 20~40대가 차지하는 비중은 2009년 48.4퍼센트에서 2016년 38.5퍼센트로 낮아진 반면, 50~60대가 차지하는 비중은 51.6퍼센트에서 61.6퍼센트로 증가했음을 알 수 있다.

한국의 경우, 노후 보장이 제대로 되어 있지 않은 데다, 외환 위기 이후 50대 초반에 조기 퇴직하는 사례가 많아지면서, 퇴직한 50대들 가운데 다수가 자영업으로 진출했다. 그러나 자영업 내 경쟁의 심화와 창업 비용의 증가로 말미암아 시작부터 부채를 지는 경우가 많아졌다. 물론 은행 대출이 쉬워졌기 때문이기도 하다. 그래서 IMF도 50~60대의 자영업 부채 증가가 우리나라 가계 부채 증가의 중요 요인 중의 하나라고 지적한다(IMF 2016).

채무 상환 능력은 떨어지고

자영업 부채 규모는 2010년 367조 원에서 2016년 464.5조 원으로 늘었다. 같은 기간에 가계 부채는 793조 원에서 1,227.8조 원으로 증가했다. 가계 부채가 지난 6년 동안 1.55배 증가하는 동안 자영업 부채는 1.27배 증가했다. 계속 늘어나는 가계 부채도 심각하지만 자영업 부채 증가도 그에 못지않게 심각한 수준임을 알 수 있다(한국은행, "금융안정보고서," 각년도).

그런데 원리금 상환 부담은 자영업 가구가 훨씬 높다. 임금 근로자 가구의 경우 가처분소득 대비 원리금 상환 지출액 비중이 2010년 20.9퍼센트에서 2015년 26.2퍼센트로 증가한 반면, 자영업 가구

그림 5 | 임금 근로자 가구와 자영업자 가구의 원리금 상환 부담(단위: %)

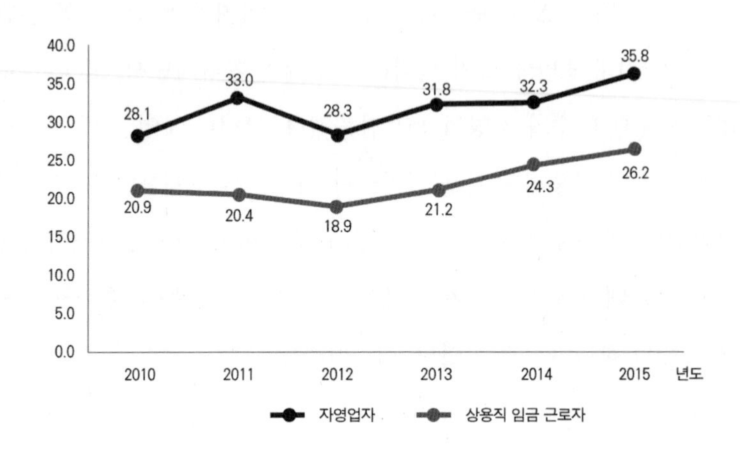

주 : 원리금 상환 부담은 가처분소득 대비 금융 부채 비중. 부채 보유 가구 기준.
출처 : 통계청, "가계금융복지조사."

의 경우에는 28.1퍼센트에서 35.8퍼센트로 증가했다(〈그림 5〉 참조). 앞에서 자영업 가구의 부채비율이 완만하게 하락해 온 것을 확인했는데, 이와 반대로 원리금 상환 부담은 계속 증가해 왔음을 알 수 있다.

보통 원리금 상환 부담 수준이 40퍼센트 이상인 경우를 가계 부채 한계 가구로 본다. 그런데 부채가 있는 자영업 가구의 경우 원리금 상환 부담 평균이 35.8퍼센트이므로, 부채를 보유한 대부분의 자영업 가구는 한계 가구나 다름없는 수준인 셈이다. 그러다 보니 설문조사 결과 72퍼센트가 원리금 상환이 부담스럽다고 응답하는 것도 당연한 일이다.

부채의 질이 악화되고 있는 것도 우려할 만한 현상이다. 자영업 부채를 보유한 가구의 비중이, 소득수준 상위 20퍼센트에서는 하락해 온 반면, 하위 20퍼센트에서는 계속 증가해 왔다. 또한 하위 20퍼센트 저소득층의 경우, 대체로 제2금융권에 대한 의존도가 매우 높아서, 대출금의 거의 절반 정도를 제2금융권에서 빌리고 있다. 대출 목적도 사업보다는 생계를 위해서인 것으로 조사된다(한국금융연구원 2016; 한국은행 2015). 그러므로 저소득 자영업자의 경우 경기 변동에 민감하고 연체 위험도 높다. 금리 인상 등의 충격에 매우 취약할 수밖에 없는 것이다.

대안은 무엇인가?

그렇다면 자영업 부채 문제를 해결할 대안은 무엇인가? 우선 자영업 부채의 속성부터 살펴봐야 한다. 앞에서 말했듯이, 자영업 부채는 가계 부채와 기업 부채의 성격을 동시에 갖는다. 따라서 한편으로는 가계 부채 관련 해법이, 다른 한편으로는 기업 부채 관련 해법이 필요하다.

자영업 부채 규모는 이미 5백조 원을 넘어선 지 오래다. 다시 말하지만, 가계 부채 성격의 자영업 부채는 전체 가계 부채의 21.7퍼센트, 기업 부채 성격의 자영업 부채는 전체 기업 부채의 16.7퍼센트 정도를 차지한다. 그런데 자영업 부채가 차지하는 비중에 비해 이를 규제하고 관리할 수 있는 제도적 틀은 미흡하다. 자영업 부채의 성격에 맞게 제도를 정비할 필요가 있다.

우선 가계 부채처럼 대출 규제를 엄격히 해야 한다. 그동안 상가를 담보로 한 대출에 대해서는 총부채상환비율(DTI)이나 주택담보대출비율(LTV) 같은 규제 기준들을 엄격히 적용하지 않았다. 하지만 자영업 부채가 가계 부채처럼 개인이 전적으로 책임져야 하는 한, 부채 상환 능력을 고려해서 규제할 필요가 있다.

기업 부채 성격의 대출에 대해서는 대출 심사를 엄격히 해야 한다. 이 또한 엄연한 사업 자금이므로 금융기관들은 사업성을 기준으로 대출 여부를 판단해야 한다. 그리고 사업이 실패할 경우 돈을 빌려준 금융기관도 일정 정도 책임지도록 제도를 정비해야 한다.

이것으로 충분할까? 분명한 사실 한 가지는, 가계 부채 해법으로 제시된 대출 규제 강화는 효과가 별로 없었다는 점이다. 규제 완화가 대출 증가를 초래한 것은 분명한데, 그 반대는 잘 성립하지 않는 것이다. 자영업 부채도 예외는 아닐 것이다.

규제를 강화해도 문제가 해결되지 않는 이유는 가계 부채 문제가 구조적·제도적 요인과 밀접한 관련이 있기 때문이다. 특히 자영업 부채는 노후 소득 보장이 미흡하고, 고용 불안도 심각한 상황에서 50~60대들 상당수가 자영업을 선택한 결과 증가한 것이다. 그러므로 근본적으로는 노후 소득이 제대로 보장되지 않으면, 그리고 괜찮은 일자리가 보장되지 않으면 가계 부채(그리고 자영업 부채) 문제도 해결되지 않을 것이다. 오히려 구조적·제도적 요인은 그대로 둔 채 대출 규제만 강화하다 보면 제2금융권 대출이 증가하는 등 부채의 질만 악화시킬 우려가 있다.

그러므로 대출 규제를 강화하는 것만이 답은 아니며, 좀 더 근본적으로는 민간에 떠넘긴 케인스적 처방을 수정할 필요가 있다. 즉 대출 규제와 더불어 소득 보장이나 고용 보장을 위한 조치도 함께 취해져야 한다.

민간에 떠넘긴 케인스 처방의 핵심은 규제 완화 및 저금리를 통해 금융에 쉽게 접근할 수 있도록 함으로써, 기존에 복지국가가 담당하던 역할을 각자 알아서 해결하도록 하자는 것이었다. 하지만 아무리 금리가 낮더라도 부채 규모가 늘고, 소득 대비 부채비율이 높아지면 원리금 상환 부담은 증가할 수밖에 없고, 결국 연체나 파산으로 귀결될 위험이 존재한다. 현재 한국 사회가 처한 상황이 이렇다.

가계 부채와 자영업 부채 문제를 해결하려면 결국 공공의 부담을 늘려야 한다. 가계 부채로 말미암아 금융 위기가 발생하면 국가 부채가 다시 증가할 수밖에 없다. 2008년 금융 위기는 주거 문제나 교육 문제 등을 가계 부채를 통해 민간에 떠넘기려는 시도가 결코 대안이 될 수 없다는 사실을 잘 보여 준다. 결국 가계 부채로 터진 금융 위기를 막기 위해 국가 부채를 동원해야 했기 때문이다. 그러므로 국가 재정에 부담이 되더라도 저소득층에 대해서는 기초 연금이나 국민기초생활보장 제도 등의 기능을 강화해 소득을 보장할 필요가 있다. 중·고 소득층에 대해서는 개인연금이나 주택 연금 등 다양한 수단을 활용해 소득이 보장될 수 있도록 제도를 정비해야 한다. 앞 장에서 다룬 것처럼 괜찮은 사회 서비스 일자리를 계속 확대해 나가는 노력도 필요하다.

물론 이 모든 정책이 국가의 재정 부담을 요구한다. 그러나 이제는 우회로가 아니라 정공법이 필요한 시점이다. 결국 해답은 재정지출을 억제하는 데 있는 것이 아니라 얼마나 효과적으로 재정을 지출하는가에 달려 있다.

● 이 글은 『경제와사회』(2015년 겨울호)에 실린 "자영업 부채의 이중성과 외환위기 이후 자영업 부채 증가"를 수정·보완한 것이다.

4.

자영업자와 조세 갈등

사람들은 세금이 불공평하다고 인식한다

우리나라 복지 지출 수준이 OECD 국가 중 최하위권이라는 것은 잘 알려진 사실이다. 2013년 OECD 국가의 복지 지출 평균은 GDP 대비 21.8퍼센트인데, 한국은 10.2퍼센트로 절반에도 못 미친다. 한국보다 작은 나라는 멕시코밖에 없다. OECD 최하위권인 복지 지출 수준은 OECD 최고 수준인 노인 빈곤율과 양극화, OECD 최저 수준인 출산율과 여성 고용률 같은 우리 사회의 심각한 사회문제와 직결된다.

이런 까닭에 증세를 통해 복지를 확대해야 한다는 데 전문가들은 대체로 동의한다. 하지만 그와 별도로 국가 채무를 더 늘리지 않기 위해서도 증세가 필요하다. 한국의 재정은 2008년 이후 지금까지 한 해도 빠짐없이 적자였고, 그에 따라 국가 채무가 계속 늘어났다.[1] 앞으로도 재정을 확충할 수 있는 특별한 정책을 마련하지 못한다면 적자를 보전하기 어렵다. 요컨대 증세를 하지 않는 한 재정 적자 규모는 앞으로 더욱 커질 것이다.

증세의 필요에 대해서는 전문가·관료·정치인들 모두 공감하지만, 좀처럼 실현되지 않는다. 세금에 대해서는 정권의 정책 방향과는 별도로 국민들의 저항이 상당히 강하기 때문이다.

우리나라의 조세와 사회보험료 수준(국민 부담률)은 OECD 국가 가운데 가장 낮은 축에 든다. 2013년, 한국의 국민 부담률은 24퍼센트인데 OECD 평균은 34퍼센트이다(조세만 따지면 한국 18퍼센트, OECD 평균 25퍼센트). 사회보험료까지 포함하면 10퍼센트 정도 덜 내고 있는 것이고, 세금만 보면 7퍼센트 정도 덜 내고 있다. 그럼에도 왜 한국인들은 유난히 증세에 반감을 가질까?

무엇보다 정부에 대한 불신 때문일 것이다. 이를테면 세금을 걷어도 반드시 필요한 곳, 실감할 수 있는 데 지출하기보다는, 연말 보

1_재정 적자는 관리 재정 수지 기준이며, 국가 채무는 절대적 규모는 물론이고 GDP 대비 상대적 규모도 계속 증가했다. 관리 재정 수지 적자 규모는 2010년 13조 원에서 2012년 17.4조 원, 2014년 25.5조 원, 2015년 46.5조 원으로 계속 증가해 왔다.

그림 1 | OECD 국가들의 국민 부담률(조세+사회보험료 수준, 2013년 기준, 단위: %)

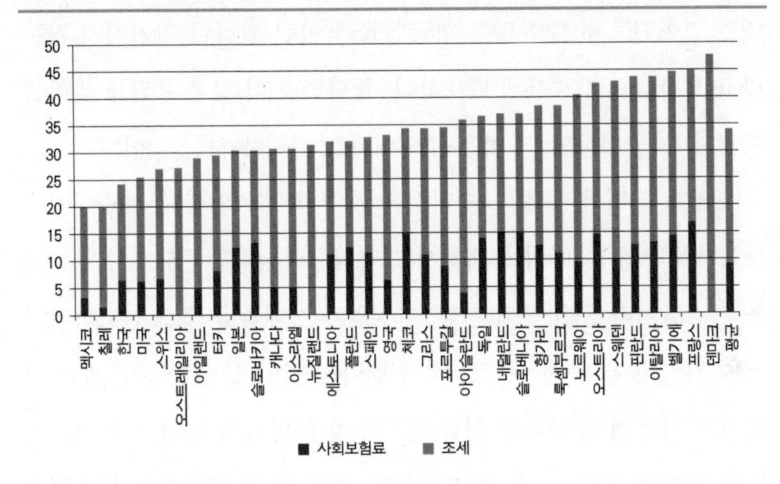

주 : 국민 부담률은 GDP 대비 조세+사회보험료 크기를 의미한다.
출처 : OECD, "Revenue statistics."

도블록 교체나 4대강 사업에 이르기까지 불필요한 곳에 허비한다는 인식이 강하기 때문이다.[2]

그리고 그에 못지않게 중요한 이유는 세금이 불공평하게 부과되고 있다는 인식이다. 공평한 조세의 기본은 세금을 부담할 수 있는

2_2015년 2월 『한국일보』와 한국재정학회가 여론조사 기관 코리아리서치에 의뢰해 전국 19세 이상 성인 남녀 1,032명을 대상으로 실시한 '세금·복지 관련 대국민 인식 조사'를 보면, 복지를 위해 필요하다면 세금을 현재보다 더 낼 의향이 있는지를 묻는 질문에 대해 53.4퍼센트가 '세금을 더 낼 의향이 있다', 45.4퍼센트가 '더 낼 의향이 없다'고 답했다. 세금을 더 낼 의향이 없는 이유로 1위는 '세금이 적재적소에 쓰이지 않을 것 같아서'(38.4퍼센트), 2위는 '결과적으로 부자 감세, 서민 증세로 느껴져서'(27.6퍼센트)였다.

능력에 따라 내는 것이다. 즉 소득이 많으면 많이 내고 적으면 적게 내는 것이다.[3] 하지만 많은 한국인들이 이런 원칙이 지켜지지 않는다고 생각하므로 증세에 반대한다. 공평하면 더 많은 부담도 받아들이지만, 불공평하면 더 적은 부담이라도 참지 못하는 것이다.

조세가 공평하지 않다는 인식은 자영업자와 임금 근로자에게서 소득세를 거두는 방식에 대해서도 나타난다. 임금 근로자의 소득은 유리 지갑이라 숨길 수 없지만, 자영업자는 매출을 축소 신고하거나 경비 처리 등을 통해 세금을 적게 낸다는 것이다. 물론 최근에는 신용카드 사용이 증가하고 현금 영수증이 도입되어 과거보다 소득세 탈루가 어려워졌다. 그럼에도 자영업자가 임금 근로자보다 소득세를 적게 낸다는 인식은 여전하다.

그러나 자영업자 또한 불만이 있는데, 바로 부가가치세에 대한 것이다. 소비자가 상품을 구매할 때 지불하는 금액에는 본래 상품 가격에 부가가치세 10퍼센트가 붙는다. 따라서 일본의 경우처럼 일반적으로 부가가치세는 소비자가 부담하는 것으로 여겨지며, 부가가치세를 인상하면 소비자들의 반발이 심하다. 하지만 한국의 경우, 부가가치세 인상에 대한 논의가 시작되면 자영업자들이 반발한다. 부가가치세는 소비자가 내는 세금임에도 자영업자는 본인이 부담한다

3_엄밀하게 따지면 부담 능력과 소득의 크기가 일치하는 것은 아니다. 수입이 동일해도 부양가족이 많은 사람은 적은 사람보다 세 부담 능력이 작을 것이다. 그래서 부양가족이 많으면 세금을 더 많이 감면해 준다.

고 생각하기 때문이다.

우리나라의 국세 규모는 2014년에 206조 원이었다. 그중에서 소득세가 54조 원, 부가가치세가 57조 원으로, 세수 규모가 가장 큰 항목이며, 이를 합치면 전체의 절반이 넘는다(국세청 2015). 그러나 다른 OECD 국가들과 비교하면, 여타 항목들에 비해 상대적으로 규모가 작다. 그래서 향후 증세 여지가 가장 크다고 볼 수 있다.[4]

증세를 하려면 무엇보다 먼저 국민의 반감을 누그러뜨려야 한다. 이를 위해서는 증세가 왜 필요한지를 설득하는 동시에, 불공평한 조세 체계를 바로잡아야 한다. 실제로 조세 체계가 불공평하다면 고쳐야 하고, 오해라면 인식을 바꿀 수 있도록 사실을 제대로 알려야 한다. 이제 이를 하나하나 따져 보자.

부가가치세는 누가 부담하는가?

부가가치세(value added tax)는 명칭 그대로 생산과 유통의 각 단계에서 '더해지는 가치에 매기는 세금'이다. 예를 들어 보자. 먼저 부가

4_물론 법인세나 재산세부터 증세해야 한다는 견해도 있다. 타당한 지적이다. 하지만 증세의 순서가 아니라 증세로 가능한 세수 규모를 따지면 소득세와 부가가치세가 가장 중요하다.

가치세가 없는 조건에서 상품이 생산되어 소비자에게 전달되기까지의 과정을 살펴보자. 백화점에서 점퍼를 구입했다고 하자. 직물 공장에서 만든 원단을 의류 공장에서 구입해 옷으로 만들고, 도매상과 소매점을 거쳐 소비자에게 전달되었다면 대략 네 단계를 거쳤을 것이다. 각 단계를 거칠 때마다, 원단 6만 원, 의류 공장가 12만 원, 도매가 15만 원, 소매가 20만 원 식으로 가격이 올라간다.

가격이 올라가는 것은 생산과 유통의 각 단계에서 새로운 가치가 더해지기 때문이다. 여기에 10퍼센트의 부가가치세를 부과하면, 소비자가 지불하는 금액은 상품 가격 20만 원에 부가가치세 2만 원을 더한 22만 원이다. 이렇게 소비자가 부가가치세를 지불하지만 실제 과세 당국에 납세하는 것은 원단 공장(6천 원), 의류 공장(6천 원), 도매상(3천 원), 소매상(5천 원)이다. 그래서 원단 공장은 의류 공장에 원단을 넘기면서 6만6천 원을 받고, 의류 공장은 도매상에 점퍼를 넘기며 13만2천 원을, 도매상은 소매상에 점퍼를 넘기며 16만5천 원을 받는다.

이처럼 부가가치세를 납부하는 것은 생산과 유통 과정에 참여하는 공급자이다. 그러나 세액을 지불하는 것은 엄연히 최종 상품을 구매하는 소비자이다. 즉 부가가치세는 소비에 부과하는 소비세다.

그러므로 부가가치세 인상에 소비자가 가장 반발하는 것이 타당하다. 외국의 경우는 그렇다. 몇 년 전 일본에서 소비세가 인상되었을 때 앞장서 반발한 집단은 장바구니를 든 주부들이었다. 그러나 한국은 좀 다르다. 1977년 부가가치세가 처음 도입되었을 때 격렬히

그림 2 | 한국과 일본의 영수증 비교

한국		
에이드	1개	5,500원
커피	1개	4,500원
합계		10,000원
과세물품가액		9,091원
부가세		909원

일본		
커피	1개	600엔
소비세		48엔
합계		648엔

반대한 집단은 자영업자였다. 그리고 이후 부가가치세를 인상하지 못했던 것 역시 자영업자들의 반발 때문이었다. 공급자는 왜 부가가치세 인상을 싫어하는가? 부가가치세가 부과되는 만큼 가격이 오르고, 가격이 오르면 수요가 감소하기 때문이다. 즉 부가가치세가 부과되면 세금을 내는 소비자가 가장 손해를 보지만, 공급자 역시 수요 감소로 손실이 발생한다.

또한 최종 상품의 가격이 앞에서 설명한 것처럼 단계별로 부과된 부가가치세를 정확히 포함해 책정되지 않기 때문이다. 그래서 실제로는 부가가치세를 소비자가 내지만 자영업자는 자신이 낸다고 인식한다. 그리고 부가가치세가 인상될 경우, 인상분 모두를 가격에 반영하기도 어렵다.

이해를 돕기 위해 한국과 일본의 영수증을 비교해 보자(〈그림 2〉). 부가가치세가 10퍼센트이고, 일본은 소비세가 8퍼센트이다. 두 나라 모두 소비자가 지불하는 가격에는 부가가치세 또는 소비세가 포함되어 있다.

먼저 한국의 영수증을 살펴보자. 커피와 에이드를 포함한 가격이

1만 원이다. 여기에는 10퍼센트의 부가가치세가 포함되어 있다. 부가가치세를 뺀 가격은 9,091원이다. 커피 가격이 4천5백 원이므로 부가가치세를 빼면 4,091원, 에이드 가격이 5천5백 원이므로 부가가치세를 빼면 5천 원이다. 그런데 만일 부가가치세가 없었다면 커피 가격으로 4,091원을 받을까? 그렇지 않을 것이다. 끝자리에 1원을 붙여 가격을 매겼을 리 없다.

여기서 우리는 소비자가 지불하는 최종 가격은 상품 가격이 먼저 책정되고, 거기에 10퍼센트의 부가가치세를 더해서 정하는 것이 아님을 알 수 있다. 커피 집 주인의 입장에서는 부가가치세도 임대료, 인건비, 재료비나 마찬가지로 비용의 일부일 뿐이다. 장사하려면 임대료와 인건비를 내야 하듯이 부가가치세도 내야 하는 것일 뿐이다. 그래서 커피 가격은 부가가치세를 포함한 제반 비용에 이윤을 붙이고 우수리는 떼어내서 책정한 것이다. 즉 커피 집 주인에게 부가가치세는 임대료·인건비와 마찬가지로 자신이 낸 것이지 소비자가 내준 것이 아니다.

외국은 부가가치세를 별도로 표시한다.

몇 년 전까지 일부 레스토랑에 가면 메뉴판에 '부가가치세(VAT) 10퍼센트 별도'라고 작은 글씨로 적혀 있었다. 그래서 메뉴 가격이 1만

5천 원이면 실제로는 부가가치세 1천5백 원을 더한 1만6,500원을 내야 했다. 그러나 소비자가 혼동할 수 있다는 이유로 2014년부터 메뉴판에 최종 지불 가격만 표시하게 했다(통신 요금 등 일부 품목은 부가가치세를 별도로 표기하는 것이 허용된다). 그런데 만약 이와 반대로, 모든 식당이 부가가치세를 별도로 표시해야 한다면 어떨까. 메뉴판을 보면서 최종적으로 지불해야 할 가격을 계산하는 수고가 필요하지만 이내 익숙해질 것이다.

다른 나라는 부가가치세를 별도로 표시하는 경우가 많다. 상품 가격을 먼저 정하고, 여기에 부가가치세를 더하기 때문이다. 일본이 그렇다. 〈그림 2〉에서 일본의 영수증을 보면 상품 가격이 6백 엔일 경우 여기에 소비세 48엔을 더해 최종 지불 가격이 648엔이 된다. 그래서 소비세를 포함한 최종 지불 가격이 우리처럼 딱 떨어지지 않는다.

그런데 부가가치세 포함 가격을 제시하는 것과, 별도로 표기하는 것 사이에는 무슨 차이가 있을까? 즉 '비용 + 이윤'으로 상품 가격을 정한 다음 그것에 부가가치세를 덧붙이는 것과, '부가가치세 + 비용'을 먼저 계산하고 여기에 이윤을 더해 상품 가격을 정하는 것은 무엇이 다를까?

그 차이는 부가가치세를 인상할 경우 분명해진다. 음료수 한 잔이 5천5백 원이라 하자. 물론 부가가치세를 포함한 가격이다. 만일 별도로 표시한다면 '5천 원+부가가치세(10퍼센트) 5백 원'이다. 부가가치세를 5퍼센트 인상하면 '5천 원+부가가치세(15퍼센트) 750

원'이 된다. 반면 현행처럼 표기하면 5,750원이다. 둘은 어떻게 다른가?

별도로 표시할 경우, 부가가치세가 인상되어 최종 가격이 올랐다는 사실을 소비자가 분명히 알 수 있다. 반면 포함된 가격으로 표시하면 가격 인상이 증세 때문인지, 재료비·인건비·임대료 등의 인상 때문인지 확인할 수 없다. 소비자에게는 단순히 음료수 가격이 오른 것이다. 더욱이 가게 주인 입장에서는, 십 원 단위는 받지 않는 것이 일반적이므로 5,750원을 받기도 어렵다. 그렇지만 5천7백 원을 받으면 50원의 손해를 볼 것이고, 5천8백 원으로 올리면 가격 경쟁력이 걱정된다.

일본은 우리보다 10여 년 늦게 소비세를 도입했다. 그 뒤로 두 차례에 걸쳐 소비세를 인상했다. 앞에서도 말했듯이, 소비세를 도입, 인상할 때 주된 반대 집단은 전업 주부들이었다. 소비세를 부담하는 주체가 소비자라는 사실이 명확하다 보니 가계의 소비를 담당하는 주부들이 반대했던 것이다.

반면, 한국에서 자영업자들이 반대하는 이유는 부가가치세가 인상되면 인상분만큼 그대로 소비자에게 전가시키기 어렵다고 보기 때문이다. 하지만 소비자들의 입장에서는 부가가치세와 상품 가격이 명확히 구분되지 않으니 단순히 가격 인상 정도로 생각하거나, 부가가치세 인상을 빌미로 가격을 올렸다고 의심할 수 있다. 결국 부가가치세를 인상하면 자영업자는 자영업자들대로, 소비자는 소비자들대로 불만일 수밖에 없는 구조다.

부가가치세율을 올리면 상품 가격은 얼마나 오를까?

한편 부가가치세가 인상되면, 그 부담을 자신들이 떠안는다고 생각하는 것은 직접 소비자를 상대하는 소매·음식업종 자영업자만이 아니다. 대기업에 납품하는 자영업자들도 비슷한 걱정을 한다.

예컨대 영세 업체들에게서 물건을 납품받아 판매하는 홈쇼핑 업체를 생각해 보자. 부가가치세가 인상된다고 해도 업체가 가격을 올리기란 쉽지 않다. 홈쇼핑 상품의 주요 경쟁력은 저렴한 가격이기 때문이다. 판로가 없는 영세 납품 업체들로서는 이런 상황에서, 납품 단가를 올리지 않음으로써 인상분만큼의 부담을 스스로 떠안을 수밖에 없다.

부가가치세는 처음 시행된 이후 세율이 인상된 적이 없으므로, 처음 시행되었을 때의 상황을 참고해 보자. 부가가치세가 시행된 1977년 당시에는 인플레이션이 심각했다. 가뜩이나 높은 물가로 국민들이 힘든데, 부가가치세를 도입해 물가가 더 오르면 반발이 클 것이 분명했다. 그래서 정한 방침이 부가가치세는 시행하되 그로 인한 소비자물가 인상은 최대한 억제한다는 것이었다.

부가가치세를 부과하기 전 1년간 소비자물가 상승률은 10.1퍼센트였는데, 부과한 이후 1년간 소비자물가 상승률은 14.6퍼센트였다. 정부의 물가 억제책에도 불구하고 그만큼이나 오른 것인지, 아니면 물가 억제책 덕분에 그 정도만 오른 것인지는 확인하기 어렵다.

어쨌든 만약 부가가치세액보다 상품 가격이 덜 올랐다면 그 차액만큼 공급자에게 손해가 발생한 것이다.

부가가치세가 도입되자, 동대문 시장 상인들이 집단적으로 반발하는 등 상인들의 불만이 거세게 일었다. 얼마 뒤 1979년에 일어난 부마항쟁에서는 "부가가치세 철폐하라"는 시위 구호까지 등장했다. 부산·마산 지역은 중소 상공인들이 밀집한 지역이었는데, 부가가치세 도입에 불만을 가진 중소 상공인들이 민주화 운동에 결합하면서 부가가치세 철폐 요구가 등장했던 것으로 보인다.[5]

이런 홍역을 치른 탓에 부가가치세율은 이후 40년 가까이 그대로였다. 그 사이에도 몇 차례 인상이 검토되었으나 결국 무산되곤 했다. 하지만 앞에서 언급했듯이 재정을 확충할 필요가 계속 늘어나고 있다는 점에서 부가가치세를 비롯해 여러 세금들의 증세가 불가피해 보인다. 그러나 앞에서도 말했듯이, 소비자와 자영업자 모두로부터 거센 반발이 예상되므로, 자영업자들에게는 부가가치세를 가격에 정확히 반영해 자영업자들이 추가로 비용을 부담하지 않도록 정책적으로 배려해야 하며, 소비자들에게는 인상이 불가피함을 설득

5_부가가치세 도입이 부마항쟁의 단초가 되었다는 견해는 상당수 존재한다. 부가가치세 도입 당시 재무부 관료로서 실무를 담당했던 강만수는 12·12쿠데타 이후 보안사 조사 결과 부가가치세 도입이 부마항쟁의 중요한 원인 중 하나였음이 드러났다고 밝혔다(강만수 2005, 58-60). 김종인과 이만섭 또한 부가가치세 도입이 1978년 국회의원 선거에서 공화당의 패배와 1979년 부마 항쟁를 촉발시키는 계기로 작용했다고 지적한다(김도균 2013, 113).

해야 한다. 가격이 오른 만큼 수요가 줄어든다는 점에서 자영업자들은 간접적으로 부담을 지며, 소비자는 최종적으로 세금을 지불한다는 점에서 양자 모두 부담 주체이기 때문이다.

임금 근로자에게 유리한 소득공제 항목

앞에서도 말했듯이, 한국의 조세 부담률은 OECD 국가들 가운데 매우 낮은 편이며, 그중에서도 특히 소득세가 그렇다. GDP 대비 소득세 비중을 보면 OECD 평균은 8.4퍼센트인데 한국은 4.0퍼센트로 절반에도 못 미친다(〈그림 3〉).

소득세 비중을 결정하는 요인으로는 네 가지를 들 수 있다. ① 전체 GDP 중 개인소득의 비중,[6] ② 소득세율, ③ 소득공제 정도, ④ 소득 파악률이다. 한국의 소득세가 낮은 데는 네 가지 요인이 모두 작용한다. 우리나라는 OECD 국가 가운데 GDP 중 개인소득의 비중은 작고, 소득세율은 낮은데, 소득공제는 많으며,[7] 소득 파악률은 낮다.

6_GDP는 개인소득 이외에 법인소득과 (일부) 국가 수입으로 구성된다. GDP 중 개인소득 비중이 낮으면 개인소득에 매기는 소득세의 크기도 그만큼 낮아진다.

7_소득세율의 높고 낮음은 최고 세율만으로는 알 수 없다. 그보다는 국민들에게 적용되는 (소득공제 이전의) 평균 세율이나 소득 계층별 세율을 따져야 한다. 우리나라의 소득세 최고 세율 자체는 아주 낮은 편이 아니다. 그러나 대다수 국민에게 적용되는 세율은 상

그림 3 | OECD 국가들의 GDP 대비 소득세 비중(2014년도 기준, 단위: %)

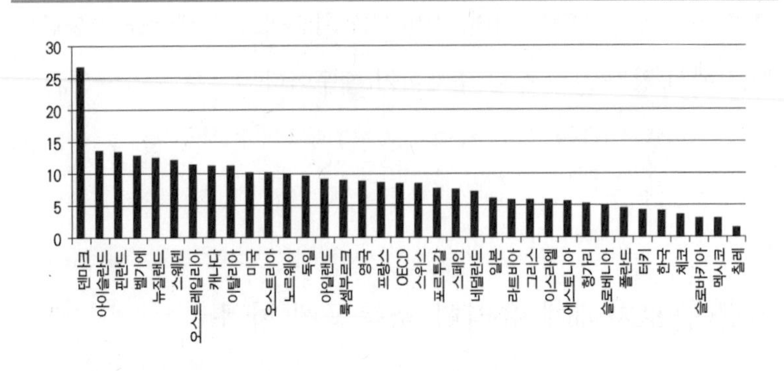

출처 : OECD, "Revenue statistics."

네 가지 요인 중에서 임금 근로자와 자영업자 사이에 다르게 적용되는 것이 ③ 소득공제의 정도와 ④ 소득 파악률이다. 임금 근로자는 '유리 지갑'이므로, 낮은 소득 파악률이란 자영업자에 해당하는 부분이다(다른 나라도 자영업자의 소득 파악률은 임금 근로자에 비해 낮다. 다만 한국은 다른 나라에 비해 자영업자의 비율이 유난히 높다는 점이 고려되어야 한다). 이에 비해 소득공제의 경우, 임금 근로자 공제가 자영업자 공제보다 훨씬 많다.

소득공제를 간단히 정의하면 원래 내야 할 세금을 깎아 주는 것이다. 이유는 두 가지다. 하나는 정부가 특정 정책을 장려하기 위한

당히 낮다.

유인책으로 사용하는 것이다. 또 하나는 소득세 부과의 형평성을 위해서다. 국민 다수가 연금 저축에 가입하고 현금 영수증을 꼬박꼬박 챙기는 데는 소득세 공제 혜택이 한몫한다. 국민 스스로 노후를 대비하도록 장려하고 상거래의 투명성을 확보하도록 정부가 공제 혜택을 주는 것이다.

수입은 같아도 개인 형편에 따라 담세 능력은 다르다. 예컨대, 연봉이 5천만 원이라도 혼자 사는 사람과 부양가족이 있는 사람의 담세 능력은 전혀 다르다. 그래서 부양가족이 있는 사람에게는 소득세를 더 적게 물린다. 이처럼 소득은 같아도 담세 능력에 따라 세금을 달리 매기는 것이 형평성을 맞추기 위한 소득공제다.

일반적으로, 임금 근로자는 소득이 모두 드러나지만 자영업자는 축소 신고한다고들 생각한다. 정말 그렇다면 신고소득이 같을 경우 실제 소득은 자영업자가 더 많을 것이다. 그러므로 신고소득을 기준으로 임금 근로자와 자영업자에게 동일하게 소득세를 부과하면, 조세 부과의 형평성이 훼손된다. 즉 신고소득이 동일하면, 자영업자가 더 많은 세금을 내도록 해야(혹은 임금 근로자가 세금을 덜 내도록 해야) 형평성에 부합한다.

신고소득이 동일할 때, 임금 근로자가 세금을 덜 내도록 하기 위해 소득공제 중 일부 항목은 임금 근로자에게만 적용하고 자영업자에게는 적용하지 않는다. 소득공제 항목 중에서 어떤 것이 모두에게 적용되고, 어떤 것이 임금 근로자에게만 적용되는가.[8]

임금 근로자에게만 적용되는 대표적인 소득공제 항목이 '근로소

표 1 | 임금 근로자와 자영업자의 소득공제 항목 비교

공제 항목 \ 적용 대상	근로 소득자	사업 소득자
근로소득공제	○	×
기본 공제(본인, 배우자, 자녀)	○	○
추가 공제(경로 우대, 장애인, 부녀자, 한부모 가족)	○	○
연금 보험료, 건강 보험료 공제	○	○
특별 소득 공제(보험료, 의료비, 교육비, 주택자금)	○	△
조세특례제한법상 소득공제 (신용카드, 연금 저축, 장기 투자, 우리사주조합 출연금)	○	×

득공제'이다. 근로소득공제는 모든 임금 근로자에게 적용되고 공제액이 커서, 임금 근로자의 소득세를 줄여 주는 데 가장 큰 역할을 한다.[9] 그 밖에 신용카드(현금 영수증) 사용이나 연금 저축 같은 〈조세

8_소득공제를 자영업자와 근로 소득자 간에 달리 적용하는 국가는 많지 않다. 많지 않은 국가 중에 우리와 일본이 포함된다. 일본의 소득세 부과와 관련해서 '구-로-욘'(9-6-4)이라는 말이 있다. 임금 근로자의 소득 파악률은 9할, 일반 자영업자의 소득 파악률은 6할, 농업 소득 파악률은 4할이라는 뜻이다. 자영업자의 소득 파악에 관한 한 일본도 우리와 대동소이하다. 그래서 일본도 우리나라의 근로소득공제와 유사한 급여 소득공제를 운영한다.

9_임금 근로자에게만 '근로소득공제'를 두는 공식적인 이유는 자영업자의 필요경비 공제에 상응하는 항목이 필요하다는 것이다. 자영업자의 소득은 수입(매출)에서 사업상 필요한 경비를 제외한 나머지다. 수입을 얻는 데 들어간 경비를 제외하는 것은 당연하다. 그런데 임금 근로자 역시 (자영업자만큼은 아니지만) 일과 관련한 지출을 할 때가 있으나 경비 처리 항목이 없다. 그래서 어느 정도 이를 보전해 준다는 개념으로 근로소득공제를 둔다는 것이다. 이 자체는 타당하다. 그런데 사실 임금 근로자가 자비로 지출하는 업무 관련 비용은 많지 않다. 이를 보전한다고 하기에는 근로소득 공제액이 많다. '근로소득공제'를 비롯해서 임금 근로자에게만 적용하는 공제 항목이 있는 이유는 단순하다. 자영업자는 실제보다 소득을 줄여서 신고하기 때문에, 신고 소득액이 동일하면 임금 근

특례제한법〉상의 소득공제도 임금 근로자에게만 적용된다. 그리고 의료비와 교육비 공제 같은 특별 소득 공제의 경우 간편 장부를 사용하거나 신용카드(현금 영수증)를 받지 않는 일부 자영업자는 제외된다.

자영업자와 근로 소득자 중 누가 세금을 더 많이 낼까?

자영업자는 소득을 줄여서 신고한다. 이를 상쇄하려고 임금 근로자에게 더 많은 소득공제 혜택을 준다. 그렇다면 실제로 동일한 소득을 벌었을 경우, 자영업자의 '축소 신고'와 임금 근로자의 '더 많은 공제'의 결과, 어느 쪽의 소득세 부담이 더 낮을까?

우선 국세청에 신고한 소득 금액이 동일하다면 소득공제 혜택은 자영업자보다 임금 근로자가 더 많이 받는다. 그래서 소득세액은 자영업자가 더 많다. 가령 국세청 자료(『국세통계연보』 2014년 기준)에 따르면 연소득이 5천만 원인 임금 근로자는 대략 160만 원을 소득세로 내는 데 비해, 자영업자는 420만 원 가량을 낸다. 만일 임금 근로자가 420만 원을 소득세로 내려면 연소득이 7천5백만 원은 되어

로자의 소득세를 더 많이 깎아 줘야 한다는 것이다.

야 한다. 역으로 160만 원을 소득세로 내는 자영업자의 신고소득은 3천만 원 정도다.

그렇다면 자영업자의 소득 '축소'는 어느 정도일까? 이를 정확히 알기는 어렵다. 하지만 기존 연구 결과들을 정리하면 대략 20~30퍼센트 정도로 나타난다. 그리고 소득이 많을수록 축소 정도가 더 크다. 2010~2012년 3년간의 평균값을 구해 보면, 자영업자의 소득 축소 규모는 신고소득이 1,850만 원이면 실제 소득은 약 2천3백만 원, 3천2백만 원이면 약 4천만 원, 7천만 원이면 1억1천만 원인 것으로 나타났다(신영임·강민지 2014; 김태일·김도균 2016).

자영업자의 '축소신고'와 임금 근로자의 '더 많은 공제'를 고려했을 때 어느 쪽이 세금을 더 많이 내는가라는 앞선 질문으로 돌아가 보자. 납세자의 절대 다수(대략 97퍼센트)가 속해 있는 연소득 1억5천만 원 이하에서는 자영업자가 임금 근로자보다 많이 낸다. 특히 5천만 원 이하에서는 자영업자의 소득세가 임금 근로자의 그것에 비해 두 배가 넘는다(물론 그렇다고 해도 소득세 절대액이 워낙 작아서 자영업자가 지나치게 큰 부담을 갖는 것은 아니다). 그리고 1억5천만 원 이상에서는 임금 근로자가 더 많이 내며, 그 격차는 소득이 높아질수록 벌어졌다.[10]

한 가지 고려해야 할 사항이 있다. 앞서 말했듯이 자영업자는 경

10_소득액이 3억 원, 5억 원처럼 매우 클 때는 임금 근로자의 실효세율이 자영업자의 실효세율에 비해 훨씬 더 많다. 자세한 내용은 김태일·김도균(2016) 참조.

비 지출로 세 부담을 줄일 수 있다. 일반적으로 자영업자들은 개인적인 지출도 사업 경비로 처리하는 것으로 알려져 있다. 이렇게 부풀린 경비까지 고려하면 자영업자의 실제 소득세 부담률은 더 낮아진다.

또한 자영업자는 임금 근로자와 달리 부가가치세를 통해서도 이득을 취할 수 있다. 수입을 축소 신고하면 소득세뿐만 아니라 부가가치세도 덜 낼 수 있다. 그런데 앞서 말했듯이 부가가치세는 이미 소비자가 자영업자에게 지불한 것을, 자영업자가 과세 당국에 내는 것이므로, 수입을 축소 신고함으로써 자영업자는 소득세와 부가가치세 모두에서 이득을 얻을 수 있다.

이런 요소들을 감안하면 자영업자가 임금 근로자에 비해 소득세 부담이 더 크다는 것은 어느 정도 완화해서 이해해야 한다. 요컨대, 두 집단 간 소득세 부과의 형평성은 다음과 같이 정리할 수 있다. 일단 하위 소득 계층은 임금 근로자나 자영업자나 소득세를 거의 내지 않으므로 세 부담의 형평성을 따질 것이 없다. 중간 소득 계층에서는 자영업자의 소득세 부담이 다소 많고, 상위 소득 계층에서는 임금 근로자의 부담이 더 많다. 이런 결과는 고소득 자영업자의 탈세 때문으로 이해할 수 있다.

증세 문제를 어떻게 풀 것인가?

한국은 조세 부담 수준이 낮다. 조세 부담이 불공평하다는 인식이 팽배해 있다 보니 조세 당국도 세금을 올리는 데 한계가 있었던 것이다. 임금 근로자는, '자영업자는 소득세를 탈루하는데 우리는 곧이곧대로 내야 하니 불공평하다.'라고 생각할 수 있다. 반면, 자영업자는 '소득세뿐만 아니라 부가가치세도 부담해야 하니 우리야말로 불공평하다.'라고 생각할 수 있다. 상황이 이렇다 보니 자영업자의 소득 탈루를 전제로 임금 근로자에게 소득공제 혜택을 광범위하게 제공해 왔던 것이고, 부가가치세 또한 도입한 후로 40년 동안 한 번도 세율을 인상하지 못했던 것이다.

현금 거래가 일반적이던 과거에는 자영업자의 소득 파악률이 크게 낮았다. 그러나 2000년대 이후 신용카드 사용과 현금 영수증 발급이 보편화되면서 소득 파악률이 괄목할 만큼 높아졌다. 여전히 매출이 불투명한 업종이 있고, '관대한' 경비 처리를 통해 신고소득을 낮출 여지가 있지만, 과거에 비해 자영업자의 소득을 축소해서 신고하는 경우가 줄어든 것은 사실이다. 그래서 앞에서 살펴봤듯이, 소득세만 본다면 중위 소득 계층에서는 자영업자가 임금 근로자보다 소득세를 많이 내며, 상위 소득 계층은 적게 내지만 과거보다는 많이 낸다.

결국 임금 근로자들이 본인들만 소득세를 많이 낸다고 생각하는 것은 상당 부분 오해다. 게다가 좀 더 근본적으로 한국의 경우 다른 선진국들에 비해 자영업자든 임금 근로자든 소득세를 적게 낸다. 임금 근로자의 절반 가까이는 소득세를 전혀 내지 않는다. 자영업자도 마찬가지다. 소득세를 내는 사람 가운데 연봉 6천만 원은 넘어야 소득의 5퍼센트 이상을 세금으로 낸다.

앞에서도 말했듯이, 부가가치세를 자신이 부담한다는 자영업자들의 인식 역시 오해다. 부가가치세를 처음 시행한 40년 전에는 그런 측면이 있었으나 시간이 흐르면서 가격에 반영되었다. 부가가치세는 매출의 10퍼센트를 차지하는 비용일 뿐이며, 이를 감안해서 가격을 정하고 이윤을 남겼다.

조세 체계가 강화되고 소득 파악률이 높아지면서 자영업자들이 부담을 느끼는 것은 사실이다. '절세'를 전제로 이윤을 책정했는데, 매출을 축소 신고하기 힘들어진 만큼 소득세와 부가가치세 부담은 늘고, 이윤이 줄었기 때문이다. 하지만 이는 적응해야 하는 문제이다. 그리고 자영업자들을 힘들게 하는 핵심적인 문제는 세금이라기보다 자영업자의 과잉, 높은 임대료이다.

증세는 불가피하다. 국가 세입 규모가 작으므로 복지 지출을 늘리기 어렵고, 복지 지출을 늘리기 어렵기 때문에 은퇴 후에 자영업으로 진출하는 사람들이 많아진다. 그 결과 자영업 내 경쟁이 심해져 부채가 늘어난다. 젊어서 무슨 일을 하든 결국 인생 후반에 '치킨 집 사장님'밖에 달리 할 것이 없는 한국 사회의 현실을 거슬러 올라가다 보면 결국 복지와 증세의 문제로 돌아오게 된다.

인구 고령화로 말미암아 소비세율을 인상하고 있는 일본의 사례를 보자. 일본은 우리나라보다 10여 년 늦게 소비세를 도입했다. 그럼에도 처음에는 소비세율이 3퍼센트에 불과했다. 소비자들의 반발이 워낙 거셌기 때문이다. 하지만 인구 고령화로 복지 지출과 정부부채가 빠르게 증가하자 1997년에 5퍼센트로, 2014년에 8퍼센트로 인상했다. 빠르게 증가하는 복지 지출을 국채로 조달한 결과 정부부채가 GDP 대비 2백 퍼센트 이상으로 치솟자 결국 집권 여당의 정치적 무덤이라는 것을 알면서도 소비세율 인상을 단행할 수밖에 없었던 것이다. 소비세율 인상으로 거둬들이는 세금은 모두 출산 장려나 고령화 대책에 활용되고 있다.

한국은 어떤가? 우리나라도 앞으로 20년 후면 일본과 유사한 문제들에 직면할 것으로 예상된다. 하지만 노인 빈곤이나 노인 자살 문제는 우리나라가 일본보다 훨씬 심각하다. 정부가 국민들의 노후 소득 보장에 소극적이기 때문이다. 그러나 정부를 탓할 수만도 없는 것이 복지 지출을 늘리려고 해도 증세에 발목이 잡힌다는 점이다.

여기서 일본과 한국 사이에는 중요한 차이가 있다. 일본은 세금을 걷지 않고 복지 혜택을 늘리다가 정부 부채가 늘었다는 것이고, 한국은 세금을 걷지 않고 복지도 하지 않아 가계 부채가 늘었다는 점이다. 3장에서 다룬 것처럼 가계 부채의 상당 부분이 자영업 부채임은 물론이다.

하지만 정부 부채든 가계 부채든 부채를 통한 해결은 오래 지속될 수 없다. 2008년의 금융 위기가 좋은 예다. 결국 어떤 경우든 언젠가는 세금을 올리지 않을 수 없다. 그런데 일본 사례가 잘 보여 주듯이, 상황이 악화된 다음에 세금을 올리면 효과는 반감된다. 부채가 잔뜩 쌓이다 보면 앞으로는 세금으로 갚아야 하는 이자 비용도 만만치 않을 것이다.[11] 그러므로 증세가 불가피하다면 늦기 전에 추진할 필요가 있다.

앞에서 지적한 것처럼 우리나라는 복지 지출 수준이 OECD 평균에 비해 10퍼센트 정도 낮으며, 조세 부담 수준도 OECD 평균에 비해 10퍼센트 정도 낮다. 결국 복지 혜택을 늘리려면 그만큼 증세를 해야 한다는 얘기다(오건호 2010).

〈그림 3〉에서도 살펴봤듯이, 서구 복지국가들과 비교했을 때 차이가 가장 큰 부분은 소득세와 부가가치세다. 2014년 기준 OECD 국가들의 GDP 대비 소득세 비율이 평균 8.4퍼센트인 데 비해 한국의 소득세 비율은 4.0퍼센트에 불과하다. 부가가치세 등을 포함한 소비세의 경우에는 OECD 평균이 11.0퍼센트인 데 비해 한국은 7.4퍼센트이다. OECD 국가들과 한국의 조세 부담 수준이 평균 10퍼센트 정도 차이나는 것 가운데, 8퍼센트 정도가 소득세와 소비세로 설명되는 것이다.

소득세와 부가가치세 부담이 낮게 유지되어 온 중요한 이유가 바로 자영업 문제 때문이다. 부가가치세는 자영업자들의 반발이 심했기 때문에 40년 동안 한 번도 인상하지 못했던 것이고, 근로소득공

11_일본의 경우 정부 부채 규모가 막대하더라도 아직까지 이자 부담은 크지 않다. 제로 금리 덕분이다. 하지만 금리가 오르게 되면 정부의 이자 부담도 빠르게 증가할 것이다.

제 등 임금 근로자들에게 주어지는 광범위한 소득공제 혜택은 자영업자와의 과세 형평성 차원에서 지속되어 왔다. 하지만 지금까지 살펴본 것처럼 이런 이유들은 오해에서 비롯된 바 크다. 자영업자와 임금 근로자 간의 조세 형평성 문제는 이미 상당 부분 해결되었다고 볼 수 있으며, 형평성을 맞추기 위해 낮춰 왔던 조세 부담 수준을 다시 올릴 필요가 있다.

부가가치세를 인상한다면 부담이 자영업자들에게 전가되지 않도록 하는 것이 중요하다. 동시에 부가가치세 인상을 빌미로 자영업자들이 가격을 올리지 못하도록 하는 것도 중요하다. 소득세와 관련해서는 우선 근로소득공제 규모부터 축소시킬 필요가 있다. 자영업자들의 소득 파악률이 높아졌기 때문에 근로소득공제 규모를 높게 유지할 이유 또한 사라졌다. 대신 고소득 자영업자에 대한 소득 조사는 더욱 철저히 해야 한다.

증세는 민감한 문제다. 하지만 복지를 확대하기 위해서는 피해갈 수 없는 문제다. 결국 견해가 다른 이해 당사자들이 서로의 의견을 듣고 설득하는 협의의 과정이 필요하다. 그중에서도 이번 장에서 강조한 것처럼 임금 근로자와 자영업자 간의 오해는 반드시 풀고 넘어갈 필요가 있다.

● 이 글은 『정부학연구』(2016년 제22권 제1호)에 실린 "자영업자와 조세 부과의 형평성"(김태일·김도균) 논문을 수정·보완한 것이다.

5.

자영업자들은 보수적인가?

왜 중고령층의 자영업 경험에 주목하는가?

자영업자들의 경제 상황이 악화되고 있다. 자영업의 위기를 우려하는 뉴스 및 신문 기사들을 우리는 쉽게 접할 수 있다(『매일경제』 2017/04/06; 『한겨레』 2017/03/30). 통계적으로도 소상공인들의 월매출이 2010년 990만 원에서 2013년 877만 원으로 감소하고, 자영업 가구 부채가 같은 기간 약 7천1백만 원에서 8천8백만 원으로 증가했다(기획재정부 외 2014). 폐업하는 개인 사업자들이 2010년 68만 명에서 2016년 74만 명으로 증가했으며(국세청 2017), 2015년에 자영업자들의 5년 후 생존율은 27.3퍼센트에 지나지 않는다(통계청 2015). 특히, 음식·숙박업의 경우 5년 후 생존율이 18퍼센트에도 미치지 못해 그 심각함을 잘 보여 준다.

언론과 통계가 아니더라도 주변에서 가게들이 우후죽순 생겼다가 어느새 새로운 가게로 바뀌는 모습을 통해 자영업의 위기를 짐작할 수 있다. 자영업의 위기가 의미하는 바를 간단히 말하면 주된 일자리에서 중고령층이 조기 퇴직해 그중 다수가, 이미 포화된 자영업에 뛰어들고 그 결과 많은 이들이 폐업한다는 것이다. 즉, '과잉 진입 → 과당경쟁 → 조기 폐업'의 악순환이 거듭되는 것이다.

이들 가운데 중고령층 비율이 높다는 것이 중요하다. 통계청에 따르면 2015년 기준, 자영업자 가구 중 15.1퍼센트 정도가 30대 미만이며, 40대가 27.7퍼센트, 50대가 32.4퍼센트, 60대 이상이 24.7퍼센트 정도를 차지하고 있다(통계청 2016). 젊은 층들이 자영업으로 노동시장의 이력을 시작하는 경우는 많지 않으며, 대체로 피고용인에서 시작해 주된 일자리에서 퇴직한 후 중고령층에 이르러 자영업으로 이동하는 경우가 많음을 알 수 있다. 자영업자의 증가는 (한국전쟁이 끝난 후인 1955년부터 1963년 사이에 출생한) 50대 베이비붐 세대가 주도하고 있으며, 특히 최근에는 창업 자금 마련을 위해 50대와 60대에서 가계 대출이 급증하고 있다는 점, 그리고 창업 후 낮은 수익성으로 인한 조기 폐업이 추후 노인 빈곤으로 연결될 것이라는 비관적 예측이 제시되고 있다(〈민중의소리〉 2016/08/24).

이처럼 자영업자들의 고통이 증가하는 가운데 2015년 초, '알바'

로 대표되는 비정규직과 영세 자영업자 사이의 갈등이 사회적 관심을 끌었다. 그 계기는 아르바이트 소개 업체인 〈알바몬〉의 "알바가 갑이다"라는 광고였다. 광고는 최저임금과 야간 수당을 받을 권리를 알리는 내용이었고, 이에 상당수 자영업자들이 반발하며 〈알바몬〉에서 탈퇴해 〈사장몬〉이라는 사이트를 개설하기도 했다. 또한 최근에는 최저임금을 1만 원으로 올리자는 주장을 둘러싸고 자영업자들이 이견을 보이기도 했다. 최저임금의 수준을 높여 생활을 보장하자는 주장은 일리가 있지만, 최저임금을 올릴 경우 가장 부담을 느끼게 될 사람들은 음식이나 도소매업, 영세 중소기업의 고용주, 즉 자영업자들이기 때문이다(국민정책연구원 2017). 2015년 기준, 연 1천2백만 원을 벌지 못하는 자영업자 비중이 21.2퍼센트에 이르는 것은 왜 최저임금에 자영업자들이 민감한지를 잘 보여 준다(통계청 2016). 이 점에서 일부 언론들은 최저임금 1만 원을 둘러싼 논쟁을 비정규직과 자영업자들 간의 갈등으로 부각시키고 있다. 그리고 자연스럽게 자영업자들은 보수적 존재로 그려진다.

요컨대, 영세 자영업자들은 경제적 약자로서 사회와 국가의 지원을 가장 필요로 하는 계층인 동시에, 고용주라는 위치에서 시장을 통해 소득을 극대화하려는 속성을 지닌다. 그렇다면 이들은 어떤 사회경제적 의식을 가지고 있을까? 과도한 경쟁 상황, 불안정한 미래, 피고용인들과의 직접적 대면, 경기에 대한 민감함과 기대 등 공통적인 경험과 특성은 그들만의 의식을 형성할 수 있을 것이다. 특히 이 글이 주목하는 중고령층에 한정하면 더욱 그럴 것이다.

자영업의 경험이 이들의 사회정치적 인식의 변화에 미친 영향을 추적하기 위해 필자는 '복지 태도'를 검토했다. 복지 인식은 전·현직 자영업자들이 사회를 어떻게 바라보는지, 계층 의식은 어떠한지를 검토하는 데 유용하다. 현직 자영업자의 인식, 그리고 자영업에 종사하기 전후의 인식 변화를 살펴볼 것이다. 좀 더 구체적으로는 창업하기 2년 전부터 이후 4~5년을 검토해 사회경제적 상태의 변화와 복지 인식의 변화를 추적했다.

특히, 경제 위기 시기인 2008년과 2009년에 자영업에 진입한 이들로, 만 40세부터 64세까지의 중고령층을 연구 대상으로 삼았다. 2008년과 2009년은 경제 위기로 말미암아 자영업의 위기가 본격적으로 논의된 시기이다. 당시 이 문제에 관한 사회적 논의가 본격화되었고 기업 구조 조정이 야기한 자영업 과잉 문제도 논의되었다.[1]

1_11개 종합 일간지에 '자영업 & 위기'로 검색한 기사의 수는 2000년도 11건, 2004년 197건, 그리고 2007년 297건으로 서서히 증가하다가 2008년도 712건, 2009년 1,249건으로 급증한다. 이후 2012년 1,699건, 2013년 964건, 2014년 1,139건으로 상당히 높게 유지되었다(〈네이버 뉴스 라이브러리〉 http://newslibrary.naver.com, 검색일: 2015/01/09).

누가, 왜 자영업자가 되는가

데버라 카(Deborah Carr)에 따르면 교육 수준이 높고 경제적 능력이 있는 사람들이 창업할 가능성이 높으며, 또한 반대로 노인이나 장애인을 비롯해 생산성이 낮은 개인들이 사회구조적인 제약에 대응하기 위한 전략으로 자영업을 선택하기도 한다(Carr 1966). 경제적 조건을 보면, 호황일 때 자영업자가 증가한다는 주장과 불황일 때 증가한다는 입장이 대립한다(전병유 2003).

이를 〈그림 1〉과 같이 유형화할 수 있을 것이다. 네 가지 유형 중에서 최근 유럽에서 강조하고 있는 자영업의 유형은 개인의 능력이 높은 고학력자를 중심으로 한 창업형 자영업으로 A나 C가 이에 속할 것이다. 이들은 혁신적인 능력으로 새로운 분야를 개척하는 창업을 할 수도 있고, 개인적 능력이 뛰어남에도 불구하고 일자리가 부족해 창업할 수도 있다.

한국에서는 A, C유형에 속하는 자영업자가 드물다. 개인의 능력이 훌륭해도 위험을 감수하기보다는 전문직이나 일반 직장을 선택하는 것이 보통이다. 예컨대 페이스북의 창업자인 마크 저커버그(Mark Zuckerberg)를 꿈꾸는 청년들도 대기업에 들어가거나 공무원이 되고 싶어 한다. '젊은이가 창업하면 3대가 망한다'는 농담은 한국의 창업 인식과 현실을 단적으로 보여 준다. 실패해도 다시 일자리를 얻거나 일어설 수 있는 환경이 조성되어 있지 못한 한국의 시장 환경이 문제일지 모르겠다.

그림 1 | 자영업의 선택과 유형

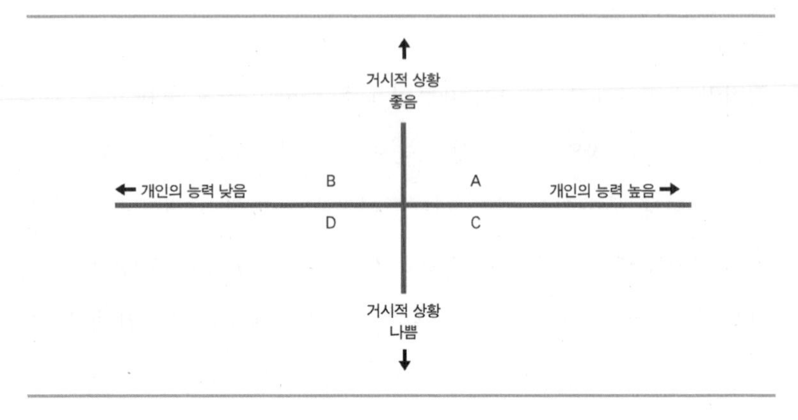

중고령층의 경우 상황은 더욱 어렵다. 이들도 대기업의 부장이나 이사 출신일 수 있고, 경력이 화려한 피고용인일 수 있다. 하지만 회사를 떠나 창업을 하려 할 때, 원래 하던 일을 이어서 하는 경우는 매우 적다. 일반 서비스업을 택해 자영업을 시작하는 것이 일반적이며, 이럴 때 과거 화려한 이력이나 높은 직책은 도움이 되지 않는다. 대체로 중고령 창업자들은 관련 능력이 없는 조건에서 출발한다고 볼 수 있다. 이렇게 불황으로 말미암아 회사에서 밀려나 창업한 중고령 자영업자는 D유형에 속한다. 필자가 주목하는 자영업자들은 바로 이 D유형의 사람들이다. 이들은 출발부터 취약함을 안고 있는 것이다.

2000년 이후, 자영업에 대한 연구들은 이런 현상을 꾸준히 지적해 왔다. 경제 위기 이후 퇴직 및 실직의 대안으로 자영업을 긍정적으로 평가했던 적도 있지만, 대다수 연구는 불황기에 개인의 능력이 부족해 밀려난 D유형의 영세 자영업자들에 대한 우려를 표하고 있다. 예를 들어, 중소기업특별위원회(2005)가 2005년 3, 4월에 1천6백 개 영세 자영업자를 대상으로 실시한 실태 조사에 따르면 76.3퍼센트가 창업한 지 5년이 안 되었고, 단순히 가게 및 생계유지가 아니라 일정한 수익을 내는 자영업자는 8.3퍼센트에 불과했다.

관련 연구에 따르면 D유형이 가장 많이 발견되고 있으며, 특히 중고령층 자영업자들의 상황이 좋지 않다. 비록 국가적으로 지원 정책을 통해 변화를 꾀하고 있지만, 기업가 정신으로 새로운 분야를 창출하려는 창업이 눈에 띄게 늘고 있지는 않다. 그보다는 노동시장의 조건이 악화되어 주된 일자리에서 밀려나 반강제로 창업을 선택하는 경우가 대부분이다(지은정 2012). 문제는 자영업자의 연령이 높아질수록 자영업 생존율이 낮다는 것이다(박미현 2012). 이는 D유형의 자영업자들이 시간이 지나면서 영세성이 강화되고 경제적으로 열악한 위치에 놓이게 된다는 점을 설명한다.

그러나 자영업 생존율이 전 연령대에서 낮아지고 있으며, 특히 영세 자영업이 집중되어 있는 도소매, 음식·숙박업에서 낮다는 점이 중요하다. 한국의 자영업 시장이 포화에 이르고 있기 때문이다. OECD 30개 회원국의 통계를 활용해 한국의 적정 자영업주 비중을 도출한 결과에 따르면 한국의 자영업은 상당히 과잉 수준에 이르고 있으며, 특히 도소매업과 음식·숙박업의 과잉 진입을 해소할 필요가 있는 것이다(문선웅·전인우 2011). 앞에서도 말했듯이, 신생 기업 중

숙박·음식업은 2014년 기준 1년 생존율 59.2퍼센트, 2년 생존율 40.2퍼센트, 3년 생존율 30.3퍼센트, 4년 생존율 22.5퍼센트, 5년 생존율 17.3퍼센트로 나타났다(통계청 2015). 그러나 생계를 위해 일해야 하는 나이임에도 정규 노동시장에서 밀려난 사람들에게 자영업 이외에 선택지가 지극히 제한적인 현실은 여전히 '합리적 선택'을 가로막고 있다.

이들은 소득이나 부채 등 경제적 조건만 취약한 것이 아니라 복지도 취약하다. 지난 10년 간 40대와 50대의 자영업 진입 비중이 지속적으로 증가하고 있지만, 이들 가운데 국민연금이나 고용보험과 같은 사회보장에 가입되어 있는 비율은 상용직 노동자들에 비해 현격히 낮다(박종서 외 2012). 40세 이상 중고령 자영업자들에게 노후 준비를 물었을 때 노후 준비를 하지 않는다는 이들이 27퍼센트였으며, 국민연금으로 노후 준비를 한다는 이들은 45퍼센트에 지나지 않았다(통계청 2013). 이들은 국민연금을 중요한 노후 소득 보장 대책으로 인식하고 있지만, 현실적인 경제적 필요와 압박 때문에 가입하지 못하는 경우가 많다.

과잉인 자영업에 진입한 이후 조기 폐업으로 이어지고, 노후를 준비해야 할 가장 중요한 시기에 불안정한 소득 때문에 국민연금에 가입하지 못하면 가교 일자리가 오히려 노후를 해치는 도구가 될 수 있다는 점에서 이는 심각한 문제이다. 고용보험의 보호를 받지 못하는 상황에서 자영업의 경험과 빈곤 간의 거리가 그리 멀지 않다는 지적은 중요하다(반정호 2012; 김재호 2014).

이런 지적들은 한국 사회에서 중고령자 자영업의 취약성을 상당 부분 드러내며, 계급론적으로 자영업자를 안정된 '소자본가'의 범주로 분류하기 어려운 현실을 보여 준다. 사회보장의 사각지대에 놓여 추후 복지 혜택을 받지 못할 가능성도 높다. 사회경제적으로 취약한 이런 상황으로 말미암아 이들은 복지 확대를 지지하게 되었을까, 아니면 오히려 복지에 반대하게 되었을까?

상반된 두 가지 가설이 있다. 첫째, 자영업자들은 상대적으로 연금이나 실업 급여와 같은 복지 급여에서 이미 제외되어 있으므로 복지를 지지하지 않을 것이라는 가설이다. 이는 자영업자들의 영세성과 취약성보다는, 고용주로서의 지위가 태도에 영향을 미칠 수 있음을 의미한다. 둘째, 경제적으로 취약한 자신의 처지 때문에 복지를 지지할 가능성이다. 즉, 자영업자는 고용주임에도 사회경제적으로 취약하고 불안정하므로 복지를 지지하리라는 것이다.

이제, 자영업을 경험한 이전과 이후에 이들의 복지 인식이 어떻게 달라졌는지 살펴보자. 이 글에서는 한국복지패널 자료를 검토할 텐데, 이 자료는 사회복지 정책의 효율적인 수립과 평가를 위해 무작위로 선정된 7천 가구를 2005년부터 매년 추적 조사하고 있다.

자영업자의 삶과 인식 변화

경제 위기 이후 자영업자의 사회경제적 지위 변화

자영업에 진입하기 전에 이들은 어떤 직업에 종사하고 있었을까? 한국복지패널은 같은 사람을 매년 추적 조사한 '패널' 자료이다. 따라서 변화를 파악할 수 있다는 이점이 있다. 〈표 1〉과 〈표 2〉는 2008년과 2009년에 신규로 자영업에 진입한 이들이 그 전후에 노동 지위가 어떻게 변화했는지를 보여 준다. 〈표 1〉은 2008년에 신규로 자영업자가 된 121명을 1백 퍼센트로 환산했을 때 이전과 이후의 고용 변화를 나타낸다. 이들 가운데 가장 많은 30퍼센트가 상용직에서 이동해 왔으며, 2006년에 자영업자였던 이들 21퍼센트가 폐업 후에 다시 자영업으로 진입했다. 또한 실업이나 비경제활동 상태, 혹은 고용주였던 이들이 자영업으로 이동하는 경우도 많았다. 이런 진입 양상은 2009년 진입자를 살펴보아도 유사하다. 상용직이었던 이들이 줄어들면서 실업과 비경제활동 인구가 증가하고 이후 자영업으로 진입한 것이다.

자영업에 진입한 이후의 양상 역시 유사하다. 2008년과 2009년 자영업 진입자 모두 1년 후에 생존율, 즉 지속적으로 자영업을 영위하는 비중이 각각 69퍼센트, 67퍼센트로 급격히 떨어진다. 이후 3년이 지나면 각각 55퍼센트, 54퍼센트로 떨어진다. 다시 말해 3년 만에 절반 가까운 이들이 사업을 접는다. 그 이후 다시 상용직으로 돌아가는 이들은 10퍼센트가 넘지 않으며, 대부분이 임시/일용직이나

표 1 | 2008년 자영업 신규 진입자의 연도별 종사상 지위 변화(단위: %)

	2006	2007	2008	2009	2010	2011	2012
상용직	24	30	-	5	5	7	7
임시직	8	4	-	6	7	11	11
일용직	15	16	-	6	7	7	6
자활·공공근로	1	1	-	-	1	-	1
고용주	7	15	-	4	5	7	4
자영업자	21	-	100	69	64	55	55
무급가족	5	8	-	1	2	2	1
실업·비경활	19	26	-	9	10	12	14
합계	100	100	100	100	100	100	100

주 : 표본 수 121명.

표 2 | 2009년 자영업 신규 진입자의 연도별 종사상 지위 변화(단위: %)

	2006	2007	2008	2009	2010	2011	2012
상용직	32	28	21	-	3	5	8
임시직	5	7	19	-	10	7	16
일용직	9	11	12	-	2	5	3
자활·공공근로	-	-	-	-	-	-	-
고용주	5	6	15	-	7	6	3
자영업자	29	22	-	100	67	63	54
무급 가족	1	3	2	-	1	2	3
실업·비경활	19	23	32	-	11	11	13
합계	100	100	100	100	100	100	100

주 : 표본 수 151명.

실업/비경제활동으로 이동하는 것으로 나타났다. 이는 자영업이 중고령층에게 안정된 일자리 역할을 하기보다 오히려 더 불안정한 고용 형태로 이동하기 전 통과하는 경로에 지나지 않는다는 사실을 알 수 있다. 다시 말해, 상용직이나 자영업에서 진입했지만, 자영업을 거치고 난 후 노동시장에서 더욱 불안정한 지위로 이동하는 경우가 일반적이었다.

그림 2 | 종사상 지위별 연간 소득 변화(단위: 만 원)

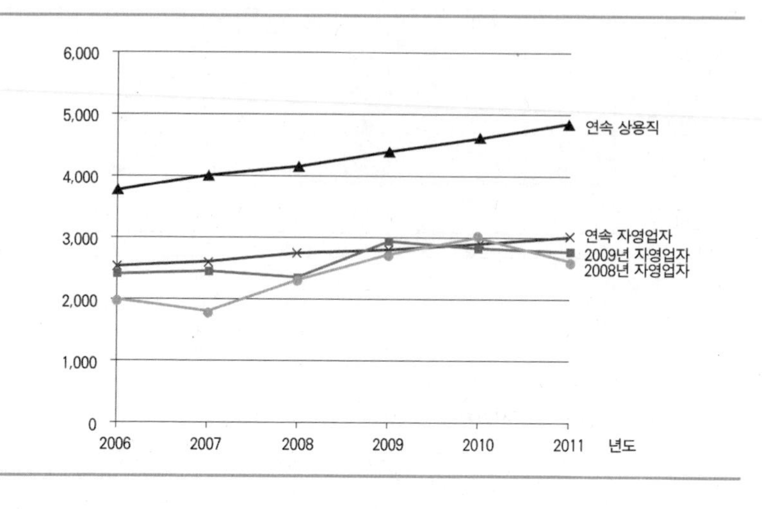

이들의 소득 및 소득 대비 부채는 어떻게 변했을까. 〈그림 2〉와 〈그림 3〉을 보자. 자영업에 새로 진입한 이들을 다른 집단과 비교하기 위해 같은 기간 동안 계속 상용직으로 근무한 집단과 계속 자영업을 운영해 온 집단도 조사했다. 소득의 변화를 보면 대체로 연속 상용직의 소득이 꾸준히 상승하는 것을 알 수 있으며, 연속 자영업도 매우 낮은 수준이지만 꾸준히 상승하고 있다. 반면, 새로 자영업에 진입한 이들은 자영업에 진입하기 직전보다는 다소 상승하지만 2011년에는 오히려 감소하는 것으로 나타난다. 또한 상용직과 자영업 사이에는 상당한 소득 격차가 존재한다. 〈그림 3〉의 소득 대비 부채 변화를 보면, 연속 상용직에 종사하는 이들이 자영업 직종에 비해 소득 대비 부채 규모가 상당히 낮음을 알 수 있다. 연속 상용직의 소

그림 3 | 종사상 지위별 연간 소득 대비 부채 변화(부채/소득×100, 단위: %)

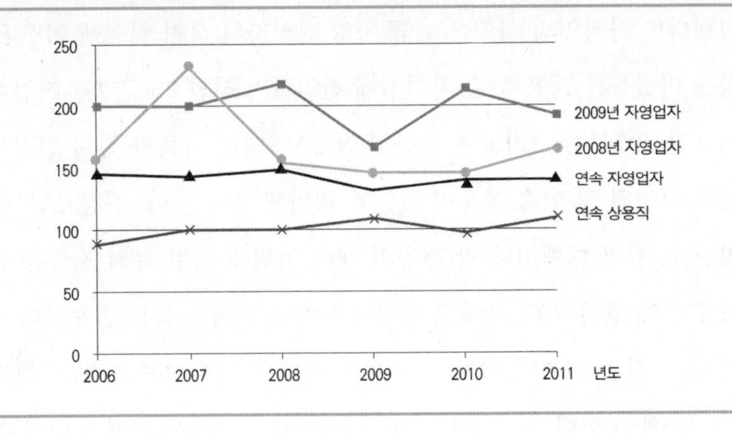

득 대비 부채는 연소득의 약 1백 퍼센트 정도에 지나지 않는 반면, 자영업자의 소득 대비 부채 수준은 약 150퍼센트에서 2백 퍼센트에 이른다. 한편 자영업자 그룹 중에서도 연속 자영업자의 소득 대비 부채 수준은 꾸준히 150퍼센트 정도로 유지되는 반면, 신규 자영업자의 경우 자영업 직전에 부채 수준이 증가했다가 진입과 함께 일시적으로 상당히 줄고 그 이후 다시 다소 증가하는 모습을 보였다. 예상대로, 자영업으로 진입한 이들이 안정적 임금 근로를 하는 상용직에 비해 노동시장에서의 지위나 경제적 지위가 취약한 것으로 나타난다.

자영업 진입자의 복지 인식 변화

그렇다면 자영업의 경험은 신규 자영 진입자의 복지 인식에 어떤 영향을 미쳤을까? 〈표 3〉은 자영업에 진입하기 전인 2007년과 진입한 직후인 2010년, 그리고 4~5년 후인 2013년에 이들의 복지 인식을 연속 자영업 및 연속 상용직 집단과 대비해 보여 준다. 건강보험, 국민연금, 실업 대책이나 각 계층의 생활 지원에 대한 복지 지출을 현재에 비해 얼마나 더 확대 혹은 축소해야 하는지를 묻는 질문이다. 5점이면 '훨씬 더 지출해야 한다'라는 확대의 입장이며, 1점은 '훨씬 덜 지출해야 한다'는 축소의 입장을 나타낸다. 3점은 현재 수준의 지출을 유지하자는 입장이다.

자영업에 신규로 진입한 이들은 진입 직전인 2007년에 연속 자영업이나 연속 상용직에 있는 이들에 비해 복지 확대를 지지했다. 2007년에 신규 자영업 진입자(2008년과 2009년)의 복지 인식 평균이 3.66으로 연속 자영업자(3.62)와 연속 상용직(3.49)에 비해 높았다. 이는 부분적으로 이들의 불안한 사회경제적 지위를 나타낸다. 즉, 사회적 위험에 노출될수록 복지 정책을 지지한다는 가설을 지지하는 결과일 수 있다. 실제로 이들은 자영업에 진입하기 직전인 2007년에 소득이 낮고 부채가 높았다.

하지만 2007년과 2013년 사이에 이 세 집단의 복지 인식은 상당한 변화를 보였다. 2010년에는 2009년부터 시작된 보편복지/무상복지 논쟁이 본격화된 시점으로, 복지를 지지하는 태도가 전반적으로 증가했다. 연속 자영업에 있던 이들의 경우 건강보험과 국민연금,

표 3 | 종사상 지위 및 연도 별 복지 인식과 정치 인식 지수

인식	문항 \ 연도	자영업 신규 진입 2007	자영업 신규 진입 2010	자영업 신규 진입 2013	연속 자영업 2007	연속 자영업 2010	연속 자영업 2013	연속 상용직 2007	연속 상용직 2010	연속 상용직 2013
복지 인식 관련 문항	1. 건강보험 및 보건	3.56	3.67	3.41	3.26	3.66	3.38	3.13	3.50	3.64
	2. 국민연금(노령연금)	3.32	3.58	3.37	3.29	3.62	3.41	2.91	3.46	3.52
	3. 주거 지원	2.97	3.25	2.83	2.51	3.26	2.85	2.64	3.23	2.79
	4. 빈곤층 생활 지원	3.79	3.70	3.63	3.75	3.54	3.35	3.83	3.64	3.65
	5. 노인 생활 지원	3.87	3.60	3.48	3.85	3.77	3.53	3.94	3.70	3.62
	6. 장애인 생활 지원	3.77	3.81	3.76	3.98	3.86	3.80	3.91	3.87	3.87
	7. 아이를 둔 가족 지원	3.74	3.98	3.54	3.70	3.77	3.53	3.58	3.77	3.60
	8.실업 대책 및 고용 보험	3.56	3.48	3.37	3.49	3.41	3.35	3.29	3.46	3.47
	평균	3.66	3.69	3.47	3.62	3.60	3.45	3.49	3.58	3.57
	표본 수(명)	39	46	46	65	89	124	47	72	98

※ 척도(각 문항별 정부의 지출 확대 필요성에 대한 의견)

1	2	3	4	5
훨씬 덜 지출	조금 덜 지출	현재 수준 지출	조금 더 지출	훨씬 더 지출

인식	문항 \ 연도	자영업 신규 진입 2010	자영업 신규 진입 2013	연속 자영업 2010	연속 자영업 2013	연속 상용직 2010	연속 상용직 2013
정치 인식 관련 문항	자신의 정치적 성향	3.13	2.98	2.75	2.65	3.00	2.94
	표본 수(명)	46	43	89	117	72	96

※ 척도

1	2	3	4	5
매우 보수적	다소 보수적	중도	다소 진보적	매우 진보적

그리고 주거 지원 등에 대한 지지가 강화된 반면, 보육이나 실업 대책 등은 지지를 축소했다. 하지만 시간이 지남에 따라 전반적인 복지 인식의 경향성은 지지 철회 쪽으로 나타났다. 2007년 3.62에서 2013년 3.45로 줄어든 것이다. 자영업에 신규로 진입한 이들의 경우 자영업을 시작한 직후인 2010년에는 복지에 대한 지지가 다소 증가했지만, 이후에는 줄었다. 2010년과 2013년을 비교하면 전 복지 영역에서 지지를 철회한 것이다. 반면, 연속 상용직은 복지에 대한 지지를 확대했다. 특히 국민연금이나 건강보험 등 자신의 이해와 연결된 항목은 약 0.5 수준으로 크게 상승했다. 결과적으로 2013년

에는 건강보험, 국민연금 등 대부분의 사회정책 영역에서 신규 자영업자에 비해 연속 상용직이 더 높은 지지를 보였음을 알 수 있다.

흥미로운 사실은 2007년에는 연속 자영업이 오히려 연속 상용직에 비해 복지에 대한 지지가 높았으나 6년 후 뒤바뀌었다는 사실이다. 2010년까지도 연속 상용직의 복지 지지는 자영업보다 낮았지만, 2013년에는 크게 달라졌다. 이런 결과는 2008년과 2009년에 신규로 자영업에 진입한 이들의 소득이나 고용의 불안정성을 고려할 때 경제적 지위나 이해가 복지 인식에 영향을 미친 것으로 판단되지는 않는다. 이들의 불안정한 상황이 영향을 미쳤다면 복지에 대한 지지는 높아졌을 것이기 때문이다. 반대의 결과가 나온 것은 다른 해석이 필요한데, 이를 이해하려면 2007년과 2013년 사이에 일어났던 무상 복지 논쟁을 살펴봐야 한다. 2010년을 전후로 벌어진 무상급식 논쟁과, 그 이후 무상 복지에 대한 정치적 논쟁은 직간접적으로 복지가 무엇인가에 대한 교육 효과를 가졌을 것으로 판단된다. 다시 말해 2013년 무렵, 복지에 대한 이해도는 그 전보다 상대적으로 높아졌을 것이다.

이런 배경에서, 자영업자들이 겪는 고용주로서의 경험, 노후·실업 등과 관련한 여러 복지 제도가 본인들에게 그다지 큰 도움이 되지 않는다는 것에 대한 인지가 복지에 대한 지지를 철회하는 데 영향을 미친 것으로 해석할 수 있다. 반면, 안정적인 연속 상용직의 경우 국민연금이나 고용 보험의 주요 수혜자이므로 복지에 대한 태도가 더 긍정적이 되었다는 것이다.

실제 자영업을 운영하면 사회보장의 사각지대에 놓이는 경우가 많으며, 스스로 다양한 사회적 위험에 대비해야 한다. 이런 자가 복지(self-welfare)의 경향성은 복지에 대한 지지를 철회할 가능성을 높인다. 또한 사회보장에서 제외되고, 경제적 상황이 어려움에도 고용주로서 임금 근로자(대부분 비정규직)에게 임금뿐만 아니라 사회보장비용을 지불해야 하는 위치에 있게 된다는 점에서, 누군가를 의무적으로 보호해야 하는 상황을 거부할 가능성이 높다.

자영업자는 여전히 '사장님'이며 '경제'에 대한 중요성을 누구보다 체감하는 이들이다. 이들은 비록 규모가 작더라도 고용주의 경험을 하며, 경기에 매우 민감할 수밖에 없다. 사회보험이나 최저임금과 같은 이슈와 관련해, 자영업자는 보호를 받는 위치보다는 누군가를 보호해 주어야 하는 위치에 서게 되고, 이런 위치가 이들을 보수적으로 만들 가능성을 높인다. 하지만 다른 한편, 자영업자들이 체감하는, 그리고 객관적으로도 경제적 취약성은 계속 커지고 있다. 이들은 정책적 중요성을 갖는 집단이 되어야 마땅하지만, 정부의 복지 정책이나 노동정책 속에서 상대적으로 배제되어 왔다. 정부의 자영업 대책이 2005년부터 꾸준히 발표되었지만, 살펴본 바와 같이 이들의 상황을 변화시킬 만한 대책이 있었다고 평가하기 어렵다. 이런 상황에서 자영업자들은 국가의 역할에 대한 회의감이 강해지고, 그 결과 신뢰가 줄어들고 있지 않을까. 그렇다면 이들이 생존하는 방법은 시장에서 고용주로서 최대한 이익을 찾아 행동하는 것이 될 수밖에 없지 않을까. 어쩌면 자영업자들의 보수화는 국가 정책이 만들어 낸 어쩔 수 없는 선택지일지 모르겠다.

'을과 병'의 갈등을 넘기 위하여

지금까지 한국 사회보장의 왜곡된 구조, 특히 불안정한 고용주로서 자영업자들의 현실을 살펴보았다. 일례로 국민연금에 배제되어 있는 자영업자들을 위해 새롭게 고용 보험이 도입되었으나, 극소수 자영업자들만 가입하고 있듯이, 현실에서 자영업자는 사회보장과 점점 유리되고 있다. 이런 구조에서는 복지 제도가 취약층을 포괄하고, 그것의 긍정적인 효과가 복지 제도를 더 효과적으로 만드는 선순환을 기대하기 힘들다. 오히려 복지 제도가 취약 계층을 배제시키고, 그 결과 복지에 대한 지지를 철회시켜 효과적이고 포괄적인 복지 제도의 발전을 가로막는 악순환을 낳게 된다.

나아가 이런 상황은 앞서 언급한 비정규직과 영세 자영업자들, 우리 사회와 노동시장에서 가장 배제된 이들 사이의 갈등을 불러오기도 한다. 자영업을 실질적으로 어렵게 하는 임대료 문제나, 기업들이 정규직을 조기에 노동시장으로 밀어내는 문제처럼 좀 더 구조적인 문제가 산적함에도 불구하고, 실질적인 갈등은 '갑'을 제외한 '을'과 '병' 사이에서 일어날 가능성이 높은 것이다. 이런 갈등은 앞으로 최저임금 인상에 대한 논의가 진행될수록 더욱 강화될 가능성이 크다. 따라서 단순히 신규 자영업자들의 진입을 막는 것이나 과잉 경쟁을 완화하는 것 등의 대책을 넘어, 실효성 있는 노동시장 대책과 사회보장 개혁이 동시에 이루어져야 할 것이다.

● 이 글은 "중고령층의 자영업 경험이 복지 인식에 미치는 영향에 관한 연구: 2007년 경제위기 이후를 중심으로," 『한국사회정책학』(2015년 22권 1호)의 연구 분석을 바탕으로 작성되었다.

6.

기울어진 운동장

자영업과 임대료·권리금

조물주 위에 건물주

자영업자들을 힘들게 하는 요소는 많다. 그중의 으뜸은 불안정한 상가 임대차 계약이다. 한국에서 자영업 생존율이 낮은 가장 큰 이유는 자영업자들 간의 경쟁이 워낙 심한 데다 경기도 안 좋기 때문이지만, 치솟는 임대료와 권리금, 그리고 부실한 〈상가건물임대차보호법〉도 중요한 이유다. 자영업자들 대부분은 임차인이다. 그런데 임차 비용이 높고, 임차인의 권리를 보호하는 법이 부실한 탓에 자영업자들이 큰 어려움을 겪고 있다.

'맘상모'라는 단체가 있다. 임차인들의 영업권을 보호하기 위해 결성한 단체로서 '맘 편히 장사하고픈 상인들 모임'의 준말이다. 이들은 '장사가 잘되면 도리어 망하는 사장님들의 사연'을 호소한다(『미디어오늘』 2016/06/19). 〈상가건물임대차보호법〉이 허점 투성이어서 장사가 좀 된다 싶으면 건물주가 계약을 연장하지 않고 나가 달라는 경우가 종종 있으며, 혹은 임대료를 터무니없이 올려 결국 문을 닫을 수밖에 없는 경우도 빈번하다고 한다.

더욱 심각한 문제는 이렇게 건물주에 의해 내쫓길 경우 투자했던 시설 비용이나 권리금을 한 푼도 챙기지 못하는 임차인들이 많다는 것이다. 우리나라는 관행적으로 임차인 간에 권리금을 주고받는다. 그런데 건물주에 의해 내쫓길 경우, 신규 임차인으로부터 권리금을 회수할 기회가 박탈되기 때문에 권리금을 챙길 수 없다. 따라서 아무리 장사가 잘돼도, 아니 정확히 말하면 장사가 잘된 탓에 권리금과 투자 비용을 회수하지 못하고 빈털터리에 빚까지 지게 되는 경우가 발생한다.

건물주의 횡포로 피해를 입는 임차인들이 증가하면서 2001년에 〈상가건물임대차보호법〉이 제정되었다. 그리고 2013년과 2015년, 두 차례 법이 개정되었다. 하지만 상가 임대차 갈등은 여전히 해결될 기미가 보이기는커녕 오히려 논란이 더욱 가열되고 있다. 특히 2012부터 2017년까지 5년간 임대차 갈등이 지속되었던 '리쌍-우장창창 사건'은 〈상가건물임대차보호법〉 개정 논의를 불러일으킨 상징적 사건이었다.[1]

〈상가건물임대차보호법〉은 원칙적으로는 임대인(건물주)과 임차인 모두의 권리를 보호하기 위한 법이다. 그러나 건물주는 대체로 피해를 주는 입장이고 임차인은 피해를 당하는 입장이라는 점에서, 이 법의 존재 의의는 결국 임차인의 권리를 보호하는 데 있다. 그럼에도 임차인의 권리 침해가 계속되고 임대차 갈등이 줄지 않는 것은 이 법에 문제가 있음을 보여 준다. 어떤 문제가 있고, 어떻게 고쳐야 하는가.

일부만 적용된 〈상가건물임대차보호법〉

상가 임대차 거래는 개인들 간의 사적인 계약이므로 과거에는 민법의 적용을 받았다. 그리고 권리금 수수는 오래전부터 관행으로 내려

1_건물주가 유명인인 탓에 임대차 갈등이 세간의 화제가 된 경우이다. 이 사건의 발단은 이렇다. 우장창창은 2010년 11월 신사동 가로수길의 한 건물 1층에서 보증금 4천만 원에 월 임대료 3백만 원, 인테리어 비용 7천만 원, 권리금 2억7,500만 원을 들여 2년 계약으로 장사를 시작했다. 그러던 중 1년 반 만인 2012년에 건물주가 리쌍으로 바뀌었고, 리쌍은 본인들이 장사를 하겠다며 우장창창에게 가게를 비워 줄 것을 요구했다. 당시에는 건물주가 바뀌면 법적으로 임대차계약의 효력이 상실되었지만 우장창창은 가게를 비울 수 없다고 주장했고, 우여곡절 끝에 우장창창은 1층 상가를 비우는 대신 리쌍으로부터 보상금 1억8천만 원을 지급받고, 지하와 1층 주차장 공간에서 계속 영업을 하기로 합의가 이루어졌다. 그런데 주차장 영업이 문제가 되면서 다시 법적 공방이 시작되었고, 그 와중에 새로 계약했던 2년 계약 기간이 종료되면서 리쌍은 명도 소송을 진행, 우장창창은 결국 강제 퇴거를 당했다. 현재는 리쌍과 우장창창 측이 극적으로 합의(2017년 3월)함으로써 일단락된 상태다.

왔지만 2000년대 이전까지는 갈등이 크지 않아서 법으로 규제할 필요가 적었다. 그런데 2000년대 즈음해서 권리금 관련 갈등이 늘어나고, 임대인과 임차인 간의 법적 분쟁도 증가했다. 그 결과 2001년 〈상가건물임대차보호법〉이 제정되었다.

법 제정 당시 논란이 되었던 쟁점은 다음과 같은 다섯 가지다. ① 계약 기간을 보장하는 문제, ② 권리금의 제도화와 보호 문제, ③ 임대료 인상 수준을 억제하는 문제, ④ 건물주가 바뀌거나 재건축 등의 사유가 발생할 때 기존 임대차 계약의 효력 인정 문제, ⑤ 권리 보호의 대상 범위 문제(환산 보증금 문제).

2001년 제정된 〈상가건물임대차보호법〉의 핵심 내용은 임차인에게 5년간 재계약을 할 수 있도록 '계약 갱신 청구권'을 보장했다는 것, 그리고 재계약 시 임대료 인상폭을 9퍼센트 이내로 규제했다는 것이다. 임대인의 계약 갱신 거부나 과도한 임대료 인상으로 내쫓기는 상황을 막기 위한 것이다. 앞의 다섯 가지 중에서 ①과 ③을 담은 셈이다.

하지만 이 법은 실효성이 크지 않았다. 소액 임차인에게만 적용되고 임대료가 비싼 경우는 제외했기 때문이다. 임대료는 보증금과 월세로 구성되는데, '환산 보증금'(보증금+월세×100)이라는 개념으로 이 둘을 합친 후에, 이 금액이 일정 기준 이하인 경우만 적용했다. 환산 보증금 기준은 서울 기준으로 법 제정 당시인 2002년에는 2억 4천만 원이었는데, 이후 계속 기준이 상향되어 2014년에는 4억 원이 되었다.

표 1 | 환산 보증금 제도로 인한 피해 사례

	세입자 A	세입자 B
보증금	5천만 원	5천만 원
월세	250만 원	251만 원
5년간 계약 갱신 요구	가능	불가능
차임 등 증감청구권	있음	없음

출처 : 맘편히장사하고픈상인모임(2016c).

보증금과 임대차 갈등은 주로 상권이 발달해서 임대료가 높은 지역에서 발생하므로, 정작 필요한 경우는 제외하고 분쟁의 여지가 크지 않은 경우만 보호한 셈이다. 2014년 기준으로 강남 상권 중에는 45.5퍼센트, 서울 전체로는 22.6퍼센트(그중에서도 상가 1층의 경우는 35.9퍼센트)가 법 적용에서 제외되었다. 그래서 법 제정 후에도 임차인들의 피해 사례가 속출했다. 몇몇 사례를 보자.

서울 광화문 중식당 A는 기존에 보증금 4천만 원에 월세 650만 원이었는데, 2013년 들어 건물주가 보증금 2억 원에 월세 1,550만 원을 요구했다. 한 번에 보증금은 5배, 월세는 2.4배로 올린 것이다. 결국 안내문을 붙여 놓고 문을 닫아야 했다.

서울 신사동 가로수길의 M 일식집은 2010년에 보증금 4천만 원에 월세 250만 원으로 계약을 맺고 영업을 시작했다. 인테리어 비용으로는 1억6천만 원이 들었다. 1년 후 건물주는 월세를 265만 원으로 15만 원 올려 줄 것을 요구했다. 인상액이 크지 않았으므로 임차인은 이를 받아들였다. 그런데 임대료 인상으로 인해 환산 보증금이 2억9천만 원에서 3억5백만 원으로 상승했다. 당시 서울의 환산 보증금 기준은 3억 원이었는데, 임대료 인상으로 이 기준을 넘어 법의 적용 대상에서 제외된 것이다. 이듬해 건물주는 월세를 350만 원으로 32퍼센트 올려 줄 것을 일방 통보했고, 결국 높은 임대료 때문에 임차인은 권리금을 한 푼도 챙기지 못한 채 장사를 접었다(『한국경제신문』 2013/04/16; 참여연대 2013에서 재인용). 이 사례는 환산 보증금 제도를 악용해 어떻게 법의 규제를 회피할 수 있는지를 잘 보여 준다. 환산 보증금 제도만 있으면 임대료를 1만 원만 인상해도 법을 무력화시킬 수 있는 것이다.

건물주가 바뀌거나 재건축 등의 이유로 임차인들이 내쫓기는 경우도 많다. 2001년 〈상가건물임대차보호법〉에서는 건물주가 바뀌거나 재건축을 이유로 나가라고 요구할 경우에는 환산 보증금 기준 이하라 할지라도 보호받지 못했다.

서울 종로의 한 식당에서 종업원으로 일하던 박 씨는 2011년 5월 가게를 인수했다. 건물주로부터 10년 이상 장사할 수 있다는 구두 약속을 받았다. 박 씨는 권리금 1억5천만 원은 물론이고 전 임차인이 밀린 임대료와 외상값 4천만 원도 대신 갚았다. 게다가 시설비 2억6천만 원을 들여 기존 가게를 리모델링해서 개업했다. 그런데 2년이 채 안 되어 새로 바뀐 건물주가 가게를 비워 줄 것을 요구했다. 박 씨는 아직 대출금 1억6천만 원의 원금도 갚지 못했다며 억울해 했다(『한겨레』 2014/12/01).

서울 서초구 강남대로 뒷길의 한 일식 주점은 명목상 1년간 임대차 계약을 맺고 2013년 5월 영업을 시작했다(구두상으로는 건물주가

장기 임대차 계약을 보장했다). 그러나 석 달도 지나기 전에 건물주로부터 나가 달라는 통보를 받았다. 임차인 윤 모 씨는 건물주가 낸 명도 소송 과정에서 계약 닷새 만에 재건축 계획이 세워진 것을 알게 되었다. 윤 모 씨는 분개했다. 그러나 결국 "연말까지 나갈 테니 강제 집행만은 말아 달라"며 투항해야 했다. 이전 세입자에게 건넨 4억 원의 권리금과 내장 공사에 들어간 1억5천만 원은 고스란히 날아갔다(『한겨레』 2014/12/01).

〈상가건물임대차보호법〉을 제정하면서, 적용 대상에서 고액 임대료 계약을 제외한 이유는 무엇일까? 공식적인 (그리고 가장 설득력 있는) 이유는 고액 임대료를 내는 경우라면 부유한 자영업자일 것이며, 이들까지 보호할 필요가 없다는 것, 이들은 시장 원리에 맡기고 영세 자영업자들만 보호하자는 것이었다.[2]

그런데 〈상가건물임대차보호법〉은 소액 임대료만 보호해야 할까, 고액 임대료도 보호해야 할까. 이 법의 목적이 '사회적 약자의 보호'라면 소액 임대료만 보호해도 괜찮을 것이다. 하지만 이 법의 목적은 그보다는 '계약의 공정성 확보'에 있다. 쌍방이 대등한 입장에서 맺는 계약이라면 법이 계약 내용에 제한을 둘 필요가 없다. 그러나 임대차 계약, 그중에서도 재계약은 쌍방이 대등한 입장에서 맺는

2_참고로 〈상가건물임대차보호법〉은 원래 민주노동당에서 입법 추진했다고 한다. 원안에는 모든 상가를 보호 대상으로 했는데, 입법 과정에서 당시 여당과 제1야당이 고액 임대 계약은 제외했다고 한다(참여연대 2013).

것이 아니다. 임차인은 이미 적잖은 권리금과 시설비를 투자했으므로 다른 곳으로 옮기면 막대한 손해를 본다. 그 상태에서 재계약에 아무런 제한을 두지 않으면, 아무래도 임대인에게 훨씬 유리하기 마련이다. 그래서 공정한 계약이 되려면 일정 기간 이상의 계약 보장과, 임대료 상승 제한 등 임대인의 전횡을 제한할 필요가 있다.

법을 개정했지만 여전한 문제들

이처럼 〈상가건물임대차보호법〉을 제정했어도 갈등이 계속되자 2013년에 법이 개정되었다. 개정된 법의 내용은 다음과 같다. ① 환산 보증금 액수에 상관없이 모든 상가에 대해 계약 갱신 청구권 인정(5년간 계약 보장), ② 건물주가 바뀌어도 계약은 계속 유지, ③ 최초 계약 당시 재건축이나 철거 계획을 알리지 않는 경우 계약 갱신 거절을 어렵게 함.[3]

이 내용을 보면 앞서 제시된 임차인의 피해 사례가 상당히 구제될 것 같다. 특히 법 개정 이전에는 재건축 계획을 밝히는 것만으로도

3_이전까지는 갱신 거절 사유를 광범위하게 인정해 왔고, 건물주가 재건축 등을 이유로 계약 갱신을 거절할 경우 이런 거절이 대부분 인정되었기 때문에 임차인들의 피해가 컸는데, 법을 개정해 이런 문제를 해소하고자 했다(김제완 2015, 13).

갱신 거절이 가능했고, 이 경우 임차인들은 속절없이 쫓겨날 수밖에 없었는데, 이런 문제를 상당 정도 예방할 수 있게 됐다.[4] 계약 당시에 임차인에게 재건축이나 철거 계획을 밝히지 않았다면 재건축을 빌미로 계약 갱신을 거절하지 못하게 한 것이다.[5]

하지만 역시 한계가 나타났다. ①처럼 환산 보증금이 기준 금액을 초과해도 5년간 임대를 유지할 수 있는 계약 갱신 청구권은 인정했지만 임대료 인상 제한을 받지 않는 규정은 그대로 유지했다. 따라서 건물주가 재계약 시 임대료를 대폭 올리면 결국 나갈 수밖에 없었다. ②에서처럼 건물주가 바뀌더라도 계약을 유지하는 규정 역시 환산 보증금이 기준 금액을 초과한 경우는 제외됐다. 그러므로 환산 보증금이 기준 금액을 초과하는 임차인은 법 개정 이전과 별반 달라진 것이 없었다. ③의 경우도 마찬가지다. 법 개정을 통해 재건축이나 철거 등의 사유를 남용해서 계약 갱신을 거절하는 경우는 어느 정도 막을 수 있게 되었다. 하지만 건물 노후화나 안전사고의 위험으로 재건축·철거를 한다든지, 도심 재개발 때문에 철거가 진행되는 경우는 여전히 법적인 보호를 받을 수 없었다. 얼마든지 계약 갱신이 가능했고 이로 인해 발생하는 피해 보상 문제는 전혀 다루지 않았다.

4_맘상모가 간행한 "전국상가세입자피해사례집"에 따르면 피해 사례의 60퍼센트가 재건축에 따른 피해였다(맘상모 2016, 21).

5_2013년 법 개정 이후로는 최초 계약 당시 건물주가 철거 또는 재건축 계획 등을 공사 시기 및 소요 기간 등을 포함해서 구체적으로 밝히지 않았을 경우 임차인 동의 없이 철거 또는 재건축을 할 수 없게 되었다.

게다가 2013년 법 개정에서도 권리금 문제는 고려되지 않았기 때문에 이로 인한 피해 사례도 계속 나타났다. '권리금 문제'란 상권이 활성화되면 임차인을 내쫓고 건물주가 직접 그 자리에서 장사를 해서 권리금에 해당하는 이득을 취한다든가, 임차인을 내쫓고 신규 임차인으로부터 건물주가 권리금을 받는 것 등을 말한다. 이런 피해 사례가 꽤 심각했는데, 개정된 법에서도 이 문제는 전혀 다루지 않았다. 그래서 계약 갱신 청구권이 인정되는 경우라도 임대 보장 기간 5년이 끝나고 건물주가 재건축 등을 이유로 가게를 비워 달라고 하면 임차인은 권리금을 회수하는 것이 거의 불가능했다.

서울 홍대 인근의 한 닭갈비집은 5년의 임대 보장 기간이 끝나자 건물주가 직접 장사하겠다면서 나가라고 했다. 서울 청진동의 유명한 중식당도 건물주가 보증금과 임대료를 대폭 인상하면서 사실상 나갈 것을 요구했다. 건물주가 1년 정도 '바지 사장'을 앉혀 영업한 뒤에 새로운 임차인과 계약을 맺고 직접 권리금을 받으려는 속셈이었다. 이런 사례는 부지기수다.

서울의 홍대 인근, 연남동, 경리단길, 서촌, 북촌 등 오래된 주택가가 핫 플레이스 상권으로 뜨는 경우가 많아졌다. 동네가 뜨면 건물값이 오르고, 매매나 재건축이 발생한다. 이 과정에서 건물주들이 임대료를 올리는 것은 물론이고, 임차 상인을 내쫓고 본인이 그 자리에서 똑같은 장사를 하는 등 권리금을 약탈하는 사례도 빈번하다.

임차인들이 기존 지역의 비싼 임대료를 감당하지 못하고 임대료가 싼 지역으로 옮겨 가는 현상을 '젠트리피케이션'이라고 한다. 서울 상수동은 최근 들어 핫 플레이스로 변신하고 있는데, 이 지역 상인들의 3분의 2 정도는 홍대 지역에서 쫓겨난 이들이라고 한다. 상수동 임대료 역시 크게 오르고 있으니 이들은 또 어디로 갈 것인가.

2013년에 개정된 법에 대해 '맘상모'는 "5년이면 할 만큼 했으니, 언제든 임대인 마음대로 쫓아내도 된다."는 것을 보장하는 법이라고 비판한다. 하지만 환산 보증금이 기준 금액을 초과하는 경우에는 사실상 5년 보장도 안 된다. 5년이 되기 전이라도 임대료를 대폭 인상하는 방식으로, 혹은 건물주가 바뀌거나 재건축을 빌미로 임차인을 내쫓을 수 있다. 그러므로 이렇게 말할 수 있겠다. "영세 자영업자는 5년 뒤, 나머지 자영업자는 언제든지, 건물주가 내쫓고 권리금을 가져갈 수 있게 허용한 것"이다.

권리금 보호 규정은 제정되었으나

권리금을 둘러싼 갈등이 계속되자 2015년에 다시 법이 개정되었다. 2015년의 개정은 권리금 보호에 초점이 맞추어져 있어서 '권리금 보호법'이라고도 불린다. 구체적으로 이 법에서는 권리금을 법적으로 정의하고, 임차인의 권리금 회수 방해 행위를 금지했다.

좀 더 자세히 살펴보자. 앞에서 보았듯이, 그동안 권리금 피해는 주로 임차인이 권리금을 회수할 기회를 보장받지 못해서 발생하는 경우가 많았다. 가령 건물주가 별다른 이유 없이 신규 임차인과의 계약을 거부한다거나, 터무니없이 높은 임대료를 요구할 경우 기존 임차인은 권리금도 회수하지 못하고 속수무책으로 쫓겨나야 했다. 심지어 건물주가 신규 임차인이 기존 임차인에게 권리금을 지급하지 못하게 방해하고 자신이 대신 받는 경우도 있었다.

그래서 2015년 법 개정에서는 임차인의 권리금 회수를 방해하지 못하도록 하고, 이를 위반할 경우 임차인이 입은 피해에 대해 손해배상을 하도록 했다. 즉 별다른 이유 없이 신규 임차인과의 계약을 거절하는 경우, 터무니없이 높은 임대료를 요구하는 경우, 신규 임차인이 기존 임차인에게 권리금을 지급하지 못하게 하는 경우, 건물주가 직접 권리금을 요구하는 경우 등 모두 임차인의 권리금 회수를 방해하는 불법적인 행위로 규정되었다.

그런데 주의할 점은 2015년의 '권리금 보호법'은 정확히 말하면 '권리금 회수 방해 금지법'이라는 사실이다. 뒤에서 자세히 설명하겠지만, 우리나라는 권리금 거래가 임차인들 간에 이루어져 왔다. 따라서 권리금의 법적 실체를 인정하더라도 권리금에 대한 보장 의무를 건물주에게 부과하기 어렵다. 건물주의 입장에서는 자신과 아무 상관없이 거래되는 권리금에 대해 법적 책임을 질 이유가 없는 것이다. 그래서 법에서는 임차인들 간에 이루어지는 권리금 거래를 건물주가 방해하지 못하게 하는 정도로 일단락되었다.

그렇게 해서 문제가 해결되었을까? 〈표 2〉는 그동안 상가 임대차 보호의 성과와 한계를 동시에 보여 준다. 우선 성과는 다음과 같

표 2 | <상가건물임대차보호법> 제·개정 흐름

제·개정	계약 갱신 청구권 (5년 보장)	임대료 인상률 제한	계약 기간 보장의 효력		권리금 보호
			건물주 변경	재건축·철거	
2001년	△	△	×	×	×
2013년	○	△	△	△	×
2015년	○	△	○	△	○

주 : ○는 모든 상가 임대차가 적용 대상인 경우, △는 일부분만 적용되는 경우, ×는 전혀 법의 보호를 받지 못하는 경우.

다. 첫째, 계약 갱신 청구권의 경우, 환산 보증금 기준 금액 이하만 적용되었으나 2013년 이후 모든 상가 임대차에 확대 적용되었다. 둘째, 건물주가 바뀔 경우 기존 임대차 계약의 효력을 인정하는 범위가 점차 확대되어 2015년 법 개정 이후는 모든 상가 임대차에 적용된다. 마지막으로 권리금의 경우 법적으로 전혀 보호 받지 못하다가 2015년 법 개정 이후 법적인 보호를 받게 되었다.

하지만 여전히 해결되지 않는 문제들이 있다. 우선 환산 보증금이 기준 금액을 초과한 경우는 여전히 임대료 인상 제한에서 제외되었다.[6] 따라서 환산 보증금이 기준 금액을 초과하면 임대료를 1백 퍼센트, 2백 퍼센트 올려도 문제가 되지 않으며, 이 경우 임대료를 감당할 수 없으면 권리금을 받지 못한 채 쫓겨날 수밖에 없다. 둘째, 재건축이나 철거로 발생하는 문제도 여전히 해결되지 않은 채로 남게

6_아울러 환산 보증금이 기준 금액을 초과한 경우는 묵시적 갱신도 인정되지 않는다. 묵시적 갱신은 임차인이 계약 갱신을 요구하지 않더라도 5년까지는 자연스럽게 계약 갱신을 인정하는 제도이다. 우장창창이 리쌍과 법정 소송 중 2년 계약이 완료되어 강제퇴거를 당하게 된 것도 우장창창의 환산 보증금이 3억 원을 넘어 묵시적 갱신이 인정되지 않았기 때문이다.

되었다. 가령, 안전사고의 우려로 철거·재건축을 한다거나 다른 법령에 따라 철거·재건축이 이루어질 경우 건물주는 정당하게 계약 갱신을 거절할 수 있으며, 이 때문에 임차인이 입게 되는 권리금 등의 피해를 건물주가 보상할 의무는 없다.[7]

권리금, 보호만이 능사인가?

지금까지는 임차인에게 불리한 상가 임대차 거래의 문제와 그로 인한 사회적 폐해에 대해 살펴보았다. 지금부터는 주로 임차인 사이에서 이루어지는 권리금 수수 관행에도 상당한 문제가 있다는 점을 살펴볼 것이다. 다루는 쟁점이 다소 어렵고 전문적이기 때문에 사례를 들어 관련 쟁점들에 대한 독자들의 이해를 돕고자 한다.

서울 변두리에 중식당이 신장개업을 했다고 가정하자. 기존의 허름한 중식당을 인수하면서 신규 임차인은 건물주와 보증금 5천만 원

7_이런 이유로 현행 권리금 보호법하에서도 제2의 용산 사태는 언제든 발생할 수 있다. 용산 사태에서도 알 수 있듯이 재개발이 진행될 경우 불가피하게 권리금 흐름이 끊기게 되는데 이를 보상할 방법이 마땅치 않다. 앞에서도 살펴보았듯이 도심 재개발에 따른 피해 보상 의무를 건물주에게 부과하기 어렵기 때문이다. 건물주 입장에서는 권리금 거래가 자신과 아무 상관이 없고, 도심 재개발도 자신의 의지와는 무관하게 진행되는 것이기 때문이다. 그래서 이런 문제를 해결하기 위해 별도의 기금을 만들자는 제안도 있다(이성영 2015). 하지만 이에 관한 논의는 아직 시작 단계에 불과하다.

에 월세 120만 원으로 계약을 했고, 기존 임차인에게는 권리금으로 3천만 원을 지불했다. 그리고 인테리어 비용으로 5천만 원이 들었다. 신장개업을 한 중식당은 주변 지역이 재개발되고 지하철이 개통되었으며, 무엇보다 임차인이 열심히 노력한 덕분에 서울의 유명한 맛집으로 소문이 났다.

하지만 개인 사정으로 신장개업한 지 5년 만에 가게를 처분하게 되었다. 중식당을 인수하려는 사람이 많으므로 보증금과 월세는 물론 권리금도 오르기 마련이다. 그렇다면 건물주는 신규 임차인으로부터 보증금과 월세를 얼마나 받는 것이 적당할까? 그리고 기존 중식당 주인은 신규 임차인에게서 얼마의 권리금을 받는 것이 적당할까?

우선 기존 중식당 주인이 받고자 하는 권리금부터 따져 보자. 처음 3천만 원을 내고 가게를 인수했으니 일단 3천만 원은 넘어야 할 것 같다. 또한 인테리어 비용으로 5천만 원이 들었는데, 매년 감가상각비를 5백 만 원이라고 치면 5년이 지났으므로 2천5백만 원의 가치는 남았다. 이를 더하면 5천5백만 원은 받아야 할 것 같다. 그것으로 충분할까?

중식당을 신장개업하고 5년 동안 장사가 잘돼서 손님이 끊이지 않으니 식당을 인수하려는 신규 임차인은 그동안 축적한 고객들을 덤으로 얻는 셈이라고 할 수 있다. 따라서 기존 임차인은 고객을 넘겨주는 대가를 받아야 마땅하다고 생각한다. 가령 가게를 처음 인수할 때는 1억 원도 안 되었던 연 매출이 4억 원으로 늘었다고 치자. 그렇다면 기존 임차인의 입장에서는 권리금으로 얼마를 더 받는 것이 적당할까?

건물주의 입장에서 생각해 보자. 건물주는 새로 가게를 인수하려는 신규 임차인에게 보증금과 월세로 얼마를 받는 것이 적당할까? 5년 전과는 비할 바 없이 손님이 많으니 그때보다는 비싸게 받아야 할 것 같다. 5년간 물가 상승이 없었다고 치면 얼마를 더 받아야 할까?

기존 임차인은, 연 수입이 1억 원 정도(매출의 25퍼센트를 순수입으로 가정하자)는 되므로 권리금으로 최소 5천만 원을 더 받아야 한다고 생각한다. 게다가 주변 상가가 번창한 데는 자신의 가게가 유명해진 것이 큰 기여를 했으니 이 기여분에 대해서도 5천만 원은 더 받아야 한다고 생각한다.

건물주 또한, 자신의 건물에 세를 들어 장사해 그만큼 수입이 늘었으면 그중 일부는 자신의 몫이 되는 게 마땅하다고 생각한다. 매출이 몇 배나 올랐으므로 일단 보증금과 월세를 두 배로 올릴 심산이다.

누구의 생각이 맞는 걸까? 식당이 유명해지고 상가가 번창한 데 기존 임차인의 기여가 크니 기존 임차인이 권리금을 높여 받는 것이 마땅할까? 아니면 상가가 번영한 것은 위치가 좋아서이므로 건물주가 이득을 챙기는 것이 맞을까? 아니면 둘 다일까?

권리금을 올리고 보증금과 월세도 올리면 기존 임차인도 좋고 건물주도 좋을 것이다. 그렇다면 신규 임차인은 어떨까? 장사가 아무리 잘되는 가게라도 건물주와 기존 임차인이 요구하는 권리금, 보증금, 월세를 모두 치르면서까지 인수하고 싶을까?

임차인 간에 주고받는 바닥 권리금

법으로 권리금을 인정하고 보호하려면, 우선 권리금이 무엇인지, 즉 권리금의 성격을 명확히 해야 한다. 그런데 문제는 권리금의 성격이 모호하다는 것이다. 다른 나라와 비교해 보자. 다른 나라에도 권리금과 유사한 것이 있으나 한국과는 달리 대체로 영업권의 성격을 갖는다.[8] 일본의 경우, 한국처럼 권리금이라는 것이 있어서 일본의 제도가 들어온 것이라는 이야기도 있다. 하지만 한국의 권리금 제도는 두 가지 점에서 독특하다. 우선 위치상의 이점에 해당하는 바닥 권리금이 권리금의 상당 부분을 차지한다는 점이다. 둘째, 이런 바닥 권리금의 거래가 임대인과 임차인 간이 아니라 임차인과 임차인 간에 이루어진다는 점이다.

첫 번째 문제부터 살펴보자. 우리나라에서는 권리금을 시설 권리금, 영업 권리금, 바닥 권리금으로 구분해서 부른다. 물론 엄밀하게 구분되는 것도 아니고 계약서상에 등장하는 것도 아니지만 관행적으로 사용한다.

시설 권리금은 보통 인테리어 등 시설 투자에 들어간 돈에서 감가상각비를 빼고 남는 금액이다. 기존 임차인이 인테리어 비용 5천만 원에서 감가상각비 2천5백만 원을 빼고 계산한 2천5백만 원이

8_뒤에서 살펴보겠지만, 미국에는 영업(양도)권(sales of business), 키머니(key money), 영국에는 영업권(goodwill)이라는 것이 있다.

바로 시설 권리금이다.

영업 권리금은 그동안 가게 주인이 가게를 운영하면서 일군 노하우라든지 단골 고객 등 가게 주인의 노력에 대한 대가로 기존 임차인이 신규 임차인에게 요구하는 돈이다. 신규 임차인이 늘어난 매출액에 대한 대가로 지불하는 5천만 원이 바로 영업 권리금에 해당한다.[9]

마지막으로 바닥 권리금이다. 바닥 권리금은 '건물의 위치상 이점'에 해당하는 것으로, 쉽게 말해 '자릿세'라고 할 수 있다. 기존 임차인이 자신의 노력으로 상가가 번성했으니 자릿세로 5천만 원은 받아야겠다고 생각하는 것이 바로 바닥 권리금이다. 바닥 권리금은 자릿세 명목으로 받는 것이므로 결국 지대에 다름 아니다. 그래서 바닥 권리금을 '지대의 자본화 금액'이라고 부르기도 한다(이성영 2015).

그런데 문제는 바닥 권리금이 지대라면, 그것이 건물주의 몫인가 임차인의 몫인가 하는 점이다. 시설 권리금은 엄연히 기존 임차인의 재산권에 해당하는 것이고, 영업 권리금 또한 기존 임차인이 그동안 노력한 대가로 볼 수 있으니 문제될 것이 없다. 반면 바닥 권리금은 논란의 소지가 있다.

건물주는 위치상의 이점에 따른 이득을 자신의 몫이라고 생각하기 마련이다. 식당의 주변이 재개발되고 지하철도 개통되어 손님이

9_영업 권리금을 측정하는 객관적 기준은 없다(이성영 2015). 쌍방이 합의해서 결정하면 그만이다. 가령, 기존 임차인이 영업 권리금으로 5천만 원이 아니라 연 수입 1억 원을 요구하고, 신규 임차인이 1억 원을 지불할 의향이 있으면 영업 권리금은 5천만 원이 아니라 1억 원으로 결정될 것이다.

늘었으니 이로 인한 이득은 건물주에게 돌아가야 한다고 생각하는 것이다. 건물이 운 좋게도 목이 좋은 곳에 있어서 장사가 잘되는 것이니 자릿세는 건물주의 몫인 것 같기도 하다. 이 경우 기존 임차인이 바닥 권리금으로 요구하는 5천만 원은 건물주의 몫인 지대의 일부를 기존 임차인이 가져가는 것에 불과하다.

하지만 기존 임차인의 생각은 다르다. 서울 변두리의 상권이 자신의 식당 덕에 활기를 띠게 되었으니 자릿세를 요구할 권리는 건물주가 아니라 임차인에게 있다는 것이다. 아무리 재개발되고 지하철이 들어와도 음식 맛이 없었다면 사람들이 몰렸을 리가 없기 때문이다. 건물주가 아무런 기여도 하지 않았으면서 건물을 가지고 있다는 이유만으로 바닥 권리금을 요구하는 것은 납득이 되지 않는다. 누구의 생각이 맞을까. 어려운 문제다. 그런데 외국에서는 임차인이 장사를 하다가 그만두어도 바닥 권리금을 요구하는 경우가 거의 없다.

미국에서 영업권(sales of business)은 상가 임차인이 임차권과 함께 시설과 재고, 고객 관계, 노하우 등 유무형의 자산을 일괄적으로 판매하는 것을 의미한다. 한국의 시설 권리금 및 영업 권리금과 유사한 개념이다(박성규 2014, 14; 김제완 2015, 6; 이충훈·허명국 2009).[10]

프랑스에서는 영업 권리금이나 시설 권리금이 주로 퇴거 보상금

10_미국의 경우 영업권의 금액을 결정하기 위해 보통 기존 임차인과 신규 임차인이 한 달 정도 함께 일하면서 매출액이나 고객, 영업 노하우 등 영업과 관련한 모든 것을 인수인계한다. 한국과 달리 영업권에 대해 서로가 합의할 수 있는 수준에서 거래하기 위해 매우 엄격한 과정을 거치는 것이다.

표 3 | 국가별 권리금 거래 관행 분류

종류 \ 거래 유형	임차인 간의 거래	임대인-임차인 거래
시설·영업 권리금	미국, 한국, 프랑스	영국, 프랑스, 미국, 일본, 한국(2015년 이후)
바닥 권리금	한국	일본, 한국(2015년 이후)

의 형태로 인정된다. 프랑스는 고객망 등을 영업 소유권으로 인정하는 한편, 임차인의 영업 기간을 장기간 보장하고 건물주가 계약 갱신을 거절할 경우 영업 소유권 침해의 대가로 막대한 퇴거료를 보상하도록 하고 있다(김제완 2015, 19).

영국은 1927년 임대차법에서 영업권(good will)을 인정한 바 있지만, 영업권을 둘러싸고 임대인과 임차인 간에 논란이 계속되자, 결국 1954년 임대차법에서 영업권 보상에 대한 규정을 폐지했다. 대신 퇴거 보상을 인정하는 방식으로 개정되었다(김제완 2015, 19). 외국 사례를 통해 다른 나라에서도 권리금이 논란의 대상이라는 것, 그 가운데 바닥 권리금은 서구에서 찾아보기 힘들다는 것을 알 수 있다.

한국과 일본에서는 바닥 권리금이 존재한다. 일본에서 권리금은 기본적으로 바닥 권리금을 뜻한다(조성찬 2013; 다무라 2014).[11] 하지만 한국과 일본의 관리금 관행에는 중요한 차이가 있다. 일본의 권리

11_ 일본의 경우에도 건물주가 계약 갱신을 거절하거나 퇴거를 요구할 경우 임차인에게 높은 퇴거 보상료를 지불해야 한다. 하지만 이를 권리금이라고 부르지는 않는다. 즉 일본에는 용어상으로는 시설 권리금이나 영업 권리금이라는 것이 존재하지 않으며, 권리금이라는 용어는 위치상의 이점에 대한 가치만을 의미한다.

금은 임차인이 임대인에게 자릿세 명목으로 지불하는 것이며, 계약이 만료되어도 돌려받을 수 없다.

반면 우리나라에서는 권리금 거래가 주로 임차인과 임차인 간에 이루어진다. 또한 계약이 끝나고 나갈 때 다음 임차인으로부터 권리금을 받기 때문에 회수가 가능할 뿐만 아니라 더 많은 권리금을 받을 경우에는 권리금 차익도 얻을 수 있다(조성찬 2013; 다무라 2014).

앞의 예에서 중식당을 신장개업할 때 식당 주인은 이전 가게 주인에게 권리금 3천만 원을 지불했다. 그런데 이 중국집을 인수하고 싶어 하는 신규 임차인에게 가게를 넘기면서 1억5,500만 원을 요구하고 있으니 권리금 차액이 무려 1억2,500만 원이나 된다. 시설 권리금 2천5백만 원을 빼도 1억 원이나 남는 장사이고, 바닥 권리금만 따져도 5천만 원이 남는 장사다.

요컨대, 한국에서는 바닥 권리금이라는 것이 존재하며, 그것이 차지하는 규모가 크고, 임차인 간에 거래되고 있다는 점이 다른 나라와 구분되는 매우 중요한 차이다. 게다가 바닥 권리금이 결정되는 방식은 영업 권리금보다도 기준이 없다. 영업 권리금은 연 수입 등을 근거로 계산하지만, 바닥 권리금은 자릿세 명목으로 비싸게 불러도 내겠다는 사람이 있으면 그만이다. 이렇게 바닥 권리금을 계산할 수 있는 객관적 근거가 없다 보니 권리금을 부풀리는 수단으로 자주 활용된다.

지금까지 내용들을 표로 정리하면 다음과 같다. 우리나라는 바닥 권리금 거래가 임차인들 간에 이루어지는 유일한 나라이다. 다만

2015년 법 개정 이전까지는 권리금이 임차인들 간에 이루어지는 관행적 거래였던 반면, 법 개정 이후에는 권리금이 법제화되면서 임대인과 임차인 간에도 권리금 거래가 인정되는 것으로 볼 수 있다.[12]

권리금 법제화의 한계

우리나라는 다른 나라와 달리 권리금이 지대로서의 성격이 강하고, 거래가 주로 임차인들 간에 이루어지다 보니 권리금 법제화 과정에서도 상당한 논란이 있었다.

법무부는 바닥 권리금도 기본적으로는 임차인에게 귀속되는 재산상의 가치로 본다(법무부 2014, 12). 상가 임차인의 입장을 대변하는 '맘상모'도 권리금을 시장경제의 자연스런 산물로 간주하고, 권리금이란 임차인의 영업상 노력의 대가로 임차인에게 귀속되어야 한다고 주장한다. 맘상모는 "(권리금이란) 상권이 없는 곳에서 새롭게 생겨날 수도 있고, 기존에 상권을 일구었던 상인에게 지급하기도

12_우리나라의 경우 해외 국가들처럼 건물주가 계약 갱신을 거절하거나 퇴거를 요구할 경우 퇴거 보상금을 지불하는지는 명확하지 않다. 다만 2015년 법 개정 이후 건물주가 임차인 대신 영업을 하고자 할 경우 권리금을 지불하도록 규정하고 있기 때문에 우리나라의 경우 임대인과 임차인 간에 퇴거 보상금보다는 권리금 거래가 존재하는 것으로 이해할 수 있을 듯하다.

하는 돈이다. 장사를 하는 사람이라면 자연스럽게 주고받는 것이고, 시장경제에서 자연적으로 생겨나는, 다른 나라에도 있는 개념"이라고 주장한다(〈오마이뉴스〉 2016/07/13).

하지만 권리금 법제화를 반대하는 입장은 시설 및 영업 권리금은 임차인 사이의 계약을 통해 해결할 사항이지만, 바닥 권리금은 성격상 임대인과 임차인 사이의 임대차 계약에 포함될 사항이라고 지적한다(김정욱 2011, 15-16; 박성규 2014, 21).[13]

임차인들 간에 이루어지는 권리금 수수 관행도 권리금 법제화를 주저하게 만드는 요인이다. 무엇보다도 임차인이 권리금 차익을 통해 지대 이득을 기대할 수 있기 때문에 권리금 거품이 발생하는 것이 문제다. 한국감정원에 따르면, 실제 거래되는 권리금 수준이 적정 권리금 수준보다 높으며, 그 주된 요인은 바닥 권리금이다. 가게를 넘기려는 쪽과 인수받는 쪽 사이의 정보 불균형이 바닥 권리금에 반영되는 것이다(『경향신문』 2016/07/23; 이성영 2015).

권리금 거래가 이루어질 때 계약서를 쓰지 않고, 대부분 세금을 내지 않는 것도 문제다. 국토부 실태 조사에 따르면, 권리금을 주고받으면서 계약서를 작성한 비율은 11퍼센트에 불과하다. 권리금 차익에 대한 세금을 내는 경우는 더욱 드물다. 권리금 계약서를 작성하

13_여기에 더해 임차인은 시설 권리금과 영업 권리금에 해당하는 비용을 이미 판매 가격에 모두 반영해서 회수하기 때문에, 이런 상황에서 권리금을 보호하게 되면 임차인은 영업 행위를 통해 사실상 권리금을 모두 회수하고 추가적으로 경제적 이득을 취할 수 있다는 지적도 있다(경국현·백성준 2012, 169).

더라도 권리금 거래를 세무서에 신고하지 않는 것이 시장 관행으로 굳어져 있기 때문이다.[14]

권리금 거품이 발생하고 권리금 수수 관행이 비정상적으로 이루어지는 이유는 권리금이 지대로서의 속성을 갖기 때문이다. 자영업으로 돈을 버는 방법은 권리금 장사밖에 없다는 이야기는 이런 맥락에서 이해된다. 몇 년 동안 장사를 해서 권리금을 부풀려 비싼 값에 팔고 나가는 것이 남는 장사라는 것이다(이충훈 2015; 허자연 2016).

결국 이런 권리금 관행은 권리금 폭탄이 되어 신규 임차인에게 돌아오므로, 결국 신규 임차인만 피해를 입게 된다. 신규 임차인 입장에서는 이중으로 지대를 납부하는 셈이기 때문이다(이성영 2015). 건물주에게 보증금과 월세를 지불하는 것은 물론이고, 기존 임차인에게도 바닥 권리금이라는 지대를 또 지불해야 하는 것이다.

앞에서 말했던 리쌍-우장창창 갈등이 한참일 때 우장창창이 권리금을 2억7,500만 원이나 지불했다는 사실이 알려지자 귀족 세입자가 아니냐는 논란이 일었던 적이 있다. 여기서 우장창창이 귀족 세입자이냐 아니냐를 논할 이유는 없다.[15] 다만 우장장창이 사업을 시작하면서 지불한 권리금 2억7,500만 원이 적정한 수준이었을까라

14_오히려 "신규 임차인이 권리금을 신고하면, 상인들 사이에서 '양아치' 소리를 듣는" 것이 일반적이라고 한다(『경향신문』 2016/07/23; 소상공인진흥원 2010, 32).

15_굳이 따지자면 우장창창을 귀족 세입자로 비난하는 것은 문제의 핵심을 비껴간 것이다. 우장창창 또한 과도한 권리금 요구로 이중으로 지대를 납부할 수밖에 없었던 피해자에 불과하다.

는 질문은 의미가 있다. 이 가운데 영업 권리금이나 시설 권리금에 해당하는 금액은 어느 정도나 되었을까? 상당 부분은 바닥 권리금이라는 명목으로 지대를 지불한 것은 아닐까? 그렇다면 권리금 약탈이나 권리금 보호를 말하기 전에 권리금 자체에 대해 먼저 이야기할 필요가 있는 것은 아닐까? 즉, 비정상적으로 높은 권리금을 보호만 하는 것이 정답인지, 아니면 권리금을 정상화시키는 것이 먼저인지 따져 볼 필요가 있다는 점이다.

요점은 권리금을 보호하려면 권리금 규제도 병행돼야 한다는 것이다. 권리금 약탈 사례가 증가하면서 권리금을 법제화하는 방식으로 권리금을 보호하기에 이르렀다. 권리금을 법적으로 인정하는 것이 바람직한가에 대한 논란이 있었지만, 일단은 임차 상인들을 위한 불가피한 조치라고 할 수 있다.

그럼에도 권리금을 보호만 하는 것이 능사는 아니다. 권리금을 주고받는데 계약서도 쓰지 않고, 세금도 내지 않는다면 권리금 거품은 꺼지지 않을 것이다. 그리고 권리금 거품은 신규 자영업자들에게 전가되어 결국 자영업 생태계를 파괴시킬 것이다.

상권 발달로 발생하는 지대 이득은 그것이 임대료이든 권리금이든 과세를 하는 것이 정당하다. 한국의 경우 다른 나라의 사례와 달리 임대료를 규제하기 힘들고 권리금 갈등이 발생하는 주된 이유는 지대 이득에 대한 과세가 매우 취약하기 때문이다. 그러므로 권리금의 법제화와 더불어 권리금 거래를 투명화하고 권리금 차익에 대해 정당하게 과세를 해서 권리금 거품을 해소할 필요가 있다.

대안은 무엇인가?

상가 임대차 갈등을 해결하기 위한 대안은 무엇인가? 크게 두 가지를 들 수 있다. 첫째는 임차인 보호이고, 둘째는 권리금 규제이다.

그동안 환산 보증금 제도나 임대료 폭탄으로 인한 문제가 매우 심각했다. 이 때문에 임차인들이 겪은 고통과 피해는 말로 다할 수 없을 정도이다. 그러므로 무엇보다도 임차인들이 안심하고 장사할 수 있도록 영업 기간을 충분히 보장하고, 임대료 인상률 상한을 정할 필요가 있다.

하지만 임차인 보호는 권리금 규제와 함께 추진되어야 한다. 현재의 권리금 관행을 개선하지 않으면 권리금 거품은 지속될 것이다. 더욱이 임대료만 규제하고 권리금을 그대로 두면 권리금 거품이 심각해질 수 있다. 결과적으로 기존 임차인의 기득권만 강화시키게 되는 것이다.[16]

현재 〈상가건물임대차보호법〉 개정 논의는 임차인 보호에만 초

16_이 점을 이해하기 위해서는 권리금이 기본적으로 미래 소득에 대한 현재 가치라는 사실을 강조할 필요가 있다. 권리금이란 기본적으로 어떤 점포에서 영업을 할 경우 어느 정도의 수익이 예상되는데, 이런 미래 소득에 대해 기존 임차인이 신규 임차인에게 얼마의 권리를 주장하기 때문에 발생한다. 그런데 영업 기간이 장기간 보장되고, 임대료가 규제되는 상황에서, 상권이 발달하면 당연히 임차인의 미래 소득은 크게 증가할 것이고, 기존 임차인은 신규 임차인에게 훨씬 큰 액수의 권리금을 요구할 수 있다. 즉 상권 발달로 인한 지대 이득의 상당 부분이 임대료가 아니라 권리금에 반영되고 그 부담이 신규 임차인에게 전가될 수 있는 것이다. 이런 점에서 임차인 보호 및 임대료 규제와 함께 현행 권리금 관행을 규제하지 않으면 기존 임차인의 기득권만 강화될 수 있다.

점이 맞추어져 있다. 물론 그 자체로 큰 의미가 있다. 하지만 한계도 명확하다. 다른 나라와 비교해, 임차인 보호가 매우 취약하다고 하지만, 사실 문제는 그것에만 있지 않다. 권리금 규제에 대한 논의를 함께 진행해야 한다.

구체적으로 어떤 정책들이 필요할까. 우선 이미 논의되고 있는 것처럼, 환산 보증금 제도를 폐지하고, 임대료 인상률을 규제하는 노력이 필요하다. 또한 계약 갱신 청구 기간을 5년에서 9~10년 정도로 늘리고, 권리금 보호 대상에서 제외되어 있는 전통 시장이나 대규모 점포를 권리금 보호 대상으로 포함시켜야 한다.

이와 더불어 권리금 표준 계약서의 작성과 신고를 의무화하는 노력이 필요하다. 또한 권리금 표준 계약서를 작성할 때 시설 권리금, 영업 권리금, 바닥 권리금 항목을 명확히 구분하고 산출 근거를 명시하도록 해야 한다. 권리금을 투명화하는 것만으로도 권리금 거품은 상당 부분 꺼질 수 있을 것이다.

그리고 지대적 성격이 강한 바닥 권리금을 억제해 나갈 필요가 있다. 이미 권리금이 관행화되어 있고 법제화되었다는 점에서 권리금 자체를 없애기는 어려울 것이다. 그러므로 일단 권리금을 투명하게 양성화하는 한편, 권리금 양도 차익에 세금을 부과해 지대적 성격이 강한 바닥 권리금을 규제해야 한다. 시설 권리금과 영업 권리금에 대해서는 과세 대신 합리적인 측정 기준을 마련해 시장이 정상적으로 작동하게 할 필요가 있다(이성영 2015).

19대 국회 때 민병두 의원이 발의한 〈상가건물임대차보호법〉 개정안에는 '권리금 의무 신고 제도'가 포함되어 있었다. 이 제도의 취지는 권리금 계약서를 작성하고 신고하는 경우에만 권리금이 법적으로 보호받을 수 있도록 하자는 것이었다. 이렇게 권리금 표준 계약서 작성과 신고에 대한 유인책을 마련하지 않으면 권리금 정상화가 사실상 불가능하기 때문이다. 하지만 '권리금 의무 신고 제도'는 논의 과정에서 의무 사항에서 권고 사항으로 축소되고 말았다. 앞으로 법이 개정된다면 이 제도를 다시 부활시켜 의무 사항으로 규정할 필요가 있다.

그동안 한국의 독특한 상가 임대차 관행으로, 임차인들은 영업 기간을 충분히 보장받지 못하고 언제 쫓겨날지 몰라 전전긍긍하면서 장사해 왔다. 반면에 권리금을 통해 이득을 얻을 기회가 있었던 것도 사실이다. 하지만 이런 관행은 더 이상 지속되기 어려워 보인다. 앞으로는 다른 나라들의 사례처럼, 영업 기간을 충분히 보장하는 대신, 권리금을 통한 이득을 소멸시켜 나가는 것이 바람직하다.

7.

자영업과 갑-을-병 관계

들어가며

2017년 6월 발표된 통계청 조사에 따르면 2015년 기준 전국의 치킨 프랜차이즈 가맹점 수는 2만5천여 개에 달한다(통계청 2017). 앞서도 언급했듯이 여기에 비가맹 치킨점을 더하면 맥도날드의 전 세계 매장 수보다 많다(『연합뉴스』 2015/10/05). 치킨 가맹점당 영업이익은 2015년 2,360만 원이고, 희망하는 소득은 대개 월 5백만 원 내외다. 매출액 가운데 약 25퍼센트가 수입이라 할 때 희망 소득을 얻으려면 월 매출이 2천만 원이 되어야 한다. 1년에 설과 추석을 합쳐 5

일만 쉬고 360일 장사를 한다 해도 치킨 한 마리가 1만6천 원이면 매일 42마리를 팔아야 가능한 액수다. 전국적으로 따지면 하루에 150만 마리가 팔려야 한다(『매일경제』 2015/09/17). 갓난아기를 포함한 5천만 국민이 1년에 9마리 이상을 구매해야 가능한 수치다.

치킨 집 점주의 희망 소득 월 5백만 원도 창업 비용을 고려하면 그렇게 많다고 할 수 없다. 하지만 앞서 말했듯이 실제 소득은 그 절반에도 못 미친다. 물론 주요 원인은 공급 과잉이다. 이는 다른 자영업종에도 해당하는 문제다. 앞 장들에서 다뤘듯이 산업 전반의 임금 일자리 부족, 조기 퇴직 현상, 베이비부머들의 은퇴 증가 등으로 자영업 과잉은 쉽사리 해소되지 않을 전망이다.

오랫동안 샐러리맨으로 생활하다가 퇴직 후 자영업을 시작하는 사람들은 별다른 기술과 경험 없이도 쉽게 할 수 있는, 정확히는 쉽게 할 수 있다고 '생각'하는 프랜차이즈 치킨 집, 커피 전문점, 편의점 등을 택하기 마련이다. 그중에서도 안정적이라고 여기는 유명 프랜차이즈를 선호한다. 그러다 보니 유명 프랜차이즈들은 가맹하겠다는 사람이 넘치고, 본사는 배짱을 부리게 된다. 동일 업종의 다른 프랜차이즈 가맹점이 근처에 들어서는 것은 물론이고, 심지어 동일 프랜차이즈 가맹점도 길 건너에 들어선다. 가맹점주는 수입이 기대에 훨씬 못 미치게 될 뿐만 아니라 본사의 횡포도 참아야 한다.

1퍼센트 극소수의 '갑'과
99퍼센트 무수한 '을'과 '병'

프랜차이즈 갑을 관계

2013년 봄, 안타깝게도 프랜차이즈 편의점주의 자살이 잇달았다. 이에 정부는 2013년 7월 〈가맹 사업 거래의 공정화에 관한 법률〉(가맹사업법) 개정 등 대책을 내놓았지만, 근본적인 문제 해결에는 한참 못 미쳤다. 2015년 11월 경기도에서 편의점주가 생활고 끝에 자살하는 사건이 다시 발생했고, 유서에는 가맹 본부에 대한 울분이 담겨 있었다. 점주는 고수익을 보장한다는 본사의 약속을 믿고 계약을 했으나, 부부가 함께 운영한 편의점의 한 달 수익은 4인 가구 최저생계비(2015년 기준 166만8,329원) 수준에 불과했다. 총매출에서 본사 공급 물품 값을 제하고 남은 금액의 35퍼센트를 다시 본사가 수수료로 가져가기 때문에, 남은 65퍼센트에서 임대료, 인건비, 기타 비용을 떼고 나면, 부부 몫으로 남는 것은 별로 없는 상황이었다(새정치민주연합 을지로위원회 외 2015).

〈표 1〉은 통계청에서 제공하는 프랜차이즈 통계의 가장 최근 자료(2015년 기준)이다. 2015년 한 해 프랜차이즈 가맹점의 영업이익은 대략 2천7백만 원이다. 하지만 약국(8천8백만 원), 안경점(4천9백만 원), 카센터(4천만 원)처럼 전문 지식이 필요하고 창업이 어려운 업종이 전체 평균치를 높이고 있다. 이에 반해 피자·햄버거 집(2천5백만 원), 치킨 집(2천4백만 원), 분식·김밥 집(2천3백만 원), 커피 전

표 1 | 2015년 프랜차이즈 통계(16개 업종별, 교육 서비스업 제외)

	가맹점 수 (개)	종사자 수 (명)	가맹점당 매출액 (백만 원)	가맹점당 영업이익 (백만 원)	종사자 1인당 영업이익 (백만 원)
전체	180,744	660,483	278.4	27.4	7.5
편의점	29,628	116,978	429.7	18.6	4.7
문구점	1,801	4,600	359.4	33.6	13.2
의약품	3,647	11,792	921.3	88.1	27.2
안경	2,531	7,080	292.3	48.9	17.5
한식	24,541	100,208	261.9	32.1	7.9
일식·서양식	3,229	18,762	328.2	32.7	5.6
제빵·제과	8,478	40,308	400.0	29.1	6.1
피자·햄버거	9,284	48,153	269.2	25.2	4.9
치킨	24,719	62,926	135.8	23.6	9.3
분식·김밥	8,309	25,419	136.2	22.7	7.4
주점	12,091	31,357	131.5	23.5	9.1
커피 전문점	14,017	59,034	161.2	21.1	5.0
자동차 수리	6,544	21,148	315.7	40.0	12.4
두발 미용	2,853	14,038	253.4	37.4	7.6
가정용 세탁	3,547	7,435	89.2	20.3	9.7
기타	25,525	91,245	314.3	28.8	8.0

출처 : 통계청(2017).

문점(2천1백만 원), 편의점(1천9백만 원) 등의 프랜차이즈 업종은 평균보다 낮은 수준이다.

기본적으로 본사와 가맹점주의 관계는 가맹점이 늘수록 점주는 어려워지지만 본사는 이득을 보는 구조이다. 그럼에도 가맹 희망자가 줄을 서다 보니 점주의 수입은 더욱더 줄고 본사와의 부당한 갑을 관계는 고착된다. 이런 현실 속에서 우리가 만난 전국가맹점주협의회 사무국장은 다음과 같은 어려움을 하소연했다.

경기가 위축되고 소비를 안 하니 매출이 급감하고, 문제가 되죠. 본사가 고통을 분담해야 한다고 생각해야 하는데, 자기가 가져가는 수익을 꼭 유지해야 한다고 생각하니……. 가맹점주에게서 물류비, 광고비 등 올리니 이런 착취 구조가 문제가 되는 거죠(김태훈 인터뷰, 2016/10/13).

실제로 자영업을 경험한 사람들은 프랜차이즈 업종의 주요 갑을 관계 사례로, 제법 손님이 많은 커피 전문점이나 음식점이라도 인테리어 등 고정비용이 과다하게 지출되어 큰돈을 벌기 힘든 구조를 든다(강도현 2014).

서울시는 소상공인들이 불공정한 계약관계로 입는 피해를 지원하기 위해 2013년 5월부터 '불공정피해상담센터'라는 것을 운영하고 있다. 이 센터의 프랜차이즈 업종 피해 상담 사례에서도 인테리어 관련 분쟁이 가장 많은 것으로 나타났다. 이에 서울시는 2015년에 92개 프랜차이즈 업체에 소속된 서울 시내 1,933개 가맹점을 대상으로 '프랜차이즈 인테리어 실태 조사'를 했다. 이 조사에서도 본사의, 가맹점에 대한 인테리어 공사 비용 과다 청구, 인테리어 리뉴얼 강제, 인테리어 하자 보수 의무 회피 등이 빈번한 것으로 나타났다. 예를 들면, 한 가맹 본사는 가맹점주로부터 인테리어 공사 비용으로 1억250만 원을 수령한 뒤, 시공 업체에는 4천1백만 원만 지급하고 나머지 6,150만 원을 챙겼다. 또한 주방 기기·설비 공급 시 가맹점주로부터 9천5백만 원을 받아서, 주방 기기 업체에는 5천만 원만 지급하고 4천5백만 원을 수취했다(새정치민주연합 을지로위원회 외 2015). 그 밖에도 일방적이고 부당한 광고·홍보비 책정, 가맹 계약 갱신을 앞두고 부당한 거래 조건 요구 등 불공정한 갑을 관계 사례는 매우 다양했다.

다음 기사는 프랜차이즈 업종 갑을 관계의 문제점을 오롯이 보여준다. 피자 가맹점('사장')을 운영하다가 본사의 횡포에 시달린 끝에 결국 문을 닫고 다른 피자집 '종업원'이 된 사람의 얘기다.

> 두 사람이 하루에 최소 13시간을 꼬박 매장에 매달려 한 달 동안 하루도 쉬지 않고 일했음에도 우리 부부가 손에 쥔 돈은 겨우 2백만 원도 채 되지 않았다. …… 문득 창업 상담을 받았을 때의 기억이 떠올랐다. 각 브랜드의 영업 담당자들은 흡사 입을 맞춘 듯 '매출 30퍼센트가 수익률'이라고 이야기했다. …… 매출이 오르는 만큼 직원을 더 고용해야 했고, 본사로부터 구입하는 식자재비는 매출의 50퍼센트를 넘었다. …… 매출 증대에 비례해 올라가는 광고비까지 부담해야 했고, 본사는 '매출 향상 활동'이라는 명분으로 전단 수십만 원 어치를 강매했다. 상황이 이렇다 보니 어느 달은 매출이 더 올랐음에도 수익이 더 줄어드는 기이한 현상까지 발생했다. …… 프랜차이즈 매장을 운영하면서 박한 수익에 점주가 오롯이 감당해야 하는 가혹한 육체노동보다 더 참기 힘들었던 게 있다. 수단과 방법을 가리지 않는 가맹점 착취 시스템, 그리고 그 시스템을 유지하기 위한 부당하고 비인간적인 통제가 그 주인공이었다(〈오마이뉴스〉 2016/08/31).

또 다른 갑을 관계 : 대기업과의 불공정 경쟁

과거 건설·제조업, 그리고 자금 동원을 위한 제2금융권 정도에 진출했던 재벌 그룹들이 2000년대 이후 음식·숙박·소매 등 전통적인 영세 자영업자 밀집 분야에 진출하기 시작했다. 대기업의 진출은 부분적으로 서비스산업의 생산성을 높이는 데 긍정적인 측면이 있지만, 자영업자 입장에서 대기업과의 경쟁은 계란으로 바위 치기에 가깝다. 그 결과 대기업인 대형 마트와, 중소 상인들 위주인 전통 시장의 매출 격차가 점차 커지고 있다. 2017년 국정감사에 제출된 자료에 따르면 대형 마트 매출액은 2010년 38조1천억 원에서 2015년 48조6천억 원으로 상승세인 반면, 전통 시장 매출액은 2010년 21조4천억 원에서 2013년 19조9천억 원으로 줄었다가 소폭 반등해 2015년 21조1천억 원을 기록했다(『아시아경제』 2017/10/16). 소상공인시장진흥공단(2014)이 실시한 서울시, 경기도 파주시 및 고양시 등 3개 지역의 실태 조사에 따르면, 대형 쇼핑몰 출점 후 소상공인 1개 점포당 월평균 매출액이 46.5퍼센트 감소했다.

특히 2006년 중소기업 및 중소 상인 보호를 위한 고유 업종 제도가 폐지된 이후 대기업은 기존에 중소기업이 개척해 온 전통 제조업뿐만 아니라, 중소 상인이 담당했던 음식·숙박업 등에도 무차별적으로 사업을 확장했다. 그 결과 영세 자영업자의 골목 상권이 몰락하고 있다. 비록 〈가맹사업법〉과 같이 골목 상권을 지키려는 법이 있지만, 대형 마트는 법을 우회해서 들어오며, 대기업 직영 마트의 진입을 막자 기업형 슈퍼마켓(SSM)이나 쇼핑몰 형태로 침투하고 있다. 유통망을 장악한 대기업이 가격경쟁을 주도해 소상공인에게 압박을 가하는 사례도 빈번하며, 대형 마트가 해당 업체에 '반값'을 강요해 '반값 상품' 판촉 행사를 벌인다는 의혹도 제기되곤 했다(『주간경향』 2016/02/16). 대형 마트들이 최저가 경쟁과 대대적인 폭탄 세일을 감행하면, 전통 시장과 중소 상인들은 한파를 맞게 되는 것이다.

골목 상권을 보호하기 위해 정부는 2011년 6월 〈유통산업발전법〉을 개정해 전통 시장 보전 구역을 5백 미터에서 1킬로미터로 확대했고, 국회는 2012년 1월 〈유통산업발전법〉에 영업시간 제한 규정을 신설했다. 그러나 대형 마트 측은 이에 반발해 법적 소송을 제기했는데, 2015년 11월 19일 대법원에서 최종적으로, 대형 마트 영업시간을 제한하고 의무 휴업일을 지정한 것은 정당하다고 판결했다. 사실 대형 마트 영업시간 규제의 정책 효과에 대해서는 여전히 많은 논쟁이 있다. 즉 대형 마트와 기업형 슈퍼마켓의 의무 휴업일로 인해 중소 상인이나 전통 시장의 매출이 증가했다는 연구 결과와 실질적으로 그 영향이 미미하다는 주장이 혼재하고 있는 것이다(박성재 외 2015).

고달픈 '병': 영세 자영업종 피고용인

2015년 아르바이트 중개 사이트 〈알바몬〉 광고가 화제가 되었다. '알바가 갑'이라는 슬로건을 내건 이 광고는 최저임금과 야간 수당 문제를 정면으로 다루었는데, 정부나 시민사회가 이슈화하지 못한 알바생의 권리를 부각시킴으로써 누리꾼의 뜨거운 반응과 함께 사회적으로도 많은 주목을 받았다. 이런 관심 속에서 등장한 후속 광고는 '뭉쳐야 갑이다'를 외쳤고 알바들의 권리를 찾기 위한 '알바당' 결성을 주장하기도 했다.

그러나 광고에서는 갑이 되자고 외쳐도 현실의 알바생들은 '갑'은커녕 '을', 아니 정확히는 '병'의 대우도 제대로 못 받고 있다. 최저 시급에 못 미치는 급여를 받는 경우도 제법 되며, 수습 기간 적용, 야간·주휴·연장 근무 수당 미지급 등의 부당 대우가 만연하다. 알바생뿐만 아니라 상근 직원도 유사하다.

통계청 자료를 통해 이들의 급여를 파악해 보자. 먼저 앞서 제시한 〈표 1〉에서 볼 수 있듯이 종사자 1인당 영업이익을 살펴보면 의약품, 안경, 자동차 수리와 같이 전문성이 필요한 분야가 높은 반면, 우리가 흔히 떠올리는 영세 자영업종인 편의점, 커피 전문점, 분식집, 치킨 집은 낮은 편이다. 또 다른 프랜차이즈 통계를 활용해 편의상 프랜차이즈 점포당 점주가 1명이라 가정하고, 연간 급여액 총액을 '종사자 수 – 가맹점 수'로 나눠 보니, 치킨 집 종업원은 연간 592만 원으로 가장 낮았다. 그 외 편의점 종업원은 연 817만 원, 제빵·제과점 종업원은 연 916만 원, 피자·햄버거 가게 종업원은 연 918만 원, 커피 전문점 종업원은 연 931만 원에 불과했다(2014년 기준, 통계청 2015).

물론 치킨 집, 편의점, 피자 집, 제과점, 커피 전문점 등과 같은 영세 자영업종들은 파트타임 알바생이 많으므로 연간 급여가 이처럼 낮게 나타났을 것이다. 하지만 시간당 급여로 따져도 마찬가지다. 시급은 대부분 최저임금 수준(2017년 기준 6,470원)이다.

한국노동연구원에서는 프랜차이즈 제과점과 커피 전문점에 근무하는 종업원을 대상으로 실태 조사를 했는데, 이를 보면 근로계약서 미작성 혹은 부실 작성이 일반적이었으며, 그 결과 주휴·야간 수당 등이 제대로 지불되지 않고 있었다. 몇몇 인터뷰 사례를 보자(송보화·송민수·배규식 2014).

> 저는 아르바이트로 비정규직이어서 근로계약서를 작성하지 않았어요. 구두로 기본 6개월 계약을 한 정도이고요.

> 근로계약서 작성 같은 것은 전혀 하지 않았어요. 4대 보험에 대한 언급도 없었어요.

> 야근 수당은 안 붙는 걸로 알고 있습니다. 월급 명세서는 특별히 없습니다. 월급 항목에 대해 설명을 들었는데 기억이 나지 않습니다.

영세 자영업종 피고용인들의 사정이 열악하다는 것은 잘 알려져 있다. 〈알바몬〉 광고가 뜨거운 반응을 불러일으킨 것은 그 전까지 알바생의 처지를 몰라서가 아니다. 다만 그러려니 하고 무감각했던 것에 대해, 당연한 것이 아님을 일깨워 주었으며, 그만큼 청년들의 처지가 한계상황까지 몰렸기 때문이다.

영세 자영업종 피고용인의 저임금과 이들에 대한 부당한 대우는 분명히 잘못된 것이고 시정되어야 한다. 문제는 고용주만 마냥 비난하기 어렵다는 데 있다. 자영업주 중에는 정말 심보가 고약해서 직원을 부당하게 대우하는 사람도 있겠지만, 그보다는 자신도 어렵기 때문에, 인건비라도 줄여야 하므로 박하게 대하는 경우가 훨씬 많다. 이런 관계는 제조업의 원청회사(대기업) – 하청기업 – 재하청기업의 구조와 유사하다. 원청회사인 대기업이 하청기업을 쥐어짜면, 하청기업은 재하청기업을 더욱 쥐어짤 수밖에 없는 구조 말이다. 우리나라 영세 자영업계는 가맹점 본사와 건물주가 '갑', 자영업주는 '을', 직원은 '병'인 '갑 – 을 – 병' 관계를 형성하고 있는 셈이다. '을'도 딱하고 '병'도 딱하다. 이 문제를 어떻게 풀어야 할까?

보다 나은 갑 – 을 – 병 관계를 위하여

자영업종 갑 – 을 – 병 관계에서 일단 갑 – 을 관계부터 따져 보자. '조물주 위에 건물주'라는 말처럼 '을'인 자영업자 입장에서 슈퍼 갑은 물론 세든 건물의 주인이다. 이 문제는 너무 중요해서 이미 6장에서 별도로 다뤘다. 그래서 여기서는 다른 갑 – 을 관계들, 즉 본사 – 가맹점, 그리고 대기업 – 영세상인 경쟁(골목 상권 보호)에 대해 살펴보자. 본사 – 가맹점 관계 개선을 위해서는 〈가맹사업법〉(이른바 프랜차이즈 법)과 공정거래위원회의 역할이 중요하다. 그리고 골목 상권 보호를 위해서는 중소기업/중소상인 적합 업종 제도가 중요하다.

그리고 근본적으로 자영업자의 노동3권을 보장하고 연대를 강화하는 것이 필요하다.

을-병, 즉 자영업주-종업원의 관계에서는 두 가지가 중요하다. 하나는 '병'이 제 권리를 찾을 수 있도록 〈근로기준법〉과 최저임금 제도를 준수하는 것이다. 또 하나는 근본적으로 자영업주가 직원 인건비를 낮추는 방식으로 생존 전략을 찾는 구조를 완화하는 것이다.

〈가맹사업법〉

앞서 보았듯이 2013년, 대기업 가맹 본부의 '갑질'로 인한 편의점주들의 연이은 자살이 발생했다. 그리고 물량 밀어내기와 판매 목표 강요를 일삼았던 남양유업 사태는 사회적으로 큰 공분을 불러일으켰다. 이에 전국의 가맹점주들은 시민 단체와 함께 가맹 본부의 불법·불공정 문제를 공정거래위원회에 신고했고, 국회와 정부도 이에 호응해 2013년 7월 〈가맹사업법〉이 개정되었다.

그러나 현장의 자영업자들은 별로 달라진 것이 없다고 말한다. 대기업 가맹 본부의 불법·불공정 행위가 여전하기 때문이다. 다시 말해 가맹 본부들에 의한 불투명하고 일방적인 광고비 책정, 인테리어 비용의 과다 청구, 영업 지역 미보호, 10년차 가맹 계약의 일방적 해지, 그리고 가맹점주협의회에 대한 탄압 등은 사라지지 않고 있다(새정치민주연합 을지로위원회 외 2015). 2016년 6월 30일에 개최된 '전국 가맹점주 피해 사례 발표 및 관련법 개정 촉구 대회'에서도 식

용유, 일회용 숟가락조차 비싼 가격에 본사로부터 구입해야 하고, 이런 폭리에 항의하자 가맹 계약을 부당하게 해지당해야 하는 현실에 대해 성토했다(전국가맹점주협의회 연석회의 2016).

이와 같은 불공정거래는 〈가맹사업법〉이 가진 한계와도 밀접한 연관이 있다. 〈가맹사업법〉에 따르면 영업 지역 최소 설정 범위 기준이나 영업 지역 변경과 같은 중요한 사항을 가맹 본부가 일방적으로 결정할 수 있다. 가맹 본부가 광고비나 판촉비를 가맹점주에게 전가시키고 있음에도 제재할 수 있는 수단도 없다. 또한 가맹 본부의 잘못된 상권 분석이나 시장 상황에 따른 해지 사유가 발생해도 해지권을 충분히 보장하고 있지 않는 것도 문제다(새정치민주연합 을지로 위원회 외 2015).

한편 우후죽순으로 생겨나는 프랜차이즈의 유통 질서를 바로 잡기 위해 공정거래위원회는 2012년 모범 거래 기준을 만들어 편의점, 제과점, 커피 전문점, 치킨 집, 피자 집 등의 가맹점들 사이의 출점 거리를 제한했다. 비록 법적 강제성은 없지만 경제적 약자인 가맹점의 권익을 보호하는 데 도움이 된 프랜차이즈 신규 출점 제한은 기업 활동의 위축을 이유로 2014년 5월 폐지되었다. 그 대신 거리 제한을 프랜차이즈 본사와 사업자 간의 자율 협의에 맡겼는데, 대형 프랜차이즈의 들쭉날쭉한 거리 기준에 영세 자영업자들은 속수무책 당할 수밖에 없는 처지가 된 것이다(『경향신문』 2016/04/21).

따라서 이런 문제점들을 해결하기 위한 제도 보완이 시급함에도 불구하고, 정부와 국회는 미비한 〈가맹사업법〉 및 〈공정거래법〉 개정 처리를 미루어 왔다. 지난 19대 국회에서 남양유업 사태 이후 '대리점 거래의 공정화에 관한 법률'이 발의되었다. '남양유업 방지법'으로도 불리는 이 법안은 가맹 본사가 대리점에 강제로 밀어내기를 할 경우 손해의 3배까지 배상하도록 하는 내용 등을 담고 있었다(『경향신문』 2015/07/26). 그러나 이 법안은 국회에서 계류 중이었다가 19대 국회 임기 종료로 폐기되었다. 2015년 4월 참여연대, 경제민주화네트워크, 이학영 국회의원(당시 새정치민주연합 소속) 등이 공정거래법 개정안('독점 규제 및 공정거래에 관한 법률 일부 개정안')을 공동 발의했지만, 이 역시 국회 상임위에서 처리되지 못했다.

'불'공정거래위원회?

또 다른 주요 문제점은 그동안 정부와 공정거래위원회(이하 공정위)가 대기업 가맹 본부의 불법·불공정 행위에 대한 관리 감독 임무를 철저하게 수행하지 않았다는 것이다. 이를 보여 주는 사례는 수없이 많다. 예를 들어 편의점 가맹 본부인 씨유(CU)와 세븐일레븐은 24시간 영업 의무 강제, 월 수익 5백만 원 보장 등의 과장 정보 제공, 중도 해지 위약금 과다 책정, 가맹점 난립 허가를 통한 영업 지역 과밀화 등 각종 부당·불공정 거래로 고발당했다. 그러나 지난 2015년 10월 공정위는 이에 대해 혐의가 없다고 결론 내렸다.

따라서 공정위의 역할과 위상 재정립은 시급한 선결 과제이다. 이에 앞서 언급한 '독점 규제 및 공정거래에 관한 법률 일부 개정안'

표 2 | 공정거래위원회의 5대 개혁 과제

① 늑장 행정 : 사건 처리 절차 지연
② (피해 구제와 무관한) 나홀로 행정 : 시정 명령의 비실효성, 피해 배상 제도 미흡, 소송 수행 시 피해자나 신고인의 참여 부재
③ 불투명 행정 : 사건 기록 및 상대방 제출 자료의 공개 거부
④ 독점 행정 : 지자체의 조사 권한 불인정, 전속 고발권의 실질적 존속
⑤ 자의적 행정 : 심사관의 자의적 조사에 대한 대응책 및 불복을 위한 실질적 수단의 부재

출처 : 새정치민주연합 을지로위원회 외(2015).

을 제안하면서 지적한 공정위의 5대 개혁 과제를 주목할 필요가 있다(〈표 2〉 참조). 즉 각종 불공정 거래 행위 예방 및 대응을 위해 사건 처리 절차 지연, 피해자의 피해 구제 및 회복에 대한 비실효성, 사건 기록 등의 비공개 관행, 조사관의 자의적 조사, 공정위의 무혐의 처분에 대한 불복 수단 부재 등 총체적 문제를 개선하는 공정위의 대대적인 개혁이 중요하다.

사실상 중앙정부가 전국의 20만 개에 달하는 가맹점과 3천5백여 개의 모든 가맹 본사를 철저히 감시하는 것은 물리적으로 쉽지 않다. 따라서 가맹 사업 분야에서의 불공정한 횡포에 대한 조사 및 조정의 실효성을 높이기 위해 공정위에 독점적으로 부과하고 있는 규제 권한 중 조사권 및 고발 요청권을 광역 자치단체장에게 부여하는 것도 고려해 봄직하다(새정치민주연합 을지로위원회 외 2015).

공정거래위는 인력이 부족해요. 가맹 계약과에 8명이 있다는데 이런 일들을 어떻게 다 하느냐고 말해요. …… 우리 점주들 사건은 응급실로 가야 하는데…… 계속 피해를 입어 와서 당장 수술을 받지 않으면 죽는데, 공정거래위는 요양원 수준이에요. 당장 공정거래위가 해결하지 못하면 그 일에서 손을 떼야 한다고 생각해요. 불법 자금이나 금융에 관한 것도 많이 손을 놔서 지방자치단체에서 하고 있잖아요. 조사권을 지방자치단체에 주면, 그곳에서 조사한 뒤 공정위에 넘겨 공정위가 판단을 내려 주면 되잖아요. 이렇게 공정위에 요청했어요(김태훈 인터뷰, 2016/10/13).

다행히 문재인 정부가 들어선 이후 공정위의 역할을 강화하기 위한 시도가 있어 왔는데, 앞서 지적한 문제점들에 대한 대응책 역시 포함하고 있다. 먼저 2017년 7월 18일 공정위는 가맹점주의 권익을 보호하고 건전한 가맹 시장을 조성하기 위해 6대 과제(23개 세부 과제)로 이루어진 '가맹 분야 불공정 관행 근절 대책'을 수립했다. 구체적으로 살펴보면 가맹점주의 권익을 보호하기 위한 제도 개선으로 '정보공개 강화', '가맹점주 협상력 제고', '가맹점주 피해 방지 수단 확충'을 마련하고, 가맹 본부 불공정 관행 개선을 위한 법 집행 강화로 '불공정 행위 감시 강화', '광역지자체와 협업 체계 마련', '피해 예방 시스템 구축'을 추진할 계획이다(공정거래위원회 2017a). 여기에는 시·도지사가 조사한 사건에 대해서는 공정위의 심결 없이 직접 과태료를 부과할 수 있도록 한 개선책도 포함되었는데, 공정위의 일부 업무를 지방자치단체에 분산함으로써 공정위의 업무 부담을 줄이고 조사의 질을 높이기 위한 조치라 할 수 있다.

이어서 8월 13일에 공정위는 가맹 분야 제도 개선에 이은 두 번째 종합 대책으로 '유통 분야 불공정 거래 근절 대책'을 발표했다. 대형 유통업체의 불공정 행위 억제와 중소 납품 업체 권익 보호를 위해 '〈대규모 유통업법〉 집행 체계 개선', '납품 업체 권익 보호를 위한 제도적 기반 강화', '불공정 거래 감시 강화 및 업계 자율 협력 확대' 등 3대 전략과 15개 실천 과제를 제시한 것이다. 특히 대형 유통 업체의 '갑질'을 막기 위한 제도 개선 방안이 눈에 띄는데, 상품 대금 부당 감액, 부당 반품, 납품 업체 종업원 부당 사용, 보복 행위 등으로 중소 납품 업체에 피해를 끼쳤을 경우 발생 피해액의 3배에 달하는 배상 책임을 물리도록 했고, 〈대규모 유통업법〉 위반 시 과징금 부과 기준율도 기존 30~70퍼센트에서 60~140퍼센트로 두 배 인상할 계획이다(공정거래위원회 2017b). 그러나 이런 대책들 중에는 국회의 동의가 필요한 법 개정 사항이 있으며, 현재의 여소야대 국면을 고려할 때 어려움이 있을 것으로 예상된다.

중소기업·중소상인 적합 업종 제도

2011년 동반성장위원회는 대기업들이 중소기업 및 중소 상인의 영역을 지나치게 침범하지 못하도록 특정 업종에 한해 사업을 제한하거나 축소하도록 권고하는 중소기업 적합 업종 제도를 도입했다. 2013년 초 제과점업이 중소기업 적합 업종으로 지정되었는데, 대기업 빵집은 동네 빵집 반경 5백 미터 안에는 들어서지 못하며, 매장

수 증가도 전년 대비 2퍼센트 내로 제한하도록 합의가 이뤄진 것이다. 이런 제한이 적용된 대기업 빵집은 파리바게뜨와 뚜레쥬르이다. 2013년 이후 이들 제과점의 성장은 어느 정도 정체된 반면, 한동안 내리막길을 걷던 동네 빵집은 점포 수와 매출 모두에서 확연한 성장세를 보이고 있다. 즉 동네 빵집(전체 제과점 수에서 파리바게뜨와 뚜레쥬르 매장을 뺀 나머지 빵집)은 대기업 규제 이전인 2012년 1만248개였으나, 규제 2년차인 2014년 1만1,889개로 16퍼센트 늘어났다(『한겨레 2016/02/21). 중소기업 적합 업종 제도는 민간의 자율적인 합의에 기반을 두고 있는데 해당 품목으로 지정되면 최초 3년간 대기업의 업종 진출과 확장이 제한되고 한 차례 더 연장이 가능하다. 2017년에도 동반성장위원회는 총 6년이 만료되는 적합 업종 47개 품목에 대해 기간 연장을 결정했다.

그러나 비록 중소기업 적합 업종 제도가 실시되고 적합 업종 합의 기간도 연장되었지만, 이는 법적으로 강제성이 없는 권고 사항에 불과하다. 대기업이 권고를 이행하지 않아도 명확한 제재 수단이 부족하다. 따라서 '권고' 수준을 넘어 아예 정부가 적합 업종 합의 절차와 권고 사항 이행 근거를 법으로 명시하고, 위반 기업에 대한 처벌을 강화해야 한다는 주장이 지속적으로 제기되었다.

특히 중소기업계는 일부 대기업이 상생 의지가 미흡한 데다 언론을 이용해 제도의 부작용 등을 강조하며 실효성 논란에 불을 지피고 있다고 비판했다. 일례로 중소기업중앙회장은 "완전하고 공정한 시장경제에서는 필요 없지만 불공정한 시장에서는 적합 업종 이야기가 나올 수밖에 없다."며, "재벌 2·3·4세 기업들이 중기 업종으로 침투하고 있기 때문에 생계형 자영업이 많은 업종만이라도 법제화해야 한다."라고 역설했다(『연합뉴스』 2016/02/23).

사실 중소기업 및 중소 상인 적합 업종을 중소기업청장 산하 심의위원회가 지정·해제할 수 있도록 하고 대기업이 이행하지 않는 경우 사업 이양을 명령할 수 있도록 하는 법안을 새정치민주연합이 2013년 4월에 발의했으나, 대기업과 새누리당의 반대로 국회에서 통과되지 못했다(『경향신문』 2015/07/26). 결국 이 법안은 19대 임기 종료와 함께 폐기되었는데, 더불어민주당 우원식 의원은 2016년 6월 2일 20대 국회에서 '중소기업 중소 상인 적합 업종 보호에 관한 특별법'을 대표 발의함으로써 뜨거운 감자로 재부상하게 된 것이다. 특별법에 따르면 국가와 지방자치단체는 중소기업과 중소 상인을 보호·육성하기 위한 시책 및 계획을 수립해야 하며, 중소기업청장은 적합 업종의 사업을 영위하고 있는 대기업 등에게 해당 사업을 중소기업·중소상인에게 이양할 것을 권고할 수 있고, 이를 이행하지 않는 경우에는 사업 이양을 명할 수 있다(국회의원 우원식 보도자료 2016/06/02).

더욱이 문재인 정부의 등장 이후 중소벤처기업부와 여당은 5년 단위로 '생계형 적합 업종'을 지정해 대기업의 사업 진출·확장을 법적으로 막는 제도를 추진하고 있다. 생계형 적합 업종의 법제화는 문재인 대통령의 대선 공약이자 새 정부의 주요 핵심 국정 과제이기도 한데, 현재 10여 건의 관련 법안이 국회에서 발의된 상태이다. 과연 19대 국회와는 달리 20대 국회에서 법안이 무사히 통과될 수 있을

그림 1 | 중소기업(및 중소 상인) 적합 업종 제도 대국민 인식 조사(단위: %)

중소기업 적합 업종 제도 필요성
(N=1,000)

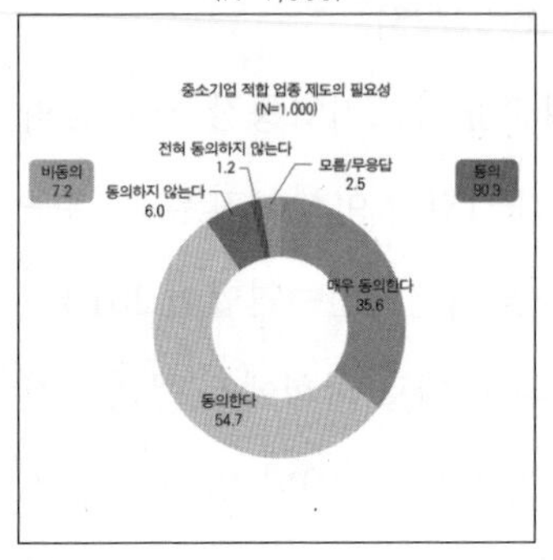

〈중소기업 중심 바른 시장 경제구조 전환 필요성〉
N=903

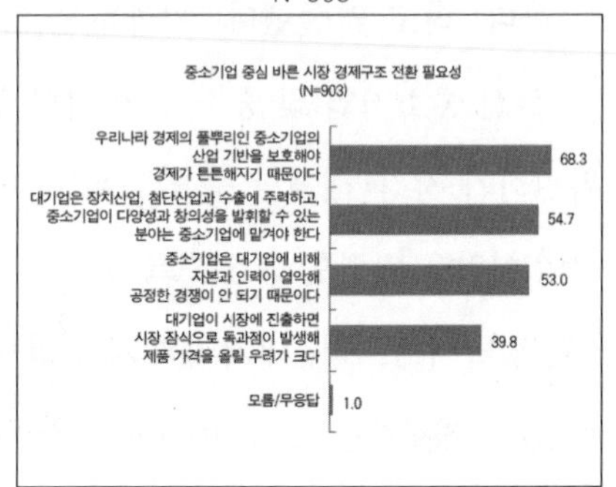

출처 : 중소기업중앙회(2016).

것인가?

한편 2016년 중소기업중앙회가 실시한 "중소기업 적합 업종 제도 대국민 인식 조사" 결과를 보면, 국민 대다수가 적합 업종 제도의 필요성에 공감하며 실효성을 높이기 위해 법률 보완이 필요하다고 인식하고 있었다. 적합 업종 제도의 필요성을 묻는 질문에 응답자의 90.3퍼센트가 "동의"한다고 응답했고, 그 이유(복수 응답)로는 "중소기업의 산업 기반 보호"(58.3퍼센트), "대·중소기업 역할 분담"(54.7퍼센트), "대·중소기업 공정 경쟁 불가"(53.0퍼센트), "대기업의 시장 독과점 우려"(39.8퍼센트)를 꼽았다(중소기업중앙회 2016). 또한 2017년 중소기업중앙회가 일반인 1,175명을 대상으로 생계형 적합 업종 제도의 필요성을 묻는 조사에서 91.6퍼센트가 동의한다고 응답했다

(『한겨레』 2016/09/18).

많은 사람들이 동의하듯이, 영세한 소상공인 및 자영업자들의 영역까지 무분별하게 진출하는 대기업에 대한 규제는 시급한 과제이다. 무엇보다 중소기업·중소상인 적합 업종 제도가 더욱 강력한 대응책으로 확립될 수 있도록 법제화해야 한다.

자영업자들의 노동3권, 연대 및 협동조합

갑을 관계라는 구조적 힘의 질서 속에서 '을'은 원천적인 협상력의 격차로 말미암아 일대일의 관계에서는 '갑'과 공정한 계약을 맺기 어렵다. 그러므로 이런 문제를 극복하기 위해서는 유사한 상황에 있는 다수의 약자인 '을'이 공동으로 연대해 '갑'과 협상할 수 있도록 만들 필요가 있다. 현실적으로 그리고 법 제도상으로도 대기업 가맹본부의 지배권에 종속되어 있는 가맹·대리점주가 스스로의 권익을 옹호할 수 있으려면 집단적 힘을 바탕으로 교섭력을 갖추어야 한다. 또한 앞서 지적했듯이 개정 법률이 국회에서 통과하지 못한 현실에 비추어 볼 때, 영세 자영업자들은 조직력을 바탕으로 국회에서 자신들의 뜻이 대의될 수 있도록 영향력을 발휘해야 한다.

사실 2013년 8월 개정된 〈가맹사업법〉은 '가맹점사업자단체 구성권'과 '거래 조건 협의 요청권'을 도입함으로써 가맹점주들이 단체를 만들어 가맹 본부와 교섭을 진행하는 것을 어느 정도 보장했다. 즉 '을'인 가맹점주 단체들이 '갑'인 대기업 가맹점 본사와 상생 교섭을 통해 불공정 문제를 해결해 나가는 제도를 마련한 것이다. 하지만 이런 개선책은 가맹점 본사의 모르쇠와, 앞에서 지적한 공정위의 소극적 역할로 인해 무용지물이 되어 왔다.

특히 대기업 가맹 본부는 가맹점 사업자 단체의 거래 조건 협의 요청을 거부했을 뿐 아니라, 이 과정에서의 갈등으로 가맹 계약 해지, 손해배상 청구 소송, 상호 사용 금지 가처분 소송, 형사 고소 등으로 대처했다. 노사 관계에서는 사용자가 노동조합의 단체교섭을 정당한 이유 없이 회피하는 경우 부당노동행위로 처벌할 수 있고, 단체교섭에 의무적으로 임하도록 하는 가처분도 가능하다. 하지만 〈가맹사업법〉에서는 가맹점 본사가 교섭을 거부하는 경우 이를 처벌하거나 강제하는 수단이 없어 상생 교섭 제도의 실효성이 떨어진다. 따라서 가맹 본부가 정당한 사유 없이 거래 조건 협의를 거부하는 경우 불공정 행위의 유형으로 추가해 제재를 가하는 제도적 장치가 필요하다(새정치민주연합 을지로위원회 외 2015).

동시에 가맹·대리점주의 권리 보호를 위한 협회 결성권 및 교섭권, 단체행동권 인정 등을 실질적으로 정착시키기 위한 관련 법 개정이 있어야 한다. 영국·독일·프랑스 등 서구 선진국의 법제는 가맹점주의 노동 3권을 보장하고 있다. 일본에서는 가맹점주의 조합이 단체교섭을 요구했으나 가맹 본부가 거부하자, 이를 부당노동행위로 인정한 결정례도 나와 있다(박제성 외 2014). 이처럼 우리나라도 가맹점주와 소상공인들의 집단 교섭권을 강화하고 자영업자의 노동 3권을 확립해야 한다.

대등한 교섭을 가능하게 하고 연대를 강화하기 위한 또 다른 대안으로는 다양한 형태의 협동조합을 생각할 수 있겠다. 일례로 우리나라도 미국이나 유럽처럼 구매 협동조합 형태를 고려해야 한다는 주장도 있다.

> 버거킹의 경우 10년 동안 분란이 있었고, 결국 점주들 3백 명이 모여 협동조합을 만들었데요. …… 점주들이 구매하는 상품들은 전부 공개 입찰을 통해 점주들이 직접 구매했고, 그 결과 30퍼센트 정도 거품이 빠졌다고 해요. 거품이 빠지니 점주들의 이익이 대폭 늘어나게 되었죠. 본사에서는 물류 마진을 포기하고 로열티만 받을 경우 큰 손해를 입을 것이라 생각했으나 매출이 늘고 외부 이미지가 개선되면서 가맹점이 오히려 증가했고요, 결국 본사도 상당한 이익을 보게 된 거죠(김태훈 인터뷰, 2016/10/13).

또한 개별 창업보다는 협동조합 형태의 '조직화된 창업'이 갖는 장점에 주목할 수 있겠다. 이를 위해 협동조합을 대상으로 공동시설 투자, 공동 마케팅 사업을 지원하는 제도 마련이 시급하며, 협동조합을 통해 전통 시장의 상점 소유 구조를 바꾸는 방안도 고려해야 한다(김군수 외 2012). 특히 최근 들어 시도되고 있는 '협동조합형 소셜프랜차이즈'에 좀 더 관심을 기울일 필요가 있다.

이 장에서는 자세히 다루지 않지만 대기업과 함께 또 다른 대표적인 '갑'인 임대업자와 올바른 관계를 설정하는 데 있어서도 협동조합이 중요한 역할을 할 수 있다. 임대료는 수익과 상관없이 지불해야 하는 고정비용이므로 임대료의 급등은 세입자인 '을'에게 큰 어려움일 수밖에 없다. 그런데 임대료 상승을 부추기는 주요 요인이 바로 대형 프랜차이즈 업체의 공세와 건물주의 '버티기'다. 특히 경제적 여유가 있는 건물주들은 임대료를 높게 책정한 뒤 공실로 두더라도 세입자를 기다리는데, 이는 중간에 건물이 팔리더라도 임대료가 건물가에 반영되기 때문이다(『경향신문』 2016/01/31). 이런 건물주의 '갑질'에 대응하기 위한 방안으로도 영세 자영업자들의 협동조합 결성을 통한 소유 구조의 전환은 매우 유의미한 것이다.

'병'을 위한 〈근로기준법〉과 최저임금제

2016년 8월 최저임금을 받지 못하는 노동자(법정 최저임금 미달자)가 266만 명으로, 2001년 8월 59만 명에서 지속적으로 증가했고, 노동자 7명 중 1명(임금노동자의 13.6퍼센트)에 이르게 되었다. 최저임금 미달자는 주로 여성·청년·고령자·저학력층이며, 숙박·음식점업, 단순 노무직 및 영세 사업체 종사자이다. 그리고 비정규직, 그 가운데서도 시간제 근로자, 임시직과 일용직, 무노조 사업장, 비조합원 등 사회적 약자들이다(김유선 2016). 결국 영세 자영업에 종사하는 상당수의 청년 근로자와 알바생들이 바로 최저임금 미달자에 해당하는 것이다.

이와 같이 최저임금 미달자가 사회적 약자에 '집중'될 뿐만 아니라 '증가'하고 있는 주요 이유는 처벌 조항이 약하고 정부가 근로 감독 행정 의무를 다하지 않기 때문이다. 〈최저임금법〉은 최저임금 미준수 시 3년 이하의 징역 또는 2천만 원 이하의 벌금을 부과할 수 있다고 규정하고 있다. 하지만 최저임금을 지급하지 않아 근로 감독에서 적발되거나 지방고용청에 고발되더라도 시정 조치를 하면 업주에게 불이익이 없다는 맹점이 있다. 설사 즉시 시정하지 않더라도 사법기관에서 솜방망이 처벌을 받을 뿐이다. 일례로 2016년 고용노동부가 현장 근로 감독을 통해 적발된 최저임금 위반 사례는 1,278건인데 이 가운데 실제 사법 처리로 이어진 것은 겨우 17건에 불과하고, 나머지 99퍼센트가량은 모두 내사 종결 처리되었다(『한국일보』 2017/07/19).

고용주가 최저임금을 지키지 않는 이유는 간단하다. 처벌로 인한 손실보다 위반으로 얻을 실익이 더 크다고 판단하기 때문이다. 그러므로 처벌을 강화해야 최저임금 미지급 실태가 근절될 수 있다. 적발 시 시정 조치와 함께 무거운 과태료를 부과하고, 미시정 시 사법 처리하거나, 적발 시 아예 바로 사법 처리하는 방안 등을 생각해 볼 수 있다(오상봉 2016). 영국의 경우 최저임금 위반 사용자에 대해서는 최장 과거 6년분까지 소급해서 이자를 더한 미지급 임금의 지불을 명할 뿐 아니라 추가적으로 벌금을 부과하는데, 2016년 4월 이후 기존의 벌금 액수를 미지급분의 2백 퍼센트로 상향했다. 특히 위반의 정도가 높아 유죄판결을 받을 경우 고용주는 무려 15년 간 대표 자격이 상실된다. 미국에서도 체불임금의 2배에 해당하는 손해배상금을 지불하도록 하고, 형사소송에서 유죄판결 시 1만 달러 이하의 벌금 또는 6개월 이하의 징역을 허용하고 있으며, 독일에서는 최저임금 이행 의무를 위반할 경우 과태료 부과 및 징역에 처해질 수 있다(최저임금위원회 2017).

〈알바몬〉과 함께 대표적인 취업 및 아르바이트 포털인 〈알바천국〉의 광고는 "알바 근로계약서 함께 쓰면 싸울 일이 없어진다."라는 슬로건 아래 근로계약서 작성의 중요성을 강조해 화제가 되었다. 〈근로기준법〉에 따르면, 정규직이든 계약직이든 알바든, 근로를 하루라도 하는 노동자라면 법적으로 무조건 근로계약서를 작성해야 한다. 이를 위반해 적발될 경우 고용주에게 경고 없이 5백만 원 이하의 과태료를 부과할 수 있다. 설령 근로계약서를 작성했더라도 임금, 소정 근로시간, 유급 주휴일 및 연차휴가에 관한 사항을 누락시키거나 작성한 서면을 근로자에게 교부하지 않을 경우에도 〈근로기준법〉 위반이다(〈표 3〉 참조).

따라서 근로계약서의 서면 작성을 유도하며 고용 관계를 좀 더 투명화하고 공식화해야 한다. 이를 위해 고용노동부의 정기적인 근로 감독이 무엇보다 필수적이며, 노동조합과 시민 단체의 감시도 중요하다. 또한 급여가 낮은 아르바이트들의 임금수준이, 같은 일을 하는 정규직이나 정사원에 상응하는 수준으로 향상될 수 있도록 업종별 임금 표준화가 요구된다. 나아가 저임금 및 시간제 노동자들을 대변하는 노동조합이 부족한 상황에서 청년유니온이나 알바노조와 같은 노동단체와 프랜차이즈연합회 등 자영업자 단체가 함께 정기적인 노사 협의 틀을 만들어 업종별 임금과 근로조건의 표준화를 달성

표 3 | '병'을 위한 〈근로기준법〉의 주요 내용

〈근로기준법〉 제17조 (근로조건의 명시)

① 사용자는 근로계약을 체결할 때에 근로자에게 다음 각 호의 사항을 명시하여야 한다. 근로계약 체결 후 다음 각 호의 사항을 변경하는 경우에도 또한 같다.

1. 임금
2. 소정 근로 시간
3. 제55조에 따른 휴일
4. 제60조에 따른 연차 유급휴가
5. 그 밖에 대통령령으로 정하는 근로조건

제19조 (근로조건의 위반)

① 제17조에 따라 명시된 근로조건이 사실과 다를 경우에 근로자는 근로조건 위반을 이유로 손해의 배상을 청구할 수 있으며 즉시 근로계약을 해제할 수 있다.

② 제1항에 따라 근로자가 손해배상을 청구할 경우에는 노동위원회에 신청할 수 있으며, 근로계약이 해제되었을 경우에는 사용자는 취업을 목적으로 거주를 변경하는 근로자에게 귀향 여비를 지급하여야 한다.

제23조 (해고 등의 제한)

① 사용자는 근로자에게 정당한 이유 없이 해고, 휴직, 정직, 전직, 감봉, 그 밖의 징벌(懲罰)(이하 "부당해고 등"이라 한다)을 하지 못한다.

제28조 (부당해고 등의 구제 신청)

① 사용자가 근로자에게 부당해고 등을 하면 근로자는 노동위원회에 구제를 신청할 수 있다.

제29조 (조사 등)

① 노동위원회는 제28조에 따른 구제 신청을 받으면 지체 없이 필요한 조사를 하여야 하며 관계 당사자를 심문하여야 한다.

제33조 (이행강제금)

① 노동위원회는 구제명령(구제명령을 내용으로 하는 재심 판정을 포함한다. 이하 이 조에서 같다)을 받은 후 이행 기한까지 구제명령을 이행하지 아니한 사용자에게 2천만 원 이하의 이행강제금을 부과한다.

하는 방안도 고려할 만하다(송보화·송민수·배규식 2014).

그러나 동시에 우리가 놓치지 말아야 하는 사실은 (앞서도 강조했듯이) '갑'인 대기업과 건물주들이 경제적 이득과 우월적 지위를 누리는 구조 속에서, 힘든 사장님과 더 힘든 직원들 사이의, 즉 '을'과 '병' 사이의 생존경쟁이 벌어지고 있다는 것이다. 지난 대통령 선거에서 크게 부각된 최저임금 1만 원 인상 문제는 문재인 정부의 '소득 주도 성장론'의 핵심 의제이기도 하다. 그러나 소상공인과 생계형 자영업자의 처지도 어려운 상황에서 시급 1만 원은 힘들다는 주장 역시 지속적으로 제기되고 있다. 최저임금을 1만 원으로 올리자는 주장에 대해 전국가맹점주협의회 사무국장은 다음과 같이 말한다.

> 우리도 만 원 주는 것 찬성합니다. …… 우리도 알바들에게 시급을 많이 주고 싶어요. 하지만 남는 것이 없는데 그럴 수는 없잖아요. 우리도 자식들을 키우니까 우리 자식들이 알바 해서 만 원 받는 사회를 만들고 싶어요. 그러려면 세금 혜택이라든가, 카드 수수료 인하라든가, 이런 부분을 정부가 보조해 줘야 한다고 생각합니다. 카드 수수료를 낮춰 주면 우리가 알바들에게 얼마씩 올려 줄 여건이 될 테니까요. 이런 조치가 선행되어야 합니다(김태훈 인터뷰, 2016/10/13).

결국 좀 더 근본적으로는 위기에 처한 (영세) 자영업자들이 알바생 및 직원의 인건비를 낮추는 방식으로 생존 전략을 찾는 구조를 해결해야 한다. 이를 위해 무엇보다 프랜차이즈 가맹점주와 가맹점 직원의 임금 및 근로조건에 대해 가맹 본부에 책임을 부여하는 것이 중요하다. 즉 가맹점주와 직원에게 〈근로기준법〉이 규정하는 임금 및 각종 수당 등의 조건을 보장하면서도 가맹점의 운영이 가능하도록 대기업 가맹 본부가 실질적인 책임을 져야 한다(박제성 외 2014). 최근 들어 정의당이 주장했듯이 최저임금 인상으로 인한 영세 자영업자의 인건비 상승 문제의 해결을 위해서는 정부의 직접 지원뿐 아니라, 원청 기업과 본사가 일부 부담하도록 하는 제도적 방침을 마련할 필요가 있는 것이다(『한겨레』 2017/06/27). 나아가 재벌 대기업의 불공정 거래 개선, 대기업에 비해 높은 중소 상공인의 카드 수수료 인하, 임대료 폭등 방지를 위한 〈상가건물임대차보호법〉 개정 등의 조치가 병행되어야 한다.

마지막으로 박정훈 알바노조 2기 위원장이 출범 선언문을 통해 밝힌 아래의 주장에 귀 기울일 필요가 있다.

> "퇴직금만 받으면 됐지, (임금 체불 사업자를 처벌해도) 세상은 바뀌지 않는다." 알바 노동자가 임금 체불을 이유로 노동청에 진정을 넣었을 때 근로감독관으로부터 들은 답이다. 우리는 세상을 바꿔 달라고 이야기한 적 없다. 다만 기존에 있는 법대로 해 달라고 했다(〈오마이뉴스〉 2016/01/22).

● 7장 중 일부는 "새로운 자영업과 갑을관계: 특수고용노동자와 가맹사업관계를 중심으로," 『비판사회정책』(2017년 제54호)을 수정·보완한 것이다.

8.

자영업자들도 사회적 보호가 필요하다

우리는 여전히 주변에서 폐지 줍는 노인을 심심찮게 본다. 이는 노인 빈곤이 심각하다는 사실을 보여 주는 상징적인 모습이다. OECD 통계자료에 따르면 2015년 66세 이상 은퇴 연령층의 빈곤율이 46퍼센트로, 노인의 거의 절반 정도가 빈곤층이다. 다른 나라들과 비교해도 우리나라 노인 빈곤율은 OECD 회원국 중 1위로 압도적으로 높다(OECD 2017).

노인 빈곤율이 높은 이유는 기본적으로 국민연금 수급자가 적고 그 금액도 미미하기 때문이다. 지금까지는 국민연금이 도입된 기간이 짧아서 그렇다고 볼 수 있지만, 앞으로의 전망도 그렇게 긍정적이지는 않다. 사각지대가 많기 때문인데, 사각지대의 두 축은 비정규직과 자영업자(특수 형태 고용 종사자와 무급 가족 종사자를 포함)이다. 특히 자영업자는 최근 경기 불황과 맞물려 새로이 주목받고 있는 '위험집단'이다. 경기 불황이 지속되면서 조기 퇴직자가 노후 대비로 자영업을 시작하는 경우가 늘고 있지만, 성공률이 매우 낮아 자영업자가 빈곤해질 위험이 커진 것이다.

요즘 창업한 소상공인 10명 중 7명은 5년 내 문을 닫는다(중소기업청 2014; 이병회 외 2016). 특히 생계형 창업이 많은 숙박·음식점업은 1년 내 절반이 폐업한다(물론 대부분이 음식점업이다). 폐업한 자영업자들은 어떻게 될까? 가게 문을 닫은 이들은 동종 업계에서 '알바'로 재취업하거나 실업자 신세가 된다. 운이 좋으면 재창업을 하거나 좀 괜찮은 일자리에 임금 근로자로 취업하는 사람도 있지만, 이들은 소수에 불과하며 대부분은 노후가 막막하다. 남들보다 빨리 자영업을 시작해 결국 폐업한 A씨의 경우가 그렇다(맘상모 회원 인터뷰, 2016/09/30).

A씨는 자영업자가 되기 전에 13년 동안 회사 생활을 했고, 피시방과 피자 매장을 각각 5년 정도 운영하다가 폐업하고 지금은 한 피자 매장에서 알바로 일하고 있다. A씨는 노후를 위해 자영업을 시작했다. 어차피 정년까지 회사 생활을 할 수 없다면 더 나이 들기 전에 빨리 시작해 자리를 잡자고 생각했다. 그러나 현실은 그렇게 녹녹하지 않았다. A씨는 많은 자영업자들이 국민연금에 가입해 있어도 보험료를 연체하는 경우가 많고, 노란우산공제와 같은 제도를 잘 모르거나, 알더라도 대부분이 가입할 여력이 안 된다고 말한다. 이처럼

많은 자영업자가 당장 먹고살기도 빠듯하다 보니 노후 대비에 신경 쓸 겨를이 없어 결국 많은 이들이 국민연금의 사각지대에 남게 되는 것이다.

최근 베이비붐 세대가 본격적으로 은퇴하기 시작했고, 정년보다 일찍 퇴직해 준비되지 않은 은퇴 생활을 해야 하는 이들이 적지 않다. 베이비붐 세대의 은퇴자는 2021년까지 연평균 약 20만 명에 달한다고 한다(관계부처합동 2014). 이들 가운데 다수가 자영업에 뛰어든다는 것은 자명하다. 집 한 채 가진 사람들이 주택 담보대출을 받아 자영업을 시작하기도 하지만, 이들이 시장에서 살아남을 가능성은 매우 낮다. 살아남는다고 하더라도 그들이 맞이하는 현실은 은행 빚과 너무도 적은 수입이다. 한 은퇴한 50대 창업자는 한 달에 2백만 원 정도 되는 수입이 그나마 다행이라고 스스로를 위안하며 버티고 있었다. 물론 노후 대비는 엄두도 못 낸다.

> 저는 50대 초반에 직장에서 명퇴(명예퇴직)했습니다. 말이 명퇴지 지난 2008년 금융 위기로 다니던 직장이 어려워지면서 쫓겨난 셈입니다. 직장을 그만두고 나니, 생계가 막막하더군요. 받은 퇴직금으로 대출금을 갚고 나니 남은 돈은 2천만 원 정도가 전부였습니다. 아직 살아갈 날은 창창하고, 대학 공부와 결혼 등 자식들 뒷바라지는 남아 있고, 그래서 택한 것이 집 근처에 치킨 집을 창업하는 것이었습니다. 물론 부족한 돈은 은행에서 빌렸죠. 저와 같은 분들이 태반이더군요. …… 그런데 말이죠, 딱 1년 닭을 튀겨 보니 창업이 실수라는 생각이 들었습니다. 지난 1년간 뼈 빠지게 일했지만 치킨집에

서 번 돈은 월평균 203만4,155원(통계청 자료)이 고작이었습니다. 직장에 다닐 땐 매달 4백만 원을 넘게 벌었는데 시간을 더 투자하고 돈은 절반가량 번 것이죠. 웃음만 납니다. …… 그래도 입에 풀칠이라도 해야 하니 한 달에 2백만 원 정도라도 꾸준히 벌 수 있으면 정말 다행일 것 같네요. 돈을 쓰기만 하고 모으지는 못하니 당장 자식 대학 학자금 등 목돈이 들어갈 일이 생기면, 어떻게 감당할지도 걱정입니다(『국민일보』 2014/08/16 재인용).

이처럼 자영업자의 일자리와 소득이 매우 불안정해졌는데도 불구하고 우리의 사회보장 체계에서 자영업자는 아직도 변방에 머물러 있다. 요즘의 불안정한 자영업 시장을 고려한다면, 취업자의 5분의 1을 차지하는 자영업자를 위해 사회보장제도를 새롭게 구상할 필요가 있다.

복지국가와 사회적 위험

20세기 이후 현대 국가를 그 전까지의 국가와 구별 짓는 가장 큰 특징은 무엇일까? 관련 분야 학자들이라면 대부분 '복지국가의 출현'이라고 대답할 것이다. 즉 과거와는 달리 국가가 국민의 복지를 책임지게 되었다는 이야기다.

복지 정책이란 무엇인가? '사회적 위험에 대한 대응책'이라고 답할 수 있을 것 같다. '위험'에는 여러 유형이 있지만 복지 정책에서 고려하는 위험은 생계 곤란을 초래하는 사건을 의미한다. 그리고 '사회적'이란 세 가지 의미를 갖는다. 첫째, '개인적'이지 않다는 말이다. 즉 누구에게나 보편적으로 발생할 수 있다는 것이다. 둘째, 비록 위험을 겪는 주체는 개인이지만 그대로 두면 사회적인 문제로 비화할 수 있다는 것이다. 셋째, (첫째와 둘째 속성으로 말미암아) 위험에 대한 대비를 개인에게 맡길 것이 아니라 사회가 공동으로 해야 한다는 것이다.

복지국가는 20세기 산업사회의 산물이다. 산업사회에서는 남편이 일하고 아내가 살림하는 것이 일반적이었다. 따라서 남편이 일할 수 없게 되면 가정의 생계가 곤란해졌다. 그리고 산업사회에서, 일하는 사람은 대부분 임금 근로자였다. 임금 근로자가 일하지 못하게 되는 대표적인, 그리고 일반적인 상황은 네 가지다. 직장에서 다치거나, 쫓겨나거나, 병들거나, 나이 들어 은퇴하는 것이다. 그래서 이 네 가지 상황에 대한 대책으로 사회보험이 만들어졌다. 여기에 어떤 이유에서든 (일하지 못하게 되어) 이미 빈곤 상태에 빠진 가구가 최저 생계를 유지할 수 있도록 공공 부조가 더해져 전통적인 복지 제도가 만들어졌다.

물론 일하는 사람에는 자영업자도 있다. 사회보험의 출발은 임금 근로자를 대상으로 했지만, 국가가 개인이 일하지 못하는 상황을 대비하는 정책을 마련하는 데 자영업자를 배제할 수 없으므로 이들 역시 사회보험의 대상이 된다. 그러나 임금 근로자와는 포괄 범위가 다르다. 사회보험은 국민연금, 건강보험, 고용 보험, 산재보험으로 구성된다. 이 중에서 국민연금과 건강보험은 임금 근로자, 자영업자 가릴 것 없이 일하는 사람이면 모두 의무적으로 가입하게 되어 있다(국민연금은 일하지 않는 사람도 희망하면 가입할 수 있다). 하지만 고용 보험과 산재보험은 다르다.

고용 보험의 주목적은 실업자가 되었을 때 실업 급여를 주는 것이다(따라서 '실업 보험'이라 부르는 것이 정확하다). 실업은 말 그대로 직장을 잃는 것, 즉 본인은 일하고 싶지만 해고 등으로 직장을 잃는 것이므로 스스로 그만두는 경우는 해당되지 않는다. 그런데 자영업자는 고용주이므로 해고라는 것이 성립하지 않는다. 그래서 자영업자는 실업보험 가입 대상에서 제외되어 왔다. 2012년 1월부터 자영업자 고용 보험 제도가 실시되어 가입 대상이 된 것은 다행이지만 임의 가입이어서 가입률은 저조하다. 산재보험은 업무상 재해로 다쳤을 때 보상하는 것이다. 고용주가 시킨 일을 하다가 다쳤으므로 보상 책임은 고용주에게 있다. 그래서 산재보험료는 1백 퍼센트 고용주가 부담한다. 자영업자는 본인이 고용주이고 피고용인이 아니기 때문에 의무적으로 산재보험에 가입시키는 것이 어렵다.

자영업자가 고용 보험과 산재보험 의무 가입 대상이 아닌 것은, 본인이 고용주라는 점을 고려하면 이해할 수 있지만, 사회적 위험에 대처한다는 본래의 취지를 고려하면 의문을 갖게 된다. 대기업 정규직이 해고당하는 경우와 영세 자영업자가 폐업으로 일을 못하게 되는 경우 중 어느 쪽이 더 흔할까? 물론 영세 자영업자가 폐업하는 경우가 훨씬 많다. 그렇다면 대기업 정규직의 해고에는 대비하면서, 영세 자영업자의 폐업은 방관하는 것이 타당할까?

회사원이 서류 작업을 하다가 다치는 경우와 퀵 서비스 기사가 오토바이를 타고 배달하다가 다치는 경우 중 어느 쪽이 더 빈번할까? 물론 퀵 서비스 기사가 훨씬 많이 다친다. 하지만 발생 확률이 희박한 회사원의 업무상 재해에는 의무적으로 대비하면서 위험한 오토바이 배달은 그렇지 않다. 이런 이유로 몇 년 전부터 이들과 같은 특수 형태 고용 종사자에게 산재보험에 가입하도록 권장하고 있지만 의무 사항이 아니다. 또한 다른 업종에 종사하는 자영업자들은 가입 대상이 아니다. 가령, 중식당에서 일하는 자영업자의 경우도 요리를 하다가 화상을 입을 가능성이 크다. 이들의 재해에도 대비해야 하지 않을까?

자영업자의 국민연금 가입은 법적 의무 사항이다. 그러나 법적 의무 사항이라고 해서 실제로 모두 가입하는 것은 아니다. 임금 근로자의 국민연금 보험료는 고용주와 임금 근로자가 절반씩 부담하며, 소득세와 마찬가지로 원천 징수된다. 그러나 자영업자는 본인이 1백 퍼센트를 직접 납부해야 한다. 당장 먹고살기도 힘든데 노후 대비를 위해 현재 수입의 일부를 보험료로 납부하는 것이 내킬 리 없다. 결국 보험료 미납자가 많으며, 그 결과 노후에 연금을 못 타거나, 타더라도 대부분 액수가 적어진다. 제도가 있으나 보험료를 내지 않는 것은 본인 책임이기는 하지만, 그래도 영세 자영업자 다수가 불안한 노후를 보내게 될 것이 분명한데도 상황을 방치할 수는 없다.

탈산업사회의 신사회적 위험

근로자가 일하지 못하게 되는 네 가지 상황을 사회적 위험 중에서도 특히 '구'(old)사회적 위험이라고 한다. 반면, 신사회적 위험은 산업사회에서 탈산업사회로 사회 경제 구조가 바뀌면서 발생했다. 그 결과 신자유주의 경제 기조로 기업 간 경쟁이 격화되면서 노동시장 유연화 및 소득 양극화가 심화되었으며, 기술 변화가 빨라지면서 교육훈련의 중요성도 커졌다. 다양한 변화 가운데 필자는 '여성 노동의 증가'에 주목한다. 앞에서도 말했듯이, 산업사회에서는 남편이 일하고 부인이 살림하는 것이 일반적이었으나 탈산업사회에서는 맞벌이 부부가 보편화됐다. 여기에는 제조업 중심에서 서비스업 중심으로 산업구조가 바뀌면서 여성에게 적합한 업종이 크게 늘었다는 점, 중산층 붕괴 및 소득 양극화가 심해지면서 혼자 벌어서는 생활이 어려운 가구가 크게 늘었다는 점, 양성 평등 의식이 신장되었다는 점 등이 기여했다.

여성 노동인구가 증가하면서 여성이 일과 가사를 동시에 담당해야 하는 상황이 많아졌다. 일과 병행하기 힘든 대표적인 가사가 출산·육아와 노인 돌봄이다. 이 둘은 기혼 여성이 일하기 어렵게 만드는 보편적인 상황, 즉 사회적 위험이 되었으며 그래서 이에 대한 대비책인 보육 정책과 노인 돌봄 정책이 복지 정책에 추가되었다. 또한 출산휴가와 육아휴직 제공이 법적 의무 사항에 포함되었다.

보육 정책(무상 보육 등)이나 노인 돌봄 정책(장기 요양 서비스 등)

은 해당 영유아의 부모가, 혹은 해당 노인의 자식이 임금 근로자든 자영업자든 실업자든 가리지 않고 적용된다. 그러나 출산휴가와 육아휴직 제공은 고용주가 피고용인에게 제공하는 혜택이므로 자영업자 및 무급 가족 종사자에게는 적용되지 않는다. 고용/산재 보험이 그렇듯이 자영업자에게 출산휴가와 육아휴직이 적용되지 않는 것은 본인이 고용주라는 속성을 고려하면 당연하다. 하지만 이 역시 사회적 위험에 대처한다는 취지에 비춰 보면 문제가 있다. 여성 자영업자(+무급 가족 종사자)의 다수가 힘들어 하는 문제는 역시 출산과 육아이며, 정해진 근무 시간이 없어 임금 근로자에 비해 장시간 일한다는 사실이다.

앞에서도 말했듯이, 현대 복지국가의 존립 근거는 국민의 복지 증진에 있다. 복지 정책의 목적은 국민들이 맞닥뜨리는 사회적 위험에 적절히 대처하는 것이다. 사회적 위험에 대처하는 데 임금 근로자와 자영업자를 가릴 이유는 없다. 이번 장에서는 자영업자의 사회적 위험과 그에 대한 대책을 좀 더 상세히 살펴보자.

사회보장의 사각지대에 놓인 영세 자영업자

서구 국가들과 마찬가지로, 우리나라 역시 자영업자에 대해 사회보험제도 적용을 확대하고 있는 추세이나 질적인 측면에서 아직도 갈

길이 멀다. 전 국민을 대상으로 하는 국민연금과 의료보험은 자영업자를 수혜 대상으로 포함하고 있다. 그렇지만, 임금 근로자와는 달리 보험료는 1백 퍼센트 자영업자 자신이 부담해야 한다.

실제, 국민연금 보험료를 내고 싶어도 돈이 없어 내지 못하는 납부 예외자가 2016년 12월 말 기준으로 전체 가입자의 20퍼센트가량 되는데 이는 지역 가입자의 절반 이상에 달하는 규모다. 납부 예외자는 대부분 영세 자영업자나 비정규직, 일용직, 특수 고용 근로자들이다. 납부 예외 대상자는 실직, 명예퇴직, 이직 준비, 폐업 등으로 직장을 그만두거나 사업을 접어 소득이 없는 사람들로 보험료를 낼 수 없을 경우, 당분간(최장 3년까지이며 연장 가능) 양해해 주는 장치다. 그렇지만 납부가 예외되는 기간 동안 보험료를 납입하지 못하면 그 만큼 이후 보험료 혜택은 낮아진다.

2012년 1월부터 50인 미만 자영업자에 대한 고용 보험 적용이 확대되었지만, 사업자 등록증상의 개업 연월일로부터 1년 이내에만 가입이 허용된다.[1] 기존 자영업자들은 보험 적용의 첫 해 6개월 내에 가입하지 않으면 대부분 제외되었고, 더욱이 임의 가입 대상이다. 국가의 재정 보조가 없으며, 자영업자가 임금 근로자에 비해 재정 부담이 훨씬 크기 때문에, 의무 가입이 아닌 임의 가입 대상인 경우 수입이 일정치 않은 영세 자영업자라면 보험에 가입할 엄두가 나지 않을

1_"자영업자 고용보험 : 가입대상," 근로복지공단 홈페이지, https://www.kcomwel.or.kr/kcomwel/paym/ownr/targ.jsp.

것이다(이승렬 외 2009, 189). 임금 근로자만을 대상으로 하던 산재 보험 역시 운수업, 캐디, 택배 기사 등 특수 형태 고용 종사자 일부에게 적용이 확대되었지만, 여전히 무급 가족 종사자를 포함해 자영업자는 그 대상이 아니다(이승렬 외 2009, 14-16)[2]. 그나마 다행인 것은 자영업자와 소상공인의 고용·산재보험 가입 요건이 완화된다는 소상공인 당정 대책이 최근 발표된 것이다(『매일경제』 2017/09/20). 고용 보험 가입 요건을 '개업 연월일로부터 5년 이내'로 대폭 완화하며, 산재보험 가입 대상에 자동차 정비업도 추가로 가입이 허용된다는 내용이다. 앞으로 산재보험 가입 문턱이 더 낮아질 것은 분명해 보이지만, 얼마나 많은 자영업자가 사회보장제도 내로 흡수될지는 여전히 불투명하다.

〈표 1〉에서 보듯이, 5인 미만 사업장에 종사하는 자영업자의 사회보험 가입 비율을 보면, 공적 연금의 경우, 자영업자 가운데 고용주(고용원이 있는 자영업자)의 가입률이 87퍼센트인 데 반해, 무급 가족 종사자를 포함한 1인 자영업자는 약 66퍼센트, 특수 형태 고용 종사자는 약 43퍼센트 정도만이 가입된 상태다. 이는 곧 고용원이 없는 자영업자(무급 가족 종사자 포함)와 특수 형태 고용 종사자의 미가입률이 고용주의 거의 3배, 4배에 달한다는 뜻이다. 앞서 언급했듯이, 국민연금에 가입하더라도 특수 형태 고용 종사자나 자영업자

2_"특수형태근로종사자 산재보험 : 정의 및 적용 범위." 근로복지공단 홈페이지, https://www.kcomwel.or.kr/kcomwel/paym/spec/mean.jsp.

표 1 | 5인 미만 사업장의 자영업자와 임금 근로자의 사회보험 가입 비율(단위: %)

		공적 연금	산재보험	고용 보험	건강보험
자영업자*	고용주	87.2	25.6	15.4	100.0
	자영업자/ 가족 종사자	65.8	1.4	1.6	98.4
	특수 고용 종사자	42.9	3.3	3.3	87.9
임금 근로자**	상용직 근로자	90.2	90.0	84.8	90.2
	임시/일용직 근로자	22.6	90.4	35.5	24.4

주 : 농림어업 제외.
출처 : *한국복지패널(2014), **통계청(2016).

의 상당수가 지속적으로 보험료를 납입하는 것은 쉽지 않다.

건강보험은 다른 사회보험과는 달리 전체적으로 가입률이 매우 높은 편이나, 산재보험은 고용원이 없는 자영업자나 특수 형태 고용 종사자 대부분이 가입되어 있지 않다.

고용 보험 역시 가입률이 매우 저조하다. 아울러, 상당히 많은 자영업자들이 고용 보험에 가입되어 있지 않다면, 자영업자가 폐업할 경우 재해보상과 실업 보상 및 재취업 교육 등에 대한 혜택을 받지 못한 채 공적 보호의 사각지대에 남게 된다. 자영업자들의 저조한 사회보험 가입 실태와 달리, 상용직 근로자는 대부분이 사회보험에 가입되어 있다. 상용직 임금 근로자의 4대 사회보험 가입률은 85~90퍼센트를 상회한다. 반면, 임시 일용직(혹은 비정규직) 근로자의 사회보험 가입은 상대적으로 매우 낮은 편이다. 많은 이들이 영세 자영업자와 마찬가지로 사회보장의 사각지대에 있다.

사회보험제도는 임금 근로자를 위한 것이고 자영업자를 위해서는 소상공인 공제 제도, 가령, '노란우산공제회'라는 것이 있지만, 이

그림 1 | 임금 근로자 대비 자영업자의 하위 그룹별 개인연금과 민간 의료보험 가입 비율(단위: %)

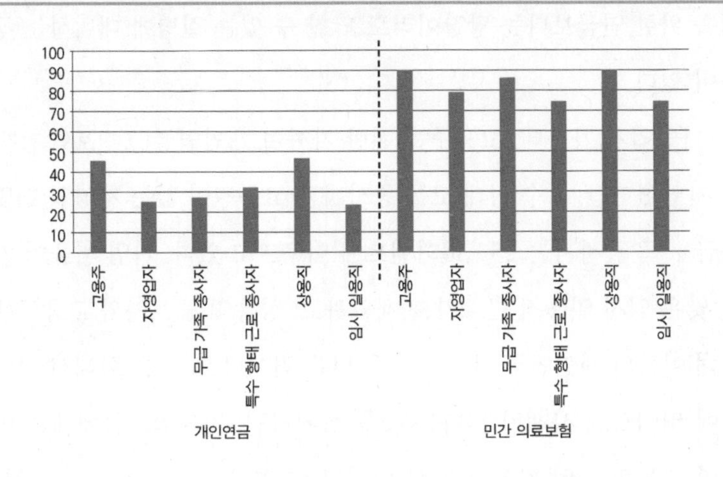

출처 : 한국복지패널(2014).

런 공제 제도에 가입한 자영업자는 어느 정도 경제적 여유가 있는 사람들이 대부분이다. 고용원이 없는 자영업자와 특수 형태 고용 종사자는 대부분 저소득자여서 이들 스스로 위험에 대비해 공제회에 가입하기란 실로 어렵다. 자영업자라고 모두 같은 처지는 아니기 때문이다.

국가의 사회보험제도를 통해 상당수 자영업자들이 노령·실업·빈곤과 같은 사회적 위험으로부터 보호받지 못하면, 자영업자 개개인은 민간 보험에서 그 차선책을 찾을 수도 있다. 이는 민간 의료보험 가입률에서 증명된다. 〈그림 1〉이 보여 주는 것처럼, 고용원이 없는 자영업자의 민간 의료보험 가입률이 다른 이들과 비슷하게 높다.

하지만 연금에서는 그렇지 않았다. 대개 사람들은 먼 미래의 노령 대비를 위한 연금보다는 당장이라도 닥칠 수 있는 질병에 대비하는 경향이 있다.

자영업자 가운데, 고용주는 절반 가까이 개인연금(종신보험 포함)에 가입했지만, 특수 형태 고용 종사자와 고용원이 없는 자영업자 및 무급 가족 종사자는 25~30퍼센트에 머무르고 있다. 가입 비율이 가장 낮은 임시 일용직 근로자를 제외하고, 상용직 근로자와 고용주에 비해 이들의 개인연금 가입 비율은 낮은 편이다. 노후를 위해서 자영업에 뛰어드는 사례가 많다는 것을 상기하면, 자영업자들에게는 어쩌면 그들의 사업 자체가 노령 대비일 수 있다.

종합적으로 보아, 자영업자 가운데서도 특히 특수 형태 고용 종사자와 고용원이 없는 자영업자, 무급 가족 종사자가 노령기에 빈곤에 처할 위험이 매우 높다. 국가가 자영업자에 대한 사회보험 가입의 실효성을 강화하는 데 더 많은 노력을 기울여야 하는 이유가 여기에 있다. 요컨대, 수많은 영세 자영업자가 여전히 사회보험은 물론 민간보험에서도 배제되어 있다는 것은 영세 자영업자에게 사회적 보호도, 시장에 의한 보호도 제대로 작동되지 않고 있다는 뜻이다.

이와 더불어 우리가 주목해야 할 것은 우리나라 자영업자의 근로시간이다. 자영업자의 장시간 근로 덕분에 우리가 밤늦게까지 서비스를 이용할 수 있다는 점에서 고객들은 참으로 편리하지만, 자영업자들에게는 열악하기 짝이 없는 근로 환경이다. 많은 선진국들의 경우 유흥업이나 숙박업을 제외하면, 밤늦게까지 불이 꺼지지 않는 가게들을 좀처럼 찾기 힘들다. 이런 장시간 근로는 모든 자영업자에게 건강 문제는 물론, 여가나 직업 능력 개발의 기회를 제한하는 등 많은 부정적 영향을 준다. 그중에서도 특히, 일과 가정 병행의 어려움, 돌봄 위기를 초래한다.

여성 자영업자, 그들이 처한 현실

조기 퇴직한 남성이 자영업에서 고전하는 것에 더해, 여성 자영업자 역시 일자리를 유지하기가 더욱 어려워지고 있다. 무급 가족 종사자는 말할 필요도 없다. 우리나라 여성 자영업자의 비중은 무급 가족 종사자를 포함해 2014년 24.6퍼센트로 OECD 회원국 가운데서도 상당히 높은 편에 속하지만(OECD 평균은 15~16퍼센트), 특히 2000년 이후 여성 자영업자가 남성 자영업자보다 두드러지게 많이 감소했다(김영옥·이선행·김민수 2011). 좀 더 주목할 점은 상당수의 남성이 임금 근로로 전환되는 것과는 반대로 여성 자영업자 대부분은 미취업자가 되어 곧 비경제활동인구가 된다는 것이다. 처음에는 실업자였다가 결국에는 취업을 포기하게 된다. 임금 근로로 전환되더라도 불안정한 임시직이나 일용직 근로자가 되기 쉽다(김영옥·이선행·김민수 2011). 무급 가족 종사자는 대부분 비경제활동인구가 되고, 일부만이 자영업자가 된다. 여성은 협업 배우자로 무급 가족 종사자가 되는 경우가 많다. 여성 자영업자 수가 크게 감소한 것은 남성에 비해 경기변동에 더 취약하기 때문이다. 즉 이들의 일자리가 점점 더 불안정해지고 있다는 뜻이다.

그런데 여성은 왜 자영업을 선택하게 될까? 여성은 자녀 양육 및 가사에 더 많은 시간과 노력을 투자하기 위해 실제 본인의 능력이나 경력과 상관없이 자영업을 선택하는 경우가 많다. 또한 결혼 후 가족에 대한 책임을 여성도 짊어지게 되면서 소득이 낮은 직종의 자영업일지라도 어쩔 수 없이 하게 된다(최민정 2015; Budig 2006). 이혼 또는 사별한 경우는 더욱 그렇다.

여성이 자영업에 일단 들어서게 되면 현실은 그렇게 녹녹치 않다. 자영업은 주로 여성이 남성보다 기회 부족이나 경영상의 어려움을 상대적으로 더 많이 겪으며(강세영·유가효·홍성희 2005, 54-55, 78-80), 그 결과 일반적으로 남성보다 순수입이 낮다. 여성 자영업자의 경우 남성에 비해 법적 관리, 신용 대출, 조세 문제 등에서의 애로 사항은 물론, 여성의 역할에 대한 가족 및 사회적 인식을 극복하는 데도 어려움을 겪는다. 특히 취업 주부로서 가사와의 병행, 자녀 교육 등 가족과 일에 대한 이중 부담으로 과중한 부담 및 역할 갈등을 초래하기도 한다. 이로 인해 영업 및 운영에 제약을 받을 수밖에 없다. 남성 자영업자에 비해 여성 자영업자의 수입이 적은 것도 이런 이유로 설명된다.

여성은 남성에 비해 고용주가 되는 경우가 적고, 자영업에서 가족 종사자로 분류되는 여성은 흔히 실질적인 자영업자임에도 명목상 가족 종사자로 일하는 경우도 많다(강세영·유가효·홍성희 2005, 78-79). 그런 경우, 여성이 단독으로 경영하는 것보다 제약을 더 많이 경험한다고 한다. 부부 모두 자영업에 관여할 때 가족이나 배우자로부터 그리고 종업원, 사업 관련 기관이나 거래처, 고객들이 전통적인 성역할을 기대하기 때문이다. 이들은 대체로 이런 기대에 부합된 행동을 한다. 사회적 편견과 전통적인 성역할 분담에 따른 어려움, 즉 여성이라 겪는 어려움은 오롯이 여성 자영업자만이 감당해야 할 몫이다.

여성 자영업자의 사회적 위험과 돌봄 위기

여성 자영업자는 여성으로서, 어머니로서, 남성 부양자 모델에 입각한 사회보장 체계에서 누락된, 각종 사회적 위험에 매우 취약한 집단이다. 실제 연금 가입률이 여성 임금 근로자는 67퍼센트에 달하지만 여성 자영업자는 43퍼센트에 불과하다(안종순 2016). 많은 여성 자영업자는 노후에도 생계를 걱정하는 처지가 되기 십상이다.

특히 무급 가족 종사자의 경우, 생계 부양자인 배우자의 보험에 피부양자로 등록되는 경우가 많다. 그래서 남성 배우자가 보험에 가입하지 않는 경우 여성, 특히 무급 가족 종사자도 함께 가입하지 않을 가능성이 크다. 또는 경제적 어려움으로 건강보험 장기 체납자나 국민연금 납부 예외자가 될 가능성도 높다. 가령, 부부가 함께 일하는 자영업자의 경우, 아내는 흔히 무급 가족 종사자로 일한다. 국민연금에 남편이 가입하면 아내는 피부양자 가족으로 함께 가입되는데, 은퇴 이후 아내는 남편이 받는 연금으로 생활하게 된다. 남편과 아내가 각기 본인의 연금을 받는다면 생활수준은 좀 더 향상될 수 있다. 만일 경제적 어려움으로 남편이 국민연금에 가입하지 않는다면 (자영업자는 임의 가입 대상이므로), 아내도 함께 노후에 연금을 받을 수 없다.

사회적 돌봄서비스 역시 일하는 부모들이 직업 활동을 계속할 수 있도록 지원하며, 그 결과 은퇴 후 빈곤과 같은 위험에 대비가 가능하다. 그러나 이렇게나마 대비를 하는 것에도 남녀 차이가 있다(성별 사회보험 및 민간 보험 가입 비율을 비교 분석한 결과에 따르면 그렇다)(안종순 2016). 특히, 여성 자영업자라면 위험 대비는 온전히 개인의 몫이다. 여성 자영업자의 경우 일과 가사·육아(돌봄)에 대한 이중 부담으로 영업 활동에 지장을 받기 쉽다. 게다가 여가는 물론이고 직업능력 개발 훈련 및 교육 활동을 통해 자신의 미래를 대비하는 것은 사치에 불과하다. 현재 우리나라에도 육아휴직 제도가 있긴 하지만, 임금 근로자 가운데에서도 일부만이 혜택을 볼 뿐이다. 영유아를 키우고 있는 모든 부모에게 제공되는 무상 보육 서비스도 낮 동안의 보육 중심이다. 따라서 늦은 저녁까지 일하는 경우가 많은 여성 자영업자들의 욕구를 충분히 채우기에는 한참 부족하다.

아동과 노인에 대한 돌봄을 시장에서 해결하려면, 즉 돌봄 문제를 사회적으로 해결하지 않고 민간 시설에 맡기려면 비용을 치러야 한다. 양질의 민간 돌봄 서비스가 부족한 데다 비용이 비싸서 결국 많은 여성들이 전일제 노동을 포기하거나 일을 그만두게 된다. 전일제 노동을 계속할 수밖에 없는 저소득층의 경우, 아동이 집에서 방치되는 등의 문제가 발생하기도 한다(Taylor-Gooby 2004; 윤홍식 2006, 107-111). 영세 자영업자들은 이런 위험에 쉽게 노출된다. 일정하지 않거나 낮은 수입으로 양질의 민간 돌봄 서비스를 구매하기란 어려울 것이다. 또한 늦게까지 일하는 경우가 많은 까닭에 야간 돌봄서비스가 절실하지만, 이런 서비스는 부족하다. 결국, 자영업자의 돌봄 서비스 접근성은 임금 근로자에 비해 현저히 낮다.

최근 무상 보육 서비스는 물론 출산 및 양육 관련 사회 서비스 제도가 상당히 좋아진 것은 사실이다. 그러나 육아휴직 제도와 같은 보육 정책은 대체로 임금 근로자에게 맞춰져 있는 것이 사실이다(물론 이마저도 이용률이 높은 것은 아니다). 민간 보육 시설 의존율이 매우 높고, 공공 보육 시설과 직장 보육 시설은 절대적으로 부족하다. 여성들의 산전후휴가와 육아휴직은 일부 대기업 정규직이나 전문직 근로자와 같은 특정 계층에 집중되어 있다. 따라서 일과 가정의 양립이 더욱 절실한 여성 저소득 영세 자영업자는 더 많은 어려움을 겪는다(박종서 외 2012).

〈그림 2〉를 보면, 5인 미만 사업장에 종사하고 있는 영세 자영업자의 경우 초등학교 저학년 자녀를 직접 돌보는 시간대가 오전에는 이른 시간, 오후에는 늦은 시간대이다. 즉 많게는 13퍼센트 정도의

그림 2 | 5인 미만 사업장 자영업자(16~49세)의 자녀 연령대와 시간대별 부모의 직접 돌봄 비율(단위: %)

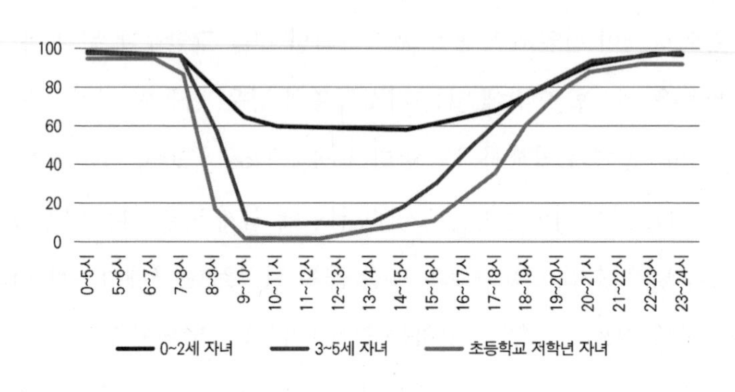

주 : 박종서 외(2012)의 〈표 3-22〉, 〈표 3-23〉, 〈표 3-24〉를 재구성.

초등학교 저학년 아동들이 저녁 늦게까지 부모의 돌봄을 받지 못한다는 뜻이다. 초등학교 저학년들은 학교 정규 수업이 일찍 끝나므로 집에서 홀로 지내는 경우가 많다. 특히, 숙박·음식업에 종사하는 자영업자들은 밤늦게까지 영업을 하므로 이들의 자녀는 더 늦게까지 홀로 보낸다. 물론 이는 한국의 모든 맞벌이 부모가 고민하는 공통의 문제이나, 장시간 노동하는 저소득 자영업자의 경우 상황은 훨씬 심각하다.

프랜차이즈 점주였던 A씨의 경우도 그랬다. 그는 많은 자영업자들이 실제 겪고 있는 일이라고 말한다.

부부 둘이 일해서 한 3백(만 원) 정도 가져가게 됩니다. 그렇게 설계, 맞추는 거죠. 그런데 문제는 주5일 일하고 하루 8시간 일해서 3백을 가져가면 그렇게 억울하다고 안 해요. 1년 365일, 하루 14, 15시간 일해야 해요. 애는 방치되어 있어요. 제일 비참한 건 연말연시죠. 우리 딸도 집에 혼자 방치된 채 멍하니 티브이 보고 밥 먹고요. 그런데 빅 브랜드도 똑같더라고요. 치킨 프랜차이즈 하는 사장님은, 월 6, 7백 버는데, 일하는 사람들 전부가 가족이에요. 애들은 집에 방치되어 있고요. 아무리 6, 7백을 벌면 뭐합니까? 당연히 와이프가 바닥에 앉아 울죠. 이분이 그러더군요. '나는 죽어도 다시는 프랜차이즈 안 할 거다.' (맘상모 회원 인터뷰, 2016/09/30)

영세 자영업자들은 야간은 물론 주말에도 자녀를 맡길 곳이 없으며, 있어도 비용 부담이 만만치 않아서 보육 기관을 이용하지 못할 가능성이 크다. 자녀 양육의 애로 사항에 대한 영세 자영업자의 설문조사 자료에 따르면 전 업종에서 수입이 적어 교육비와 양육비가 부담된다는 대답이 가장 많았다(박종서 외 2012, 139-168). 또한 바빠서 자녀 학습 지도가 어렵다, 일이 늦게 끝나서 자녀를 마주하기 힘들다, 자녀가 아프거나 급한 일이 생겼을 때도 시간을 내기 어렵다고 호소한다. 교육비나 양육비와 같은 경제적 부담을 제외하더라도, 아이들과 많은 시간을 보내지 못해 자녀 교육 및 정서적 교감 등에 어려움을 겪는다는 자영업자들의 토로는 문제의 심각함을 보여 준다.

우리와는 복지 경험이 다른 서구 사회에서 자영업자들은 어떻게 살고 있을까? 비교를 위해, 유럽의 자영업자들이 어떻게 사회적으로 보호받고 있는지 살펴보자.

자영업자에 대한 사회적 보호 : 유럽의 사례

서구 국가들에서는 1970년대 말 이후부터 세계적인 불황이 지속되면서 장기 실업자와 여성, 청년 등 취약 계층이 자영업에 진출하는 경우가 많아졌다. 국가 또한 장기 실업을 벗어나기 위한 수단으로 자영업을 장려한 바 있다. 그 결과 자영업자들이, 소자본가와 자영농 중심의 상대적으로 부유한 계층이었던 과거와는 달리, 축적된 기술이나 자본이 적어 수입 중단의 위험에 처한 영세 소상공인이 주류가 되었다. 또한 택배 기사, 방과후 교사, 보험 설계사와 같은, 임금 근로자와 자영업자의 중간 범주에 속하는 대안적 근로 형태도 증가했다. 우리는 이들을 특수 형태 고용 종사자라고 부른다. 최근 세계경제 위기가 발발하고 불황이 지속되면서 창업자 중 상당수가 파산하거나 빈곤층으로 내몰렸다. 이에 많은 국가들은 자영업자를 사회보험제도에 포함시키거나 별도의 제도를 마련해 이들에 대한 사회적 보호를 확대하는 추세다(이승렬 외 2009, 186-187, 221).

대부분의 국가에서 고령화로 인해 현 세대의 부양비가 증가하고, 세계화로 경쟁이 격화되면서 비용을 감축하려는 사업주에게 더 이상 사회보장 분담금을 가중시키기 힘들어졌다. 소득 중단의 위험이 커진 영세 자영업자가 빈곤층이 될 경우 국가의 재정에도 막대한 부담으로 되돌아온다. 이런 배경하에, 사회보험에 국가가 일정 비율을 기여하거나 사회보험의 적자 분을 메워 주는 것과 같은 재정적 기여가 증가했으며, 그 결과 많은 유럽 국가들에서 산재보험이나 실업보험에 자영업자도 가입할 수 있게 되었다(이승렬 외 2009, 190-197).

위험 유형별로 좀 더 자세히 살펴보자. 먼저, 노령의 위험에 대한 노령연금 및 유족연금은 거의 모든 유럽 국가에서 실시하고 있다(이승렬 외 2009, 222-223). 일정 수준의 기초 보장 수급권을 자영업자에게도 근로자와 마찬가지로 제공한다. 또한 상당수 국가들에서는 소득과 연계된 보충적 연금 수당 제도 가입을 선택적으로 허락하고 있다. 의료보장과 가족수당은 대부분의 국가에서 임금 근로자와 동일하게 제공하며, 단기간의 노동능력 상실 위험에 대비해 (상병 급여는 지급하지 않더라도) 모성 급여를 지급한다(이승렬 외 2009, 206-208).

2010년 새로이 제정된 유럽연합 지침에는 자영업자와 그 여성 배우자 또는 파트너까지 적어도 14주 동안 모성 휴가 및 모성 수당을 받을 권리가 있음을 규정하고 있다(Europa 2015). 즉, 자영업 여성 및 가족으로 구성된 사업체 내에서 남편과 함께 일하는 여성(무급 가족 종사자 포함)도 신청하면 여성 임금 근로자와 동일한 기간의 산전후휴가를 사용할 수 있다. 또한 출산으로 일하지 못하는 자영업 여성은 그 업무를 대체할 대체 인력 서비스를 지원받을 수 있다. 이는 자영업 여성이 산전후휴가를 사용하는 기간에도 업무 대체를 통해 자영업을 계속 유지할 수 있도록 하기 위함이다. 가령, 오스트리아에서 자영업 여성은 출산 전후에 가사 도우미와 자영업 도우미를 제공받고 대체 수당을 지급받는다.

재해의 위험에 대한 산재보험의 경우 취업자는 물론 가정주부와 학생 등 미취업자까지 포함하는 국가가 8개국에 이른다(이승렬 외

2009, 210-213). 네덜란드와 뉴질랜드는 전 국민을 대상으로 하며, 독일·룩셈부르크·오스트리아·헝가리·노르웨이·덴마크는 가정주부·학생 등 일부 미취업자까지 보호 대상이다. 반면, 일본·스페인·터키와 더불어 우리나라는 임금 근로자를 중심으로 보호하면서, 비임금 근로자 일부에게 적용하는 국가에 해당된다(산재보험에 대해서는 제7장에서 자세히 다룬다).

한편, 대부분의 유럽 국가에서 실업보험은 자발적으로 가입하는 자영업자에게 제공한다. 반면, 아이슬란드·핀란드·폴란드·헝가리 등은 자영업자도 보편적 사회보장 체계 내 실업보험에 의무적으로 가입해야 한다(Schoukens 2009; 이승렬 외 2009, 215-216). 특히 폴란드의 경우 주목할 만한 것은 가족 종사자에게도 실업 급여를 지급하며, 가족 종사자를 위한 보험료는 해당 자영업자가 납부하도록 한 점이다. 또한 유럽의 상당수 국가들이 실업 부조 제도를 통해 자영업자를 보호한다. 이들 가운데 핀란드·덴마크·독일·오스트리아 등에는 실업 부조와 실업보험이 모두 있다(이철수 외 2014). 핀란드를 제외한 나머지 세 국가에서는 자영업자가 자발적인 선택에 따라 실업보험에 가입할 수 있다.

핀란드에서는 실업보험에 의무적으로 가입하도록 해 기초 보장을 하고, 추가로 자영업자가 원할 경우 보험료를 더 내고 높은 혜택을 보장받을 수 있다. 다층형 사회보장 체계로 보호하고 있는 것이다. 그 밖에도 오스트리아에서는 실업보험을 자영업 활동 초기에 가입해야 하는데, 이때 가입하지 못하면 8년 이후에 가능하다. 반면,

우리나라는 자영업자가 원하더라도 가입 기간이 제한되어 있어 실제 많은 자영업자가 고용 보험의 사각지대에 머물러 있다.

유럽 사례를 참고로 우리나라에서 자영업자에 대한 사회적 보호를 어떻게 실현할 수 있을지 생각해 보자.

어떻게 할 것인가?

앞서도 말했듯이, 영세 자영업자에 대한 사회적 보호는 정규직 임금 근로자에 비해 확연히 미흡한 수준이다. 자영업자들 중에서도, 피고용인이 있는 고용주보다는 무급 가족 종사자를 포함해 자영업자와 특수 고용 근로자가 사회적 위험에 좀 더 취약하다. 상당 부분은 공적 사회보험이 자영업자를 적극적으로 보호하지 않는 데서 기인한다. 수많은 자영업자가 사회보장의 사각지대에 남아 있는 이유이기도 하다. 자영업자들이 공적 사회보험에서 제외되어도 괜찮을까. 전통적으로 자영업자들은 쁘띠 부르주아('작은 부자')로 여겨져 왔다. 그런 인식 때문에 사회적으로 보호받지 못해도 큰 관심을 끌지 못했던 것은 아닐까. 실제 현실을 들여다보면, 사정이 어려운 영세 자영업자들은 비정규직 근로자와 함께 국가의 적극적 보호를 받아야 할 취약 계층이다.

최근 저소득층 근로자가 사회보장의 사각지대에 머물게 되는 현상을 해소하기 위해, 두루누리 사회보험 지원 사업 또는 근로 장려 세제를 통해 그 적용 대상을 확대하고 있는 추세다(임웅재 2015). 두루누리 사회보험 지원 사업은 일정 수준 이하의 저소득 근로자에게 소득수준에 따라 보험료를 일정 부분 또는 전액을 지원해 준다. 근로 장려 세제는 말 그대로 '일을 하고 있는' 저소득층을 대상으로 세금 공제 혜택을 늘려 주는 것이다. 2015년부터 저소득 자영업자도 근로 장려 세제의 지원 대상에 포함되어 혜택을 받게 되었다. 두루누리 사회보험 지원 사업 역시 저소득층 자영업자에 확대될 가능성이 크지만, 이들이 실제 혜택을 받기까지는 아직 시일이 걸릴 듯하다.

중요한 것은, 저소득층이든 아니든 자영업자 누구나 앞으로 닥칠 각종 위험에 제대로 대비할 수 있어야 한다는 것이다. 현재 피고용인이 없는 1인 자영업자와 무급 가족 종사자가 자영업자 가운데 80퍼센트를 차지하고 있음에도 대부분이 산재보험이나 고용 보험에서 제외되어 있는 데다, 국민연금이나 건강보험에도 경제적 이유 등으로 보험료 미납자가 되거나 납부 예외자 혹은 미가입자가 된다. 이런 사각지대를 해소하기 위해서는 사회보험 적용이 강화될 필요가 있다. 그러려면 유럽에서처럼 정부의 재정적 기여를 늘려 영세한 자영업자가 사회보험에 누락되지 않도록 지원하는 것이 우선이다.

앞서 언급한 두루누리 사회보험 지원 사업을 통해 영세한 자영업자들의 보험료를 정부가 지원하게 되면 자영업자의 사회보장 사각지대를 상당 부분 해소할 수 있다. 그리고 소득이 안정적인 자영업자에게는 노란우산공제회나 소상공인지원센터를 사회보험 체계와 유기적으로 연계해 좀 더 높은 수준의 보장도 제공할 수 있다. 즉, 저소득 자영업자에게는 두루누리 사회보험에 가입하도록 지원하고, 그 외의 자영업자들은 사회보험이나 노란우산공제회 둘 중 하나에 반드시 가입하도록 하면, 이른바 다층형 사회보장 체계의 구축이 가능해진다. 어쩌면 그 어떤 새로운 대안보다, 욕구가 다양한 자영업자들을 사회보장 체계 내로 끌어들일 수 있는 현실적인 대안은 현재 있는 제도들을 효율적으로 연계하고 적극적인 홍보를 통해 그 실효성을 최대한 끌어올리는 것일지도 모른다. 적어도 시작은 거기서부터여야 한다.

마지막으로, 여성 자영업자의 모성 보호 문제는 정말 중요하다. 부부가 함께 일하거나 주말도 없이 일하는 영세 자영업자들에게 돌봄 문제는 실로 어려운 문제다. 맞벌이 임금 근로자들 역시 돌봄 문제가 크지만, 이들에 비해 자영업자에 대한 정책적 관심이 적은 것은 사실이다.

앞서도 말했듯이 여성 자영업자들에게, 업종에 따라 또는 가족과 고객들로부터 기대되는 전통적 성역할에 의해, 육아와 가사를 병행해야 하는 부담이 가중된다. 그 결과 미래를 대비한 여가나 교육 훈련은 물론, 영업 활동에도 지장을 받게 마련이다. 또한 늦은 저녁까지, 주말까지 영업하는 경우가 많아 자녀들만 홀로 남겨 두게 되므로 야간과 주말, 그리고 초등학교 저학년 아이들을 위한 맞춤형 돌봄서비스가 필요하다. 무엇보다 저렴하게 이용할 수 있어야 한다. 그러기 위해서는 프랑스나 북유럽 국가의 공공 보육 시스템처럼 아이를 보육 시설에 맡기는 것은 물론, 집으로 찾아가는 보육모 파견 서비스가 확대되어야 한다. 이런 공공 보육 시스템의 완비는 영세 자영업자는 물론 모든 맞벌이 근로자들에게도 혜택이 돌아갈 것이다.

또한 여성 자영업자에게 산전후휴가가 없다는 문제에도 사회적인 관심이 필요하다. 산전후휴가 및 육아휴직 제도를 통해 임금 근로자에게는 사회적 모성보호를 하고 있는 데 반해, 여성 자영업자는 배제되어 있다. 이는 어떤 이의 모성은 보호되고 어떤 이는 보호받지 못하는 문제를 낳는다. 자영업자는 출산할 경우 몇 달은 장사를 접어야 한다. 이때 여성 자영업자에게 산전후휴가를 주고 대체 인력 서비스를 지원한다면 소득 손실을 줄일 수 있으며, 계속 영업을 유지할 수 있다. 임금 근로자와 마찬가지로 모성보호를 받게 되는 것이다.

전통적 가족이 해체되고 여성의 경제활동이 증가하면서 등장한 돌봄 위기에 대해 돌봄의 사회화가 그 정책적 대안으로 제시된 지는 이미 오래다(윤홍식 2006, 127-130). 돌봄의 사회화가 실질적으로 이루어지려면, 자영업자든 누구든 사회적으로 모성보호를 받을 때 가능한 얘기다. 자영업자를 사회보장 체계 내로 포괄하려면 어떻게 해야 할까. 우리나라 대다수 비정규직이나 자영업자가 고용 보험에서 배제된 현실에서 고용 보험 제도에 의한 모성보호는 제대로 실현되기 어렵다. 더구나 선택에 따른, 임의 가입으로는 더욱 힘들다. 의무 가입이라면 적용률이나 규제를 강화해 그 실효성을 높일 수 있을 것이다.

한편, 현재 우리나라 학계에서 활발하게 논의 중인 대안들도 장차 고려해 볼 만하다. 핀란드나 프랑스의 경우 임금 근로자와 마찬가지로 자영업자에게 건강보험 기금을 통해 모성 보호 비용을 전담하고, 모성 급여는 물론 자영업과 가사 활동에 대한 대체 수당을 지급한다(장지연 외 2014, 52). 그러나 고용 보험이나 의료보험과 같은 사회보험 기금만으로는 사회보험 미가입자를 포괄하는 데 한계가 있고, 근로자를 넘어 좀 더 보편적인 모성보호 급여 체계를 구축하기 어렵다. 벨기에·핀란드·네덜란드·영국처럼, 사용자와 근로자의 기여에 의한 현행 사회보험 체계와 더불어, 조세를 적극적으로 투입해 사회보험에 가입하지 않은 이들에게 정액 급여를 제공함으로써 모성보호를 하는 방법도 있다(장지연 외 2014, 62).

출산 및 양육과 관련된 비용과 돌봄 책임을 사회화한다는 의미에서 새로운 사회 기금을 설립하거나 부모 보험과 같은 별도의 사회보험의 도입도 생각할 수 있다(장지연 외 2014, 63). 스웨덴과 캐나다의 퀘벡 주, 프랑스(가족수당 기금을 통한 부모 휴가의 경우), 오스트리아 등과 같은 나라들이 이미 가족 관련 기금이나 별도의 사회보험을 도입해 보편적인 모성보호를 하고 있다. 가령 스웨덴은 부모 보험(Parental Insurance)을 통해 모성·부성·육아휴직(부모 휴가) 급여를 제공한다(이삼식 외 2013, 63-64). 부모 보험은 고용원이 있는 자영업자(고용주)와 (고용원이 없는) 자영업자에게 동일한 보험료율을 부과해 재원을 마련하되[3] 재정이 부족한 경우에는 국고의 지원을 받는다.

주목할 것은, 스웨덴의 부모 보험은 근로자가 부모 보험료를 납부하지 않는 것이 특징이다. 그 이유는 부모 보험의 급여가 평상시 임금의 80퍼센트만 지급되기 때문이다. 좀 더 궁극적으로는 고용주가 근로자를 위해 부모 보험을 의무적으로 조성해야 한다는 인식이 크기 때문이다. 직장 보육 시설 비율과 육아휴직 사용률이 매우 낮은 우리나라의 경우, 고용주의 돌봄 책임에 대한 인식 또한 낮다. 고령화·저출산 시대의 노동력 수급 문제와 직접적인 이해 당사자인 고용주가 좀 더 적극적으로 기여할 필요가 있다. 한편, 저소득 자영업자에게는 부모 보험 역시 부담이 될 수 있다. 이런 경우 정부의 지원으로 해결이 가능하다. 만일 우리나라에 부모 보험이 도입된다면, 국고 지원을 통해 저소득 자영업자에게 두루누리 사업을 확대 적용해 사회보험료와 함께 부모 보험료도 지원할 수 있을 것이다.

어떤 형태든 이런 제도가 얼마나 실효성이 있는가는 사회적 모성 보호 및 돌봄에 대한 사회 전반에 걸친 이해와 지지에 달린 것이다. 자영업자든 누구든, 남녀 모두 수급률이 90퍼센트 이상으로 높고, 여성 경제활동 참가율 역시 매우 높은 스웨덴의 경험이 우리에게 시사하는 바가 크다. 마지막으로 덧붙이자면, 실제 많은 유럽 국가들이 자영업자에 대한 사회적 보호를 확대하고 있는 시대적 추세에도 불구하고 우리나라가 발맞춰 나가기가 힘든 것은 아마도 자영업자를

3_스웨덴 사회보험청이 근로자 임금 총액의 31.4퍼센트에 해당하는 금액 중 2.6퍼센트 또는 자영업 순소득의 2.6퍼센트를 보험료로 부과한다(2012년 기준). 자영업자와 고용주의 부모 보험료율이 동일한 이유는 자영업자가 부모 보험을 적게 사용하기 때문이다(이삼식 외 2013, 63).

적극적으로 사회보험제도 내에 포괄하려는 관심이나 노력이 적기 때문일 것이다. 베이비붐 세대의 은퇴가 본격적으로 시작되면서 자영업을 시작하는 사람들이 늘고, 청년 창업도 많아지면서 이제 자영업자의 사회적 보호는 전 세대를 아우르는 문제가 되었으며, 따라서 자영업자를 사회보장 체계의 변방에 그대로 두기 어렵게 되었다. 자영업자에 대한 사회적 보호에 관심과 노력을 더욱 기울여야 할 때가 된 것은 분명해 보인다.

9.

새로운 형태의 자영업자, 특수 형태 근로 종사자

들어가며

다음 직업 종사자는 (임금) 근로자인가 자영업자인가?
근로자는 1, 자영업자(개인 사업자)는 2를 기입하시오.

삼성전자서비스센터 수리 기사 ( )
종로우체국 택배 기사 ( )
BBQ치킨 배달원 ( )
88컨트리클럽 캐디 ( )
한화생명 보험 설계사 ( )
구몬학습지 교사 ( )
E마트 판촉 판매원 ( )
아산병원 간병인 ( )
박준헤어 미용사 ( )

어떤 직업이 1, 어떤 직업이 2에 해당할까? 정답은 모두 2번, 자영업자다. 이들은 법적으로는 자영업자로 분류되지만 우리가 통상 생각하는 자영업자와는 거리가 있다. 일의 성격이 근로자에 가깝기 때문이다. 이처럼 일하는 형태는 근로자에 가까운데 법적으로 개인사업자로 규정하는 직종을 '특수 고용직' 혹은 '특수 형태 근로'라고 부른다.

우리는 주변에서 매일 특수 고용직을 만난다. 인터넷 쇼핑몰에서 주문한 상품을 '택배 기사'에게 배송 받으며, 신속한 배송이 필요할 때는 퀵 서비스를 이용하며, '방송국 구성 작가'가 만든 텔레비전 프로그램을 보고, 자기 계발을 위해 학원에서 강사에게 수업을 받는다. 할인점에서 '판촉 판매원'을 통해 물건을 사며, 회식이 끝나면 '대리운전기사'가 운전하는 차를 타고 귀가한다. 또한 '보험 설계사'가 소개한 보험에 가입하고, '텔레마케터'의 전화를 수시로 받으며, 누군가 입원하면 '간병인'의 도움을 받고, '학습지 교사'에게 자녀들의 사교육을 맡긴다.

그러나 폭염이 심했던 2016년 여름, 택배 기사의 아내가 한 인터넷 코뮤니티 게시판에 올려 화제가 된 글에는 특수 고용직의 노동환경이 잘 나타난다.

> 아침 5시에 일어나 먹히지도 않는 아침을 고열량으로 잔뜩 먹고 6시에 집에서 나섭니다. 아침을 고열량으로 많이 먹는 이유는 점심 먹을 시간이 없어서입니다. …… 7시부터 일을 시작합니다. 해당 지역 택배가 모두 모여 있는 곳

에서 세밀한 지역별 분류 작업을 합니다. 대충 12시에서 1시에 이 작업이 끝납니다. 이 작업은 보상이 없습니다. …… 평균 1시 정도부터 배송을 시작합니다. …… 엘리베이터가 없는 5층을 생수를 지고 올라도 …… 받는 돈은 건당 6백 원입니다. 전화를 하루 3백 통 이상 해야 합니다. 물론 전화비는 고스란히 기사 몫입니다. …… 12시간이 넘는 시간을 하루하루 고되게 일하고 돌아오면 고객들의 전화와 문자가 빗발칩니다. …… 전화, 문자의 욕과 인신공격 무시 막말은 넘쳐 나 저는 남편의 폰을 보지 못합니다. …… 한국의 택배체계는 매우 열악합니다. 본사와 대리점의 비싼 수수료와 5시간여의 분류작업에 대한 보상 미지급, 터무니없이 싼 택배비 책정에 따른 기사의 손길, …… 직원이 아닌 본사와 계약한 자영업이기 때문에 유류비, 전화비 모든 것이 기사 부담입니다(〈네이트판〉 2016/08/04).

2015년 1천3백만 관객을 모은 영화 〈베테랑〉에서도 특수 고용직 근로자가 등장한다. 영화 속 주요 사건의 발단은 화물 기사(정웅인)가 동료들과 함께 조합을 조직했다는 이유로 운송료도 체불된 상태에서 계약 해지를 당하고 1인 시위를 벌이다 재벌 3세(유아인)에게 폭행을 당하는 것이다. 사실 영화의 모티브는 최태원 에스케이(SK) 그룹 회장의 사촌 동생인 최철원 에스케이 엠앤엠(M&M) 사장이 화물연대 전직 간부를 야구방망이로 구타한 사건이다. 현실에서도 영화에서도 화물 기사는 재벌(원청)과 운송업체(하청)의 지시를 받아 일하지만 법적 신분은 개인 사업자다. 이처럼 자기 소유의 화물차로 영업하는 자영업자로 규정되므로, 이들은 노동권을 인정받지 못하고, 따라서 화물'노조'가 아니라 화물'연대'를 결성할 수밖에 없다.

대다수 특수 고용직 종사자들은 업무 성격으로는 근로자인데 신분만 개인 사업자라서 수입이 불안정하고, 4대 보험 혜택에서 제외되며, 〈근로기준법〉 등의 보호를 받지 못한다. 따라서 대다수 특수 고용 직종은 우리 사회 일자리 가운데 안 좋은 일자리(저임금과 고용 불안정)를 대표한다.[1] 이런 특수 고용직은 왜 생겼을까. 이들 일자리의 질을 높이려면 어떻게 해야 할까.

특수 형태 근로 종사자는 누구인가?

근로자/자영(업)자라는 구분 대신 특수 고용직이라는 제3의 유형의 일자리는 왜 생겨났는가? 특수 고용직이 증가하게 된 주요 원인은 세계화라는 미명하에 진행된 신자유주의적 노동 유연화다. 1980년대 영국의 대처리즘과 미국의 레이거노믹스로 대변되는 신자유주의

1_물론 모든 특수 형태 근로 종사자들의 형편이 열악하거나 개인 사업자라서 불이익을 받는 것은 아니다. 연봉이 10억 원쯤 되는 '보험 여왕'이나 드라마 1회당 수천만 원을 받는 A급 방송 작가도 특수 고용직이다. 그러나 이는 예외적인 경우다. 그리고 A급 방송 작가는 업무 성격상 근로자라기보다는 개인 사업자에 가깝다. 방송 작가의 경우 전속 작가는 근로자에, 프리랜서 작가는 개인 사업자에 가깝다. A급 방송 작가는 대부분 프리랜서다.

는 1997년 IMF 경제 위기를 계기로 한국에서 본격화되었다. 경쟁이 격화되고 이윤이 저하되는 상황에서 기업들이 비용을 줄이고 책임을 회피하기 위해 정규직 근로자를 비정규직, 파견, 하청, 특수 고용 등 유연한 형태로, 근로자의 입장에서는 불안정한 형태로, 쓰기 시작한 것이 그 시초이다.

달리 표현하자면 특수 고용직의 법적 신분은 개인 사업자이나 원래부터 그랬던 것은 아니다. 상당수가 과거에는 월급을 받던 근로자였다. 그런데 인건비를 절감하려는 회사 방침에 따라 어느 순간 '근로계약서'가 '업무 위탁 계약서' 혹은 '도급계약서'로 바뀌었고, 월급 대신 실적제 수당이나 성과급을 받게 되었다. 하는 일은 과거와 마찬가지나 법적 신분이 바뀌었다. 법적 신분의 변화는 현실에서 어떤 차이를 가져오는가? 우선 더 이상 양자는 회사와 직원의 관계가 아니다. 다시 말해 법·제도적으로 근로관계가 아니므로 이들에게는 이른바 '노동자성' 혹은 '근로자성'이 부여되지 않는다.

퀵 서비스 기사의 말이다.

> 우리는 노동자입니다. 물건을 '픽업'하러 가면 '콜'한 곳에서 기사를 '사장님'이라고 부르는 경우도 있습니다만, 사무실에 앉아서 직원들 지시·감독하는 게 사장이지 무슨 사장이 박스를 나릅니까. …… 그런데 우리 퀵은 지금 특수 고용 노동자잖아요. 아니, 입법부에 있는 분들은 노동자란 말 안 쓰고, 뭐라더라, 특수 형태 근로 종사자라고 하더라고요. 저는 우리 앞에 왜 '특수'라는 말이 붙어야 하는지 답답합니다(이병훈 외 2013).

이처럼 특수 고용직은 특수한 유형의 고용 혹은 근로를 의미한다. 사전적 정의는 근로자처럼 일하면서도 근로계약이 아닌 도급계약을 맺는 개인 사업자의 근로 유형이다. 서구에서는 흔히 '종속된 자영업자'(the dependent self-employed)라고 부른다. 근로자의 속성인 'dependent employment'와 자영업자를 의미하는 'self-employed'의 합성어로서, 말 그대로 근로자와 자영업자의 속성을 모두 가지고 있음을 나타낸다.

이런 규정상 특수 고용직은 근로자에 가까운 유형과 자영업자에 가까운 유형 사이에 다양한 스펙트럼이 존재한다. 그리고 개인 사업자가 아니라 특수 고용 '근로자'로 판단할 때의 기준은 바로 '근로자성'이다. 근로자성을 판단하는 데는 통상 사용 종속성(인적 종속성)과 경제 종속성의 두 가지 기준을 사용하거나, 조직 종속성을 더해 세 가지 기준을 적용한다. 사용 종속성은 주로 ① 사용자로부터 지휘 감독을 받는지, ② 사용자가 근무 장소와 시간을 지정하는지로 판단한다. 경제 종속성은 ③ 근로 제공 관계가 계속적이며 사용자에게 전속되어 있는지, ④ 제3자를 고용해서 업무를 대행할 수 있는지, ⑤ 근로자가 재정적 위험을 부담하는지, ⑥ 보수가 유일한 수입의 원천인지 등으로 판단한다. 조직 종속성은 ⑦ 노동이 기업 조직 내로 통합되는지로 판단한다(한국비정규직노동센터 2006).

〈표 1〉은 근로자성을 판단하기 위한 일곱 가지 지표로 13개 특수 고용직의 근로자성을 평가한 것이다. 이를 보면 대체로 특수 고용직의 근로자성은 강한 편이지만, 화물 기사, 방송 작가, 대리 운전기

표 1 | 특수 고용직의 근로자성

직종/종속성 유형	사용 종속성		경제 종속성				조직 종속성
	①	②	③	④	⑤	⑥	⑦
골프장 캐디	○	○	○	○	○	○	○
학습지 교사	○	○	○	○	○	△	○
보험모집인	△	○	○	○	○	○	○
레미콘 기사	○	○	○	△	△	○	○
화물 기사	△	△	△	△	△	○	△
덤프 기사	○	○	○	△	△	○	○
간병 노동자	○	○	○	○	○	○	○
학원 차량 기사	○	○	△	△	○	△	○
퀵 서비스 기사	○	△	△	○	-	○	○
A/S기사	○	○	○	○	△	○	○
방송 작가	○	×	×	×	○	○	×
대리 운전기사	○	△	×	○	○	×	×
애니메이터	○	○	○	△	○	○	○

주 : ○ 강함, △ 강한 편, ×: 약한 편

출처 : 한국비정규직연구센터(2006).

사는 근로자성이 다소 낮은 편이다.

무엇이 근로자성인지는 실제 사례를 보면 좀 더 명확하다. 다음은 국내 최장기 비정규직 투쟁 기록을 갖고 있는 재능교육 학습지 교사의 사례를 살펴보자. 사실 학습지 교사는 외근하는 노동자와 크게 다를 바가 없는데, 회사로부터 제공받은 교재를 가지고 지국장이 정하는 근무 구역과 학습 일정에 따라 회원 가정을 방문하며, 회사에서 정한 수수료율에 따라 수입을 받는 동시에 실적에 대한 압박을 받고 있다(윤지영 2012). 재능교육 학습지 교사들이 최장기 비정규직 투쟁 기록을 갖게 된 것은 노조 활동을 이유로 해고된 노동자들의 복직 투쟁에서 시작됐다. 이 과정에서 노조 활동을 이유로 해고(위탁 계약 해지)한 것이 부당하다는 소송을 제기했다. 이에 대해 1심 재판부는 학습지 교사도 회사에 경제적으로 종속돼 있어 근로자성을 인정해야 한다고 판결했다. 즉 학습지 교사들이 '〈근로기준법〉상 근로자'는 아니지만 '〈노동조합 및 노동관계조정법〉상 근로자'에는 해당한다고 판결했다.[2]

그러나 근로자성을 인정한 1심 판결은 항소심에서 뒤집혔다. 2심 재판부는 학습지 교사들은 위탁 계약에 따른 최소한의 지시만 받을 뿐 업무 과정에서 회사로부터 상당한 지휘·감독을 받지 않는다는 것, 회사에서 받는 돈도 노무 제공에 대한 대가가 아닌 업무 이행 실적에 따른 것으로 '임금'이 아니라는 등의 이유로 노조법상 근로자가 아니며, 따라서 이들로 구성된 조합도 '노동조합'이 아니라고 판결했다. 이 소송은 2017년 8월 현재 대법원의 최종 판결을 기다리고 있고, 이처럼 특수 고용직의 근로자성은 법적 쟁점을 안고 있다.

현행법에서 '특수 형태 근로 종사자'라는 명칭을 사용하는 것은 산재보험 적용과 관련해서이다. 〈산업재해보상보험법〉(산재보험법) 제125조 제1항에서는 "계약의 형식에 관계없이 근로자와 유사하게 노무를 제공함에도 〈근로기준법〉 등이 적용되지 아니하여 업무상의

2_여기서 〈근로기준법〉상 근로자라 함은 "직업의 종류와 관계없이 임금을 목적으로 사업이나 사업장에 근로를 제공하는 자"를 의미하고(〈근로기준법〉 제2조), 〈노동조합법〉상 근로자는 "직업의 종류를 불문하고 임금·급료 기타 이에 준하는 수입에 의하여 생활하는 자"를 뜻한다(〈노동조합 및 노동관계조정법〉 제2조). 〈근로기준법〉상 근로자 개념은 특정 사용자와의 구체적 근로관계, 즉 근로 계약 관계를 전제로 하고 있는 반면, 〈노동조합법〉상 개념은 규정 내용상 반드시 근로 계약 관계를 전제로 하는 것은 아니다.

재해로부터 보호할 필요가 있는 자" 중에서 특히 대통령령으로 정하는 직종에 종사하는 경우를 특수 형태 근로 종사자로 정의한다. 다시 말해 2007년 〈산업재해보상보험법〉에 '특수 형태 근로 종사자에 대한 특례' 조항이 생기게 된 것이다. 여기서 "근로자와 유사하게 노무를 제공"한다는 것은 바로 근로자성을 가리킨다. 이와 같은 특수 형태 근로 종사자 특례 대상으로 2008년 7월부터 골프장 캐디(경기 보조원), 학습지 교사, 보험 설계사, 레미콘(콘크리트믹서트럭)기사 4개 직종이 먼저 채택되었고, 이후 2012년 5월부터 택배 및 퀵 서비스 기사 2개 직종이 포함되었다. 최근 들어 2016년 7월부터는 대출 모집인, 신용카드 회원 모집인 및 전속 대리 운전기사 3개 직종이 추가되어 총 9개 직종으로 확대되었다.

한편 특수 형태 근로 종사자의 범위에 대한 의견이 다르기 때문에, 규모 또한 조사 기관에 따라 다르게 나타난다. 국민권익위원회(2012)에 따르면 노동계에서는 39개 직종(2012년 기준 〈산재보험법〉에 의한 6개 직종과 기타 33개 직종)의 약 250만 명으로 추산하지만, 정부는 약 115만 명으로 보고 있다. 2015년 국가인권위원회가 발간한 보고서에서는 특수 고용 노동자를 약 230만 명으로 추정하고 있는데, 이는 2014년 전체 취업자 가운데 8.9퍼센트에 해당하는 수치이다(국가인권위원회 2015). 이에 반해 통계청 조사에 의한 특수 형태 근로 종사자의 수는 이보다 훨씬 작아서 50만 명 정도(2016년 기준)이다(통계청 2016).

특수 형태 근로 종사자가 처한 문제들

사실 특수 형태 근로 종사자 문제의 핵심은 명료하다. 하는 일의 성격으로는 근로자이지만 법적 신분은 자기 사업자라서 〈근로기준법〉이나 〈노동조합법〉 등의 보호와 보장을 받지 못한다는 점이다. 서구 선진국에서도 특수 고용 관계 종사자들은 임금 근로자에 비해 평균 소득이 적으며, 노동법에 의한 보호 및 사회보장의 혜택도 상대적으로 부족한 측면이 있다. 하지만 노동권과 사회권 발전이 상대적으로 미약한 우리나라의 경우는 문제가 훨씬 더 심각하다. 어떤 문제들이 있는지 구체적으로 살펴보자.

우선 노동법에 의한 보호를 받지 못하는 데 따르는 문제점이다. 특수 형태 근로 종사자는 위탁 계약을 체결해야 하는데 실제로는 계약을 체결하지 않는 경우가 많고, 하더라도 부실하다. 예를 들면 계약 기간에 대한 규정이 없는 경우도 많고, 계약 기간을 정하더라도 1년 이내로 체결하는 사례가 빈번하다. 또한 계약 갱신 및 해지 절차도 명문화하지 않아 사업주가 임의로 계약을 해지하면 하루아침에 실업자가 된다.

일반 근로자의 노동시간은 주 40시간 이내로 제한되어 있지만, 특수 형태 근로 종사자는 정해진 근로시간이 없고 성과급제로 운영되기 때문에 낮은 소득을 보충하기 위해 장시간 일하는 경우가 많고 주말 근무도 흔하다. 또한 사업주가 일방적으로 요금 단가를 결정하고, 노무 제공에 필요한 장비의 유지 관리 비용을 종사자에게 부담시킨다. 이처럼 권익 침해가 심각해도 근로자가 아니므로 구제 제도는 미비하며, 노동조합을 결성하기도 어렵다.

이들은 또한 근로자가 아닌 자기 사업자이므로 사회보험제도의 혜택에서도 한계가 있다. 동일한 일을 해도 회사 직원인 경우와 위탁 계약을 맺은 특수 고용직인 경우는 회사가 져야 할 책임이 전혀 다르다. 급여와 퇴직금도 그렇지만 사고가 발생했을 때의 책임도 다르다. 회사 직원이면 당연히 산재보험이 적용된다(산재보험료는 1백 퍼센트 고용주 부담이다). 이에 비해 특수 고용직은 본인이 책임져야 한다. 치킨 집이나 중국집 배달원이 과거 종업원 신분에서 현재 배달 계약을 맺는 특수 고용직으로 바뀐 데는 고용주가 배달 사고 책임을 면하기 위한 목적이 매우 크다. 고정된 급여와 퇴직금 대신 실적급을 받는 것은 계약 내용이 바뀌었으니 어쩔 수 없다 해도, 업무상 사고에 대한 책임 소재는 애매하다. 짜장면을 배달하다가 사고가 났을 경우 그 책임을 배달업자가 혼자 오롯이 지는 것도 문제지만 산재보험이 적용되지 않는 것은 더욱 큰 문제다.

현재 특수 고용 노동자들에게 산재보험 가입은 골프장 캐디, 보험 설계사, 학습지 교사, 레미콘 기사, 택배 및 퀵 서비스 기사, 대출 모집인, 신용카드 회원 모집인, 대리 운전기사 등 9개 직종만 허용되어 있다. 그나마 마지막 3개 직종은 2016년 7월부터 포함되었다. 그런데 일반 근로자는 보험료를 사용주가 전액 부담하지만 이들은 그렇지 않다. 골프장 캐디, 보험 설계사, 학습지 교사, 레미콘 기사, 택배 서비스 기사는 보험료를 사용자와 종사자가 절반씩 부담한다. 그리고 퀵 서비스 기사와 대리 기사는 전속 기사면 절반씩 부담하지만, 프리랜서면 본인이 전액 부담해야 한다. 더욱이 이들 특수 형태 근로 종사자 본인이 원치 않으면 산재보험에 가입하지 않는 '적용 제외' 조항이 있다.

따라서 보험료가 부담스러워 가입을 주저하게 되고, 사업주 눈치를 보며 적용 제외를 신청하는 것이다. 그 결과 2016년 7월 현재 특수 형태 근로 종사자의 산재보험 가입률은 10.9퍼센트, 즉 10명 중 1명만이 산재보험에 가입하고 있는 것이다(김종진 2012; 『세계일보』 2016/10/12). 특수 고용 노동자 전체가 아닌 9개 직종에만 적용하는 산재보험의 특례 제도임에도 불구하고 임의 가입 방식과 보험료의 높은 자비 부담으로 말미암아 한계를 드러내고 있다.

또한 특수 고용 노동자들은 국민연금과 건강보험도 지역 가입자로서 스스로 가입해야 한다. 수입이 있으면 의무적으로 국민연금과 건강보험에 가입해야 하지만 실제 가입률은 매우 저조하다. 국민연금과 건강보험 가입률은 일반 자영업자도 낮은 편이며 영세 자영업자들은 더 낮다. 특수 고용직 종사자들의 가입률은 영세 자영업자들의 그것보다도 낮다. 고용 보험은 근로자가 아닌 자영업자 자격으로 임의로 가입하도록 되어 있다. 일부 직종은 노조가 결성되어 있어서 (그러나 공식 인정을 받지 못했으므로 '불법 노조'인 셈이다) 단체로 가입했지만, 대다수는 개인적으로 가입해야 하므로 가입률이 높을 리 없다. 그 결과 통계청 자료를 활용한 조사에 따르면 2013년 3월 현재, 특수 고용 노동자의 국민연금, 건강보험, 고용 보험 가입률은 각각

4.7퍼센트, 6.3퍼센트, 5.8퍼센트에 불과하다(이철수 외 2013).[3] 결국 특수 형태 근로 종사자들은 4대 보험의 가입률이 낮아 사회적 보장을 제대로 누리지 못하고 있는 것이다.

특수 형태 근로 종사자의 문제, 어떻게 해결할 것인가?

이처럼 특수 형태 근로 종사자 문제의 핵심은 근로자성을 인정받지 못한다는 것에서 파생한다. 구체적으로 ① 노동법(〈근로기준법〉)상의 보호를 받지 못하고, ② 사회보험의 혜택이 제한되며, ③ 권익 침해 시 노동조합 및 구제 시스템이 작동하지 못한다는 점이다. 이제 이 세 가지 문제점들에 대한 해결책을 찾아보기 위해 우선 다른 국가들의 사례를 살펴보자.

3_'경제활동인구조사 근로형태별 부가조사 결과'는 특수 형태 근로 종사자들의 사회보험 가입률을 보여 주고 있지만, 현재 통계청의 국가통계포털(http://kosis.kr)에서는 특수 형태 근로 종사자가 아닌 비전형 근로자 전체의 사회보험 가입률에 대한 수치를 제공하고 있기 때문에 부득이 고용노동부 연구 용역 보고서(이철수 외 2013)에서 제시된 자료를 사용했다.

영국, 독일, 프랑스의 경우

노동법상(〈근로기준법〉) 지위로 인한 법적 보호

특수 형태 근로 종사자는 〈근로기준법〉 적용 대상인 근로자가 아니다. 그렇다면 특수 형태 근로자가 〈근로기준법〉의 적용을 받게 하려면 어떻게 해야 하는가? 방법은 두 가지다.

첫째, 〈근로기준법〉 적용 대상에 (전통적인) 근로자 이외에 특수 형태 근로자를 포함시킨다.

둘째, 근로자의 범위 자체를 확장하여 특수 형태 근로 종사자를 포함시킨다.

영국, 독일, 프랑스는 모두 첫 번째 방식을 따른다. 즉 영국과 독일은 전통적인 근로자와 자영업자 사이에 '유사 근로자'(employee-like person)라는 새로운 범주를 설정하고 노동법적으로 일정한 보호를 제공한다. 이에 비해 프랑스는 특수 고용 관계 노동자의 구체적 유형별로 개별 입법에서 보호 내용을 규정하고 있다. 참고로 두 번째 방식을 취하는 사례로는 네덜란드가 있다. 네덜란드는 어느 정도 경제적으로 종속되는 모든 취업자를 근로자로 간주해 전통적인 근로자와 동일하게 법적 보호를 제공한다.

사회보험의 적용

해외 사례를 보면 특수 형태 고용 종사자에 대한 사회보험 적용은 노동법 적용보다 더 일반적이다. 즉 노동법상의 근로자 보호가 일부 제한되는 경우도 사회보험은 대부분 일반 근로자와 다름없이 적용된다.

영국은 취업만 하면 임금 근로자든 자영업자든 구별하지 않고 사회보험 혜택을 제공하기 때문에 특수 형태 고용 종사자도 혜택을 받는다. 독일은 산재보험 포함 사회보험의 대상자로 노동법상의 근로자뿐 아니라 '유사 근로자'를 포함한다. 프랑스에서는 특수 형태 고용 종사자도 근로자로 인정되는 한 일반 근로자와 동등한 자격으로 산재보험 및 사회보험의 적용 대상으로 간주된다(조흠학 외 2008; 도재형 외 2013; Buschoff and Schmidt 2009). 이처럼 서구 선진국의 사례를 보면 비록 각 국가별로 형태는 다양하지만 특수 고용 노동자들에게 산재보험뿐 아니라 실업·연금·의료 보험 등 다양한 사회보장 제도의 적용을 확대하고 있다.

노동조합과 권익 구제

영국, 독일, 프랑스 모두 특수 고용 노동자들의 노동 3권이 보편적으로 보장되고 있다(조흠학 외 2008; 도재형 외 2013). 그러나 전통적인 노사 관계와 그들의 정치적 대표 기구인 조합주의 시스템 속에서, 새로 등장한 특수 고용 노동자들의 이해관계가 충분히 대변되지 못하는 측면이 있었다. 이에 1990년대 말 이후 유럽의 노동조합은 점점 더 특수 고용 노동자들에게 문호를 개방하고 있다. 또한 자영업자들을 조직하는 것뿐 아니라 그들의 권익을 대변하기 위한 정치적 로비도 활발히 전개하고 있다. 이를 통해 유럽의 노동조합은 특수 고용 노동자들의 노동권과 사회권을 제도적으로 보장하고자 노력하고 있다(Buschoff and Schmidt 2009).

그렇다면 우리는?

〈근로기준법〉에 적용 대상을 확대

우리 헌법 제32조 3항은 "근로조건의 기준은 인간의 존엄성을 보장하도록 법률로 정한다."라고 되어 있으며, 이 규정에 의해 〈근로기준법〉이 제정되어 있다. 그리고 특수 고용 형태 종사자는 〈근로기준법〉 적용 대상에서 제외되어 있다. 그런데 근로조건이 인간의 존엄성을 보장해야 한다는 헌법의 취지가 단지 법적 신분상 근로자에게만 해당되는 것이 아님은 자명하다. 법적 신분에 관계없이, 사실상 사용자가 근로조건을 정할 수 있는 경우라면 모두 포함하는 것이 헌법 취지에 부합할 것이다.

앞서 살펴보았듯이 서구 선진국의 경우 노동법의 적용 범위를 전통적인 근로자를 넘어 '유사 근로자'에게까지 확대시키거나, 전통적인 근로자의 개념 그 자체를 확장시켜서 특수 고용 노동자가 노동법의 보호를 받게 하고 있다. 대표적인 시도가 '유사 근로자'라는 새로운 범주를 설정함으로써 사용 종속성(인적 종속성)을 완화하고 근로자의 인정 범위를 확대하는 것이다.

선진국의 사례처럼 우리나라도 사용 종속성 중심의 판단 기준을 넘어 근로자성을 판단할 수 있는 다양한 기준을 모색해야 한다. 20

대 국회 들어 2016년 10월 특수 형태 근로 종사자들의 근로자성을 인정하는 내용의 〈노동조합및노동관계조정법〉 개정안을 이정미 정의당 의원이 발의했다. 노조법상 근로자 개념에 특수 고용직을 포함시킴으로써 특수 형태 근로 종사자들을 법률상 노동자로 규정하자는 것이다. 그러나 역시 문제는 이런 법안이 국회를 통과할 수 있는가이다.

장기적으로는 〈근로기준법〉상 근로자 개념의 유연화 내지 확장이 필수적이다. 만일 〈근로기준법〉상 개념의 개정이 여의치 않다면, 〈근로기준법〉에 준해 적용 대상을 정하고 있는 개별적 법률들의 적용 대상이라도 먼저 확대하는 것이 중요하다.

1백 퍼센트 사용자 부담인 산재보험 적용 범위를 확대

앞서 언급했듯이 〈산업재해보상보험법〉을 개정해 2008년 4개 직종(골프장 캐디, 학습지 교사, 보험 설계사, 콘크리트믹서 트럭 운전자)에 대해 임의 적용 제도를 실시했고, 2012년부터 2개 직종(택배 기사, 퀵서비스 기사), 2016년부터 3개 직종(대출 모집인, 신용카드 회원 모집인, 대리 운전기사)에 대해 추가 적용하고 있다. 특수 고용 노동자 전체가 아닌 단지 9개 직종에만 적용하는 산재보험 특례 제도임에도 불구하고 이마저도 임의 가입 방식과 보험료의 높은 자비 부담 때문에 가입률이 매우 저조한 것이다.

다양한 특수 형태 근로 가운데 몇몇 직종만 지정해 산재보험을 적용하는 것은 타당성이 없다. 〈산재보험법〉에서 "근로자와 유사하게 노무를 제공함에도 〈근로기준법〉 등이 적용되지 아니하는"이라는 표현이 바로 특수 형태 근로의 본질이므로 이에 해당하면 모두 특수 형태 근로 종사자이고, 이들에 대해서는 산재보험 적용을 원칙으로 하는 것이 맞다.

일반적으로 사회보험은 법으로 보험 가입을 강제하는 강제 가입을 원칙으로 하고, 특별한 경우 임의 가입을 적용한다. 그러나 종사자의 의지에 따라 가입 취소가 가능한 형태의 산재보험 운영은 보험료 부담에 따른 가입 기피를 낳을 뿐만 아니라, 제3자에 의한 의도적 가입 방해 또는 탈퇴 강요로, 저조한 가입률과 실효성 저하로 이어진다(국민권익위원회 2012).

이런 상황에도 불구하고 특수 고용 노동자를 〈산재보험법〉상 근로자로 인정하는 것은 고사하고, 특례 조항 일부를 개선하기 위한 입법도 이루어지지 못하고 있다. 여기에는 보험 자본의 반대가 상당한 영향을 발휘하고 있는데, 관련 내용이 국회에서 발의될 때마다 보험협회 등은 국회에 상주하며 반대 로비에 총력을 기울여 왔다. 산재보험 제도의 균열을 민간 보험이 대신해 왔는데, 일례로 2010년 현재 특수 고용 4개 직군의 89퍼센트가 민간 상해보험에 가입되어 있기 때문이다(윤애림 2014). 현재 임의보험 형태의 산재보험을 특수 형태 근로 종사자의 의지 및 타인의 의사와 관계없이 의무적으로 가입하도록 하고, 보험료의 부담도 대폭 줄여 줘야 한다(국민권익위원회 2012).

나아가 특수 형태 근로 종사자에 대해서도 〈고용보험법〉을 적극 적용하는 것이 중요하다. 근로자와 동일하게 모든 고용보험 사업을 특수 고용 노동자들에게 적용하는 것이 이상적이지만, 가능한 한 제도의 확대 적용에 대한 반발을 줄이기 위해 우선 실업 급여부터라도 시급하게 적용할 필요가 있다(이철수 외 2013). 10명 미만 소규모 사업장에 사회보험(고용보험과 국민연금) 가입을 확대하기 위해 보험료의 일부를 국가가 사업주에게 지원하는 '두루누리 사회보험 지원 사업'을 특수 고용 노동자에게 좀 더 적극적으로 적용하는 방안도 고려해 볼 만하다.

2016년 4월 국회의원 선거 이후에 개원된 20대 국회에서 특수 고용 노동자들에게 사회보험의 적용을 강화하기 위한 법안들이 발의되었다. 먼저 8월 12일에 특수 형태 고용 종사자의 산업재해 보험 적용 제외 조항을 삭제하고, 산재보험료도 일부 국가에서 지원하는 개정안이 제출되었다. 사실 19대 국회에도 새누리당 의원이 대표 발의한 6개 직종 특수 고용 노동자들의 산재보험 가입을 의무화하는 법안이 소관 상임위인 환경노동위원회를 만장일치로 통과했지만, 일부 새누리당 법제 사법 위원들의 반대로 법사위 법안소위에 계류 중이었다가 폐기되었다.

이어서 9월에는 특수 형태 근로 종사자들에게도 실업 급여 혜택을 받을 수 있는 고용 보험 개정안이 발의되었다. 이 개정안은 산재보험 적용 9개 직종에게 고용 보험을 원칙적으로 의무 가입하도록 하고, 원하지 않으면 적용 제외 신청을 할 수 있도록 했다. 하지만 앞서 산재보험의 경우에서처럼 적용 제외 조항으로 말미암아, 그리고 실업 급여 수급 요건도 엄격해 실효성이 낮아질 수 있다(『한겨레』

2016/09/28).

한편 문재인 정부는 2017년 7월 산재보험 적용 9개 직종에 대해 고용 보험 가입을 의무화하겠다고 밝히면서, 내년 상반기까지 〈고용보험법〉을 개정할 방침이다. 또한 특수 형태 근로 종사자뿐만 아니라 '디지털 특수 고용직'으로 불리는, 디지털 플랫폼을 기반으로 일하는 플랫폼 노동자에게도 고용 보험의 혜택을 확대하기 위해, 소득이 있으면 고용 보험 가입 대상으로 인정하는 방안, 즉 고용 보험 적용 기준을 (중장기적으로) '고용'에서 '소득'으로 개편하는 방안을 추진하고 있다(『경향신문』 2017/10/23). 결국 특수 고용 노동자들이 실질적으로 서구 선진국처럼 4대 사회보험의 혜택을 제대로 받을 수 있도록 하는 제도 개혁이 매우 절실하며, 이를 위해 (19대와는 달리) 20대 국회에서는 발의된 법안의 통과가 시급히 이루어져야 할 것이다.

노동조합 구성 및 권리 구제 체계 구축

노동자라는 지위에서 나오는 권리 중 가장 핵심적인 것은 헌법상의 기본권인 단결권, 단체교섭권, 단체행동권이다. 이들 노동3권을 보장하는 이유는 사용자와 노동자 사이에 실질적인 평등 관계가 성립할 수 없는 현실을 인정하고 사회적 약자인 노동자들의 권리를 보호하기 위함이다(김남희 2014). 그런데 현재 산업재해보상보험 특례제도 대상인 9개 직군을 포함한 특수 고용 노동자들은 대부분 고용이 불안정하고 근로조건도 열악할 뿐 아니라 사회보장제도를 통한 보호도 충분히 받지 못하고 있다.

이런 상황에도 불구하고 특수 고용 노동자들은 근로관계가 부인됨으로써 사업주보다 교섭력이 비교 열위인 점을 상쇄할 수 있는 노동3권의 행사가 사실상 쉽지 않다. 특수 고용 노동자들은 노동조합을 결성하더라도 법적으로 쉽사리 인정받지 못하고 있기 때문에 집단적 권리를 제대로 표출하기 힘들며, 권익 침해 시 적절하게 구제할 수 있는 제도도 충분하지 않다. 여기서 어느 특수 고용 노동자의 인터뷰에 주목할 필요가 있다.

> 노동조합 결성하고 나서 관리자의 횡포가 많이 줄어들잖아요. 노조가 있으니까 조합원들이 스스로 당당해지는 거죠. 회사와의 관계에서 근로조건을 개선하는 것도 중요하지만 그보다 더 중요한 거는 자주적으로 말을 할 수 있다는 거, 부당하면 부당하다고 얘기할 수 있다는 거죠. 자신이 당당하게 살고 있다는 자부심이 있잖아요. 저한테는 그게 제일 많이 남은 거 같고, 그다음에 사람이 남았다는 생각이 들어요(골프장 경기 보조원 B씨)(이병훈 외 2013).

한편 2017년 2월 6일 '노동조합 및 노동관계법 2조 개정 법률안'이 더불어민주당 한정애 의원에 의해 발의되었다. 그 내용은 노조법상 근로자 개념을 확장하는 단서 조항을 신설해 특수 고용 노동자에게 노동3권을 보장하는 것이다. 이에 국회 환경노동위원회에 계류 중인 이정미 정의당 의원의 개정안과 함께 특수 고용직의 노동기본권을 보장하는 이들 법안의 통과 여부에 주목해야 한다.

마지막으로 사업주 혹은 사업주 대표 단체와의 교섭과 협의가 원만히 이루어지지 않거나, 정당한 이유 없이 계약 해지 등 불이익 처우를 받게 되는 경우 제3자에 의한 조정 및 중재를 통해 특수 형태 근로 종사자의 권익을 구제하는 시스템을 마련하는 것이 중요하다. 일례로 독일에서는 유사 근로자를 노동법원의 소송 관할에 포함시킴으로써 특수 고용 노동자를 폭넓게 보호하고 있으며, 노조를 만들지 못해서 보수 및 노동조건 등의 협약이 불충분한 경우 국가가 개입해 계약 조건 확정 등 보완적 기능을 수행하고 있다. 우리나라 역시 이와 같은 권리 구제 및 감독 기구 설치가 필요한데, 노동위원회에 특수 형태 근로 종사자에 대한 조정·중재 기구를 마련하는 방안을 생각해 볼 수 있겠다. 나아가 권익 구제 시스템을 통한 조정·중재가 결렬되었으나 사업주의 행위가 위법하거나 부당한 경우, 혹은 합의된 사항에 대해 특별한 사유 없이 이행을 지체하는 경우를 해결하기 위해 시정 명령 관련 제도의 도입을 고려해야 한다(국민권익위원회 2012). 이처럼 노동조합을 통한 특수 형태 근로 종사자들의 노동3권의 구현과 함께 권리 구제 및 시정 명령 체계 구축에도 좀 더 큰 관심을 기울일 필요가 있다.

● 9장 중 일부는 "새로운 자영업과 갑을관계: 특수고용노동자와 가맹사업관계를 중심으로," 『비판사회정책』(2017년 제54호)을 수정·보완한 것이다.

10.

기술 진보, 변화하는 노동시장, 그리고 '신'자영업 시대

사회정책은 어떻게 대응할 것인가

미래 사회와 노동시장의 변화와 자영업의 미래

지금까지 자영업의 과거와 현재를 다양한 시각에서 살펴보았다. 그렇다면 자영업의 미래는 어떨까? '신'자영업 시대는 아름다운 미래일까, 아니면 또 다른 불안과 근심의 시대가 될 것인가? 과학자들이 말하는 기술의 발전은 놀랍기만 하지만, 사회과학자들의 전망은 대체로 회의적이다. 제조업과 인터넷 혁명을 넘어선 4차 산업혁명은 현재의 노동시장에 큰 변수가 될 것이라는 데 이견이 없어 보인다. 우리나라에서도 2016년 봄, 인공지능 알파고(구글 딥마인드의 바둑

게임 프로그램)와 바둑 고수 이세돌 9단의 대국에서 알파고가 승리하면서 '미래'에 대한 논의가 활발해지고 있다.

미래 논의에서 일자리에 대한 전망은 대개 부정적이다. 박가열 외(2016)의 연구에 따르면 2025년 전체 일자리 가운데 인공지능이나 기계가 일자리를 대체할 가능성인 위험 비율은 70.6퍼센트에 달했고, 단순 노무직의 경우에는 대체 위험 비율이 90.1퍼센로 계산되었다. 심지어 이런 기술 발전의 영향을 가장 적게 받는다는 관리직의 경우도 위험 비율이 거의 50퍼센트에 달했다. 서구에서도 스포츠 중계 기사나 증권 시황 등을 앞으로 인공지능이 맡게 될 것이라는 예측이 제시되었으며, 미국에서는 이미 '로봇 저널리즘'이 시작되었다.

그렇다면 자영업 일자리는 어떻게 될까. 이에 대해서는 세 가지 견해가 있다. 첫째, 자영업과 특수 고용직이 줄어들 것이라는 의견이 있다. 일례로, 공유 차량 서비스를 인터넷과 연결해 콜택시업을 하고 있는 우버 택시 회사가 최근 자율 주행 트럭 스타트업인 오토(Otto)를 인수했고, 스웨덴 자동차 회사 볼보와 함께 자율 주행 차량 개발에 투자함으로써 무인 택시 시대가 머지않았다는 소식이 들려왔다. 프레이와 오스본의 연구에 따르면 저숙련 일자리들은 상당 부분 자동화로 대체될 확률이 높다(Frey and Osborne 2013). 현재 한국 자영업이 저숙련 일자리에 집중되어 있음을 고려하면 자영업 일자리들이 사라지게 될 가능성이 높다고 유추할 수 있다.

둘째, 오히려 새로운 유형의 자영업이 증가할 것이라는 입장이다. 프리랜서의 증가는 이런 경향성을 잘 보여 준다. 미국의 아마존

(Amazon)이 운영하는 일자리 사이트인 '아마존 메커니컬 터크'(Amazon Mechanical Turk, 이하 엠터크Mturk)의 경우, 아마존이라는 플랫폼 위에서 다양한 단기 일자리 거래가 이루어지고 있고, 그 규모는 점차 커지고 있다. 이런 소규모 일들을 부업으로 하는 사람들도 있지만, 약 25퍼센트의 사람들은 소득을 전적으로 엠터크에 의존하고 있다(Hitlin 2016). 에어비엔비나 우버와 같은 플랫폼에서 자신의 집이나 차를 활용해 소득을 올리는 이들도 새로운 자영업자들이다. 더 나아가 '배민(배달의 민족) 드라이버'나 우버잇츠(Ubereats) 드라이버들 역시 새로운 자영업자들이다. 과거에 고용 관계를 통해 이루어졌던 일자리들이 프리랜서나 특수 고용 등의 형태로 바뀌는 현상을 이미 쉽게 찾아볼 수 있다. 이런 시나리오하에서 자영업이 줄어들 것인가는 의문이다. 클라우스 슈밥(Klaus Schwab)은 자신의 책 『클라우스 슈밥의 제4차 산업혁명』(*The Fourth Industrial Revolution*)에서 다음과 같이 언급한 바 있다(2016, 82).

> 노동시장의 이런 변화로 디지털 경제에서 기업들, 특히 빠르게 성장하는 스타트업 기업이 누리는 이점은 분명하다. 휴먼 클라우드 플랫폼은 노동자를 자영업자로 분류하기 때문에 기업은 지금 최저임금제와 고용에 따른 각종 세금에서 자유롭다. …… 영국의 엠이에이 앤 컴퍼니이 최고 경영자인 다니엘 캘러한은 『파이낸셜 타임스』에 다음과 같은 내용의 기사를 기고했다. "이제 우리는 원하는 사람을, 원하는 때에, 원하는 방식으로 고용할 수 있습니다. 그들은 우리에게 소속된 노동자가 아니기 때문에 고용 과정에서 발생하

는 성가신 일이나 규정에서 자유로울 수 있습니다."라고 고용 형태의 변화를 예고했다.

마지막 입장은 자동화와 인간의 일자리가 공존하는 시나리오이다. 첫 번째 입장에서 보면 '배민 드라이버'나 우버잇츠는 곧 자동화로 사라질 일자리이다. 하지만 맥킨지앤드컴퍼니에 따르면, 자동화가 '직업'이 아니라 '직무'를 대체하면서 인간이 기계와 함께 일하게 될 것임을 제시한다(McKinsey & Company 2017). 예를 들어, 자동화된 차는 음식이나 물건을 집 앞까지 배달할 수는 있지만, 이를 전달하고, 고객의 불만이나 요구 사항을 접수하고, 배달 음식을 식탁에 차려 주는 역할까지 할 수는 없다. 또한 3D 프린터가 많은 일자리를 없앨 수 있지만, 이를 활용하는 1인 창업주가 증가할 수도 있다. 실제로 우리나라에서도 3D 프린터 1인 창업을 지원하는 센터가 전국적으로 생겼다. 그런 세계에서 어떤 일은 인간이 기계를 보조하고, 때로 기계가 인간의 일을 좀 더 쉽게 만들기도 할 것이다.

자영업의 미래는 이 세 가지 중 어느 것에 가까울까? 미래가 정해져 있다기보다는 우리 사회가 어떤 결정을 내리고, 정부가 무엇을 진흥하고 규제하는지에 따라 미래의 모습은 달라질 것이다. 또한 세 가지 견해는 시간에 따라 다르게 나타나는 양상일 수도 있다. 예를 들어, 완전 자동화는 좀 더 먼 미래의 모습일 수 있다. 그렇다면 최소 중단기적으로는 자영업이 쉽게 사라지기보다는 오히려 플랫폼이나 신기술을 활용한 새로운 자영업이 증가할 가능성이 커 보인다. 실제로 OECD 국가들의 대부분은 고용 통계를 작성하기 시작한 이래 가장 높은 고용률을 기록하는 시대에 살고 있다. 하지만 문제는 고용의 질이다.

높은 고용률이 높은 고용의 질을 의미하는 것은 아니라는 사실을 우리는 잘 알고 있다. 서구 사회에서 고용률은 지난 20년 동안 급속히 증가했지만, 이와 동시에 불평등도 증가했다. 실제로 높은 수준의 기술을 활용해 일하는 사람들의 수는 그렇게 많지 않으며, 새로 창출되는 많은 일자리가 임시직이거나 시간제이다. 이처럼 소수만이 좋은 직업을 갖고, 대다수가 '저기술·저숙련' 직업에 종사할 가능성은 인구 구성의 변화에 따라 더 증가할 수 있다. 상당수의 인구가 고령화될 경우 기술이나 숙련의 수준을 높게 유지하는 것은 쉬운 일이 아니기 때문이다.

그러나 이런 결과가 필연적인 것은 아니다. 여기서 중요한 변수 중 하나는 사회와 정부의 적극적인 정책적 노력이다. 사회와 정부가 얼마나 보편적으로 인적 자본에 투자를 하고, 기술을 많은 이들이 이용할 수 있게 하며, 기반 시설에 적극적으로 투자하는지에 따라 미래의 모습은 달라질 것이다. 또한 이에 따라 자영업자들이 창의적으로 시장을 이끌어 갈 새로운 집단이 될지, 아니면 지금처럼 노동시장에서 밀려나온 이들만의 새로운 '리그'가 될지 결정될 것이다. 현재 한국의 창업은 요식업에 집중되어 있고, 첨단 기술을 이용해 새로운 영역을 개척하는 성격의 창업은 찾아보기 힘들다. 한국은 대학 진학률이 OECD에서 가장 높다는 사실과 저숙련 자영업의 높은 비중은 노동시장의 불일치를 말해 준다. 이런 불일치와 정체가 계속된다면 국가 경쟁력도 저하될 것이고, 자영업은 시장을 이끌어 가는 새로운 분야가 아니라 지금처럼 실업자나 퇴직자의 불가피한 선택지가 될 것이다.

그렇다면, 좀 더 '바람직한' 미래 노동시장이 되기 위해서는 어떤 정책적 노력이 필요할까.

교육 훈련 및 기술 향상의 중요성

먼저, 교육열이 높은데 저숙련 일자리의 비중이 높은 이유는 무엇일까. 상당히 많은 수의 자영업자들도 이전에는 기업에서 숙련된 인재였다. 문제는 그 숙련이 개발되고 업그레이드되지 못했다는 것이다. 어쩌면 좋은 일자리와 숙련의 관계가 약했기 때문일지도 모른다. 다양한 원인이 있겠지만, 여기에서는 교육 및 훈련 정책을 잠시 살펴보자.

잘 알려져 있듯이, 한국은 개인이 교육에 투자하는 정도, 즉 사교육 수준이 전 세계에서 가장 높은 국가에 속한다. 그렇다고 공교육에 투자하지 않은 것도 아니다. OECD(2015)에 따르면 한국 정부의 교육 지출은 2000년도 GDP 대비 3퍼센트에서 2012년에 4.8퍼센트로 크게 증가했다. 문제는 교육의 방향이다. 한국의 교육은 미래 산업에 필요한 인재를 창출하기보다 여전히 대학이라는 지위재(positional goods)를 획득하기 위한 입시 도구에 머물러 있다.

그뿐만 아니라, 개인이 노동시장에 진입한 이후의 사회적 교육 투자도 열악하다. 지식과 기술의 '유통기한'이 급격히 줄어드는 현실에서 고등학교·대학 교육만으로는 평생 동안 경쟁력을 유지할 수 없다는 점에서, 직업훈련과 평생교육이 중요하다. 하지만 우리의 현실은 북유럽이나 독일 등 선진국들과 상당한 차이를 보인다.

북유럽은 대학 진학률이나 사교육비 등이 한국과 비교할 수 없을 만큼 낮은 편이다. 그러나 이들 나라에는 세계적으로 잘 알려진 창의적 기업이 꽤 많으며, 경제성장률도 최근 10년 동안 다른 나라들을 앞지르고 있다. 이런 배경에는 직업교육 체계가 있다. 그러나 한국은 상황이 크게 다르다. 기업이 핵심 인재 위주의 인력 관리 및 인적 자원 개발 투자에 집중함에 따라, 노동시장으로부터 퇴출 압력이 높은 중장년층을 포함해, 여성·저숙련·저학력·비정규직 근로자와 같은 취약 근로 계층은 인적 자원 개발 기회를 갖기가 극히 어렵다. 능력 개발 기회가 불평등하고 양극화된 것이다. 또한 현재 실업자 등을 위한 직업훈련 프로그램이 운영되고는 있지만, 정부가 직업훈련 교육의 질을 체계적으로 관리하거나 산업의 변화를 반영하는 전략이 마련되지 못한 상태에서 진행되고 있다는 점, 단기적인 성격의 직업훈련으로 고숙련·전문화를 기대하기 어렵다는 점이 한계로 지적될 수 있다.

물론 직업훈련의 한계 이전에 수요 측의 문제, 즉 고숙련·고역량의 질 높은 일자리가 부족한 현실이 좀 더 근본적인 문제로 고려되어

그림 1 | 한국의 25세 이상 64세 미만 평생 학습 참여율 추세(2008~15년, 단위: %)

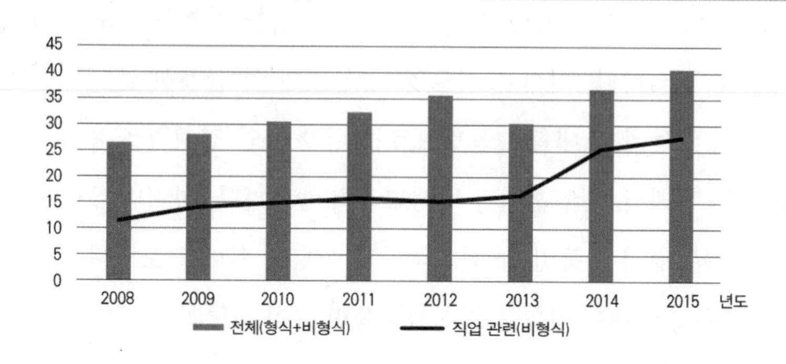

주 : 1. 만 25~64세 성인이 1년 동안 평생 학습 프로그램에 한 번이라도 참여한 비율.
2. 전체 참여율 : 형식 교육 참여율과 비형식 교육 참여율을 포함.
3. 비형식 교육 : 성인 기초 및 문자 해득 교육, 직업 능력 향상 교육, 인문 교양 교육, 문화·예술 교육, 시민 참여 교육, 문화·예술·스포츠 교육.

출처 : 한국교육개발원(2016).

야 한다. 한국에서 일자리의 질을 하락시키는 중요한 원인으로는 무엇보다 한국적 특수성, 즉 재벌 대기업의 공급 사슬 전략에 의한 원·하청 문제를 들 수 있다. 또한 서비스산업의 증가도 원인이다. 하지만 장기적으로 대기업에 의한 대량 고용이 쉽지 않은 구조로 변화되고 서비스산업이 발전함에 따라, 중소기업 및 서비스산업에서 질 높은 일자리를 만들어 내기 위해서는 평생 학습 체계를 구축하는 것이 중요하다.

우리나라 역시 〈그림 1〉에서 보듯이 2013년 이후 평생 학습 참여율이 급증한다. 최근 2008년 이후 전체 평생 학습 참여율과 직업 관련 평생 학습 참여율이 점진적으로 증가했고, 2014년, 2015년에는 급증했다. 이처럼 최근 인적 역량(숙련화)과 관련해 정책적 관심이 확대되었으나, 아직 갈 길은 멀다. 대부분의 평생교육이 단기적이거나 교양 수준에 머무르는 경향도 있다. 한 연구에 따르면 한국 성인의 문제 해결 능력이 전체 OECD 국가 중 29번째에 해당한다는 결과도 있다(김용성 2017). 다시 말해, 높은 교육 수준에도 불구하고 다양한 숙련을 활용해 문제 해결 방법을 찾는 성인의 역량은 그다지 높지 않다는 이야기다.

앞으로 기술 발전이 더욱 가속화되면서 첨단 기술, 전문 지식 일자리 수요가 증가할 것이나 이에 대응할 고도로 숙련된 노동의 공급이 부족한, 노동시장의 수요-공급 불일치 문제가 심화될 것이다. 이런 문제를 해결하는 것은 물론, 정보화 시대에 정보 불평등, 정보 격차를 해소하기 위해, 즉, 모든 시민이 정보 접근 기회에서 소외되지 않도록 정보 통신 기술이나 직업 관련 기술 업그레이드 교육이 반드시 필요하다. 특히, 노인층이 정보화 사회에 잘 적응할 수 있도록 정규교육 이후에 생애 전반에 걸쳐 지속적인 평생교육의 기회를 제공하는 것은 정보화·노령화 사회의 주요 정책 과제임에 틀림없다.

우리나라 자영업 노동시장 정책의 현실

교육을 넘어 한국의 적극적 노동시장 정책은 어떤 방향으로 대응하고 있을까. 영세 자영업자에 대한 정책적 관심이 본격화된 것은 매우 최근의 일이다. 노무현 정부 시절인 2005년 5월 31일에 영세 자영업에 대한 대책이 처음으로 발표되었는데, 그 전에 자영업은 주된 일자리에서 퇴직한 이들이 노령기에 접어들기 직전까지의 시기를 메꾸는 '가교'로서 정책적으로 권장되었기 때문에, 그것이 '문제'라는 인식이 매우 약했다. 하지만 영세 자영업과 폐업 등이 문제가 되면서 본격적인 대책이 제시되었는데, 여기에는 과잉 진입 예방, 경영 안정 지원, 사업 전환 및 퇴출 유도, 경쟁력 강화 방안 등이 포함되었다. 특히, 소상공인 지원센터 60곳이 전국에 설치되면서 맞춤형 컨설팅과 교육이 시작되었다. 하지만 상황은 좋아지지 않았고 오히려 더욱 악화되면서 사회적인 문제가 되었는데, 이는 단순히 정책의 실패라기보다는 점차 노동시장과 기업의 구조 조정이 가시화되면서 더 많은 인력이 기업에서 조기에 밀려났고, 그 결과 자영업으로 진입하는 이들이 꾸준히 증가했기 때문이다.

2008년 자영업에 대한 두 번째 정부 종합 대책에는 정보 통신 기술(IT) 등을 활용한 재래시장 경영 혁신 지원과 경영 안정 대책, 소상공인 정책 자금 확대 등이 포함되었으며, 이와 함께 긴급 복지 지원, 폐업자 재창업 자금 지원, 자금 보증 지원 확대 등 실업 및 생계 대책이 포함되기 시작했다. 2014년 9월, 과거에 비해 더욱 체계적으로 정비되고 확대된 종합 대책이 발표되었는데, 이는 기존의 대책이 문제의 구조적 성격을 간과한 측면이 있음을 인정하고, 진입 자체를 강력하게 줄이는 계획이 포함되었다. 근로시간 단축, 임금피크제 확

그림 2 | 자영업의 문제점과 2014년 대책을 통한 개선 방안

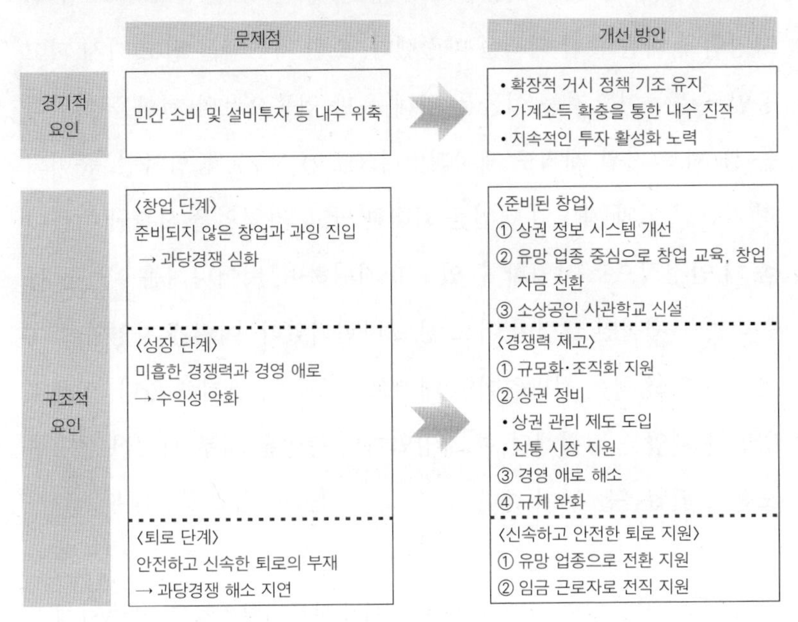

출처 : 대한민국 정부 관계 부처 합동(2014).

대 적용, 평생 직업 능력 향상을 통해, 한편으로는 숙련을 유지하면서 다른 한편 창업으로 유연하게 이어질 수 있도록 했다. 또한 생애 경력 설계 프로그램을 통해, 일정 기간 고용 보험에 가입한 50세 근로자 전체를 대상으로 경력 관리 계획 프로그램을 제공받을 수 있도록 했으며, 퇴직 예정자를 재고용할 경우 고용주에게 인센티브와 함께 45세 이상부터 내일배움카드를 지원해 새로운 직업을 준비할 수 있게 했다.

그 밖에도 '준비된 창업'을 지원하기 위해 상권 정보 시스템 개

선, 유망 업종 중심으로 창업 교육 전환, 상권 정비, 규제 완화 등 현 자영업에 대한 종합 대책을 마련했다. 또한 자영업을 접고 다시 피고용인으로 돌아오려는 이들을 위해 유망 업종으로의 전환을 지원하는 등 퇴로 지원 계획도 제시되었다(〈표 2〉 참조). 종합하면, 준비되지 않은 창업과 자영업 진입을 최대한 막고, 자영업을 시작한 이들이 좀 더 안정적으로 사업할 수 있도록 지원하며, 벗어나려는 이들을 돕는다는 전체적인 그림이 어느 정도 마련되었다. 이렇게 자영업에 대한 정부의 정책은 전방위적인 대책으로 꾸준히 발전해 왔다. 실제로 창업과 폐업을 경험했던 한 자영업자의 증언은 정부 정책이 상당한 도움이 되었음을 보여 준다.

> 소상공인시장진흥공단 홈페이지에 들어가 회원 가입을 하고 담당자에게 전화를 걸었더니 원활한 폐업 진행을 위한 다양한 무료 온라인 학습 프로그램도 소개해 주었고, 가장 흥미로웠던 것은 각 부문별, 그러니까 세무, 노무, 경영 분야별 전직 시니어 리더들을 폐업 컨설턴트로 위촉해 본 프로그램을 신청한 매장으로 직접 컨설턴트들을 파견하여 경영진단과 아울러 컨설팅 서비스를 제공해 준다는 것이었다. …… 온라인 강의는 내가 생각했던 것보다 알차고 유익했다. …… 그렇게 온라인 학습을 하나하나 수료해 나갈 무렵, 진짜 폐업 컨설턴트 분들이 주별로 한 분 한 분 방문하기 시작했다. …… 지금 생각해도 참 고마운 분들이었다. …… 참 많은 것을 느낄 수 있었는데 그중에서도 가장 고맙고 힘이 되었던 것은 바로 그동안 내가 운영해 온 이 카페가 성공적인 경영을 해 왔다는 진단과, 지금의 경제 상황과 이곳 시장 상황을 고

려할 때 빨리 철수하여 후일을 도모하기 위한 재취업 전략에 돌입하는 것이 좋겠다는 권고였다(박주민 2016, 209-210).

하지만 이런 대책이 산업구조 변화에 대한 적절한 대응과 고기술·전문 업종 창업과 자영업으로의 전환을 가능하게 할지, 영세 자영업을 미래의 파도로부터 구제할 수 있을지는 의문이다. 첫째, 자영업자들은 현실적으로 시간이 매우 부족하다. 자영업자의 평생 학습 참여도 통계자료를 임금 근로자와 비교해 보면 매우 대조적이다. 자영업자의 직무 관련 평생 학습 참여 희망률은 46.2퍼센트로 거의 절반이 참여하고 싶어 하지만 실제 참여율은 8.4퍼센트에 불과하다. 상용직 근로자의 경우 3분의 1(33.8퍼센트)이 참여한 것에 비하면 매우 저조하다. 정부 대책의 확대에도 불구하고 자영업자들의 참여율이 낮은 것은 왜일까? 잘 알려져 있듯이, 자영업자들의 근로시간은 보통 피고용인들보다 길다. 따라서 자신이 운영하는 사업장을 떠나 일정 시간 동안 직업훈련을 받는다거나 정기적인 교육/컨설팅을 받는 것은, 하루하루를 전쟁처럼 살아가는 이들에게 쉬운 일이 아니다.

둘째, 정보가 많아지는 것과 이를 해석하는 것은 다른 일이다. 정부가 제공하는 정보의 수준은 놀라울 만큼 발전되었다. 예컨대, 〈상권 정보〉(http://sg.sbiz.or.kr/index.sg#/storeHistory)라는 웹사이트에서는 각 시군구의 상권 분석, 상권 통계, 창업 과밀 지수, 점포 이력/평가 등의 정보를 제공한다. 창업 과밀 지수는 각 세부 지역별로 안전부터 고위험까지의 차이를 보여 주는데, 이를 통해 새로운 창업을 준비하는 이들이 좀 더 적절한 업종과 지역을 선정할 수 있도록 돕는다. 하지만 과밀되지 않았다는 것이 과밀인 지역보다 성공 가능성이 높다고 말할 수는 없다. 학원가나 가구 단지처럼 비슷한 업종이 모여 있을수록 성공할 가능성이 높을 수도 있다. 양적인 정보는 개별화된 맞춤형 질적 정보로 개인에게 해석되지 않는 한 그 유용성이 제한적일 수밖에 없다.

셋째, 이런 정보와 프로그램의 효용성에 대한 불신이다. 나영선(2013)에 따르면, 많은 사람들이 여전히 사업 운영의 애로 사항을 지인의 조언 등으로 해결하며, 컨설팅에 대한 수요는 높지만 실제로 교육 훈련에 참여하는 사람은 적다. 그 중요한 이유 가운데 하나는, 그들의 다양한 욕구에 부합하는 양질의 교육 훈련 프로그램이 부족해 그 효과에 대한 불신이 크기 때문이다. 또한 홍보 부족으로 이를 이용하는 자영업자의 비중이 낮다.

넷째, 이런 정책들과 그 세부 프로그램이 실효성을 가지려면 충분한 재정이 뒷받침되어야 한다. 현재 정부의 고용 복지 정책에 대한 주된 비판 가운데 하나는 정책과 프로그램들은 마치 '백화점식'으로 없는 것이 없지만, 실제로 국민들이 체감하는 바가 크지 않다는 점이다. 앞에서도 말했지만, 다양한 프로그램에 비해 실제 지출 수준은 상당히 낮다. OECD 국가들은 구직 서비스와 훈련에 대한 지출을 확대하는 추세에 있다. 직접 고용을 포함해 고용 보조 지출은 실업률을 낮추는 데 기여하지만 노동시장에는 부정적인 영향을 미칠 가능성이 있기 때문에 선진 국가들에서는 이에 대한 지출 비중을 줄이고 있는 추세이다(김영범 2014, 159). 그러나 한국에서는 OECD에 비해 직접 고용 지출은 많고 훈련 및 구직 서비스 지출은 적다. 전통적으로 취로사업을 통해 부족한 소득 보장 제도를 보완하는 방식을 취해 왔기 때문에 고용 보조 지출이 높다. 이런 방식으로 창출된 일자리는 대부분 단기 일자리고, 숙련 향상이나 기술 습득에도 기여하기 어렵다. 창업 지원 위주의 자영업 정책은 주로 실업자 창업 지원에 국한된다. 또한 업종을 가리지 않고 지원하므로, 노동시장의 효율성을 증대하고 실업 문제를 근본적으로 해결하기 어렵다. 결국 도소매점, 음식·숙박업처럼 이미 포화상태에 이른 부문에 창업을 지원함으로써 재정을 효율적으로 사용하지 못한다는 비판을 받는다(금재호·김기승·조동훈·조준모 2009). 그렇기 때문에 적극적인 직업훈련 및 질 높은 자영업 지원 정책이 필요한 것이다.

마지막으로 보호와 지원이 없는 교육 훈련이라는 점이다. 자영업자들이나 자영업에 진입하려는 이들 가운데 생계에 민감한 경우, 최소한의 생계 지원이 없으면 교육과 훈련, 컨설팅에 적극 참여하기 어렵다. 물론 현재 임금 근로자라면 고용주나 동료의 눈치를 살피며 시간을 내기 어려울 것이고, 1인 자영업자라면 가게를 비울 수 없을 것이다.

그렇다면 미래의 자영업이, 변화하는 노동시장에 적응하면서 안정적으로 자리 잡으려면 어떤 정책적 노력이 필요할까?

자영업자에게 사회 투자와 사회 보호를 동시에 : 사회 투자 제도 개편

시장이라는 보이지 않는 손에 의해 현재의 문제들이 해결되기는 어려울 것이다. 기술의 유효 기간이 짧아지고, 4차 산업혁명이 가속화될 것으로 예측된다는 점에서, 그리고 특수 고용직 근로자나 영세 자영업자들의 일자리는 앞으로 더욱 불안정해질 수 있다는 점에서 체계적인 정책 개입이 필요하다. 원론적으로는 이들이 새로 대체되는 일자리로 잘 이동하도록 돕는 것이 관건이다. 다시 말해, 저숙련·저기술 서비스 업종의 자영업자나 특수 고용 근로자가 고숙련·고기술의 서비스 업종으로 전환되도록 지원하는 정책이 필요하다. 그러나 현실적으로 저숙련·저기술 업종에 종사하는 이들이 고숙련·고기술 업종으로 전환하려면 상당한 투자와 지원이 있어야 한다. 노동시장의 취약 계층에 대해서는 잠재적 실업을 미연에 방지하기 위해, 직업 능력 개발을 통한 새로운 전문직 또는 임금 근로자로 전환할 수 있도록 지원해야 한다. 하지만 현재 이와 관련된 정책은 매우 미비하다. 이미 작은 규모의 프로그램들은 많이 개발되었지만, 기존의 패러다임을 전환할 수 있는 영향력은 없었다. 이제는 발상의 전환이 필요하다.

먼저, 모든 국민에게 30대부터 60대까지 6개월에서 1년간 재교육을 위해 다시 대학에 다닐 수 있게 하는 것이다. 현재 대학 교육이 4년인데, 사실 4년의 대학 교육은 4년 동안 배운 전문 지식과 기술

(이른바 '숙련')을 가지고 평생을 사용한다는 전제를 가지고 있다. 하지만 실제 이미 가능하지 않은 사회로 변모한 지 오래다.

대학 재학 기간을 3년으로 줄이고, 지식과 기술을 더 배울 사람들은 대학원이나 평생교육원에 진학하면 어떨까? 대학 교육에 반드시 4년이라는 시간이 필요한지 고려해 볼 필요가 있다. 고령화 시대에, 3년 만에 졸업해 노동시장에 좀 더 빨리 참여할 수 있다면 개인적으로나 사회적으로 이익이 될 수 있다. 1년이라는 시간을 줄이게 되면 그 만큼 공적 지원과 개인의 투자도 줄게 된다. 그리고 그 1년을 추후 재교육에 활용할 수 있게 하면, 지식과 기술을 다시 업그레이드하거나 인생 '이모작'을 위한 도약의 시간으로 삼을 수 있을 것이다. 물론 이 조건을 맞추려면 최소한 1년의 '석사과정'은 국가로부터 무료에 가까운 지원이 있어야 한다. 영국 대학의 경우 3년 만에 대학을 졸업하는 경우가 많고, 이후 숙련 교육을 받기 위해 석사과정으로 1년을 이수하는 사람들도 쉽게 볼 수 있다.

1년 재교육의 기회가 성인들에게 주어진다면 피고용인으로서 직장을 다니고 있는 이들이 자영업으로 진입하지 않고 새로운 직장을 찾을 기회를 가질 수도 있을 것이며, 이미 자영업에 종사하고 있는 이들이 새로운 경력을 찾고자 할 때 이들을 지원해 줄 수 있을 것이다. 이미 학생 수가 줄어서 재정적으로 문제를 겪고 있는 대학들에게는 새로운 미션이 될 수 있을 것이다. 다시 한 번 영국의 예를 들면 이미 전문적이고 특화된 1년 단위의 교육을 대학에서 제공하고 있다. 전문대학보다 좀 더 높은 수준의 교육은 물론 '기술'과 '숙련의 업그레이드'를 위한 교육과정으로 석사과정을 활용하고 있다. 이는 한국의 상당수 특수대학원이나 평생교육원과 같이 전문성이 상대적으로 낮은 과정과는 차이가 있다.

하지만 재교육 비용이 부담되거나 현실적으로 시간이 허락하지 않아서 필요한 이들이 교육을 받지 못할 수 있다. 따라서 재교육이라는 사회 투자 정책만으로는 충분하지 않으며, 재교육이 필요한 이들에게 생계를 지원하는 정책이 동시에 필요하다. 이런 방안 중 하나로 독일의 사례를 들 수 있는데, 독일의 고용 보험은 '부분 실업 급여'를 제공하고 있다.[1] 부분 실업 급여는 실업을 하지 않았더라도 실업 급여를 받으면서 근로시간을 줄여 재교육을 받게 하는 것이다. 상용직 근로자들은 40대나 50대가 되면 퇴직에 대한 압박을 받는 경우가 많다. 부당한 압력에 대해서는 국가가 개입해야겠지만, 스스로 지식이나 숙련이 떨어진다고 판단해 새로운 직장이나 기술을 익히려고 결심했을 때는 이를 지원해야 한다. 부분 실업 급여를 제공한다면 좀 더 준비된 상태에서 창업이나 이직이 가능할 것이다. 물론 실업 급여를 위한 재정 부담이 늘어날 것이고, 비자발적 실업에만 급여를 제공

1_부분 실업 급여는 2개 이상의 일자리를 갖고 있던 파트 타임 근로자가 그중 하나의 일자리를 잃게 되었을 때 지급된다. 수급 기간은 일괄적으로 6개월이고, 주 5시간 이상의 노동을 하는 새로운 일자리를 가질 경우에는 부분 실업 급여를 받을 수 없다. 부분 실업 급여 이외에도 경기 악화나 구조 조정으로 인한 근로시간 단축 시 지원되는 조업 단축 수당, 기업체 파산 시 지급되는 파산 수당 등이 있어 실업 급여를 보충해 준다. 또한 자영업 창업 준비도 광의의 구직 활동으로 인정해, 실업 급여 수급권이 있는 실업자가 창업을 준비하는 경우 추가로 창업 보조금을 6개월간 지급받을 수 있다.

한다는 규정에도 어긋난다. 그러나 '해고'될 때에만 실업 급여를 제공하는 것보다, 실직 혹은 퇴직이라는 절벽이 오기 전에 준비된 상태로 새로운 직장이나 경력을 가질 수 있도록 하는 것이 오히려 바람직할 것이다. '비자발적'이어야 한다는 조건 때문에 많은 자발적 혹은 반자발적 실직자들을 부정 수급자(fraud)로 만드는 것 또한 바람직하지 않다. 비자발적 실업에 대한 실업 급여에 대해서도 진지하게 고려할 때가 되었다.

부분 실업 급여보다 좀 더 급진적인 방안은 모든 국민이 평생 중 1년 동안은 국가로부터 생활 수당을 받을 수 있게 하는 것이다. 기간을 선택하는 것은 개인의 자유에 맡겨서 무급 휴직 기간이나 재교육 기간 혹은 특별한 사유로 노동시장에 참가하지 못할 때 사용할 수 있도록 말이다.

이처럼 사회적 보호 체계가 마련된다면 저숙련·저기술 자영업자들을 위한 직업훈련이나 창업 컨설팅 등의 질을 높여야 한다. 또한 시간이 부족한 자영업자의 현실을 감안해 맞춤형 서비스를 제공하려면 직접 찾아가는 서비스도 필요하다. 상당수의 자영업자들이 이런 서비스가 존재하는지도 모르는 경우가 많기 때문에, 개인이 소상공인지원센터나 고용센터를 찾아오기를 기다릴 것이 아니라, 좀 더 적극적으로 발굴하고 찾아가는 서비스가 도움이 될 것이다. 일터를 비울 수 없더라도 한가한 시간을 확인해 프로그램을 소개하고 필요한 정보를 제공하며, 다시 정보를 수집함으로써 정부의 정책 방향을 조정할 필요가 있다. 최근 서울시는 '찾아가는 동사무소(찾동)'를 통해 복지 사각지대를 발굴하려는 노력을 시작했다. 복지 서비스뿐 아니라 고용 서비스 역시 찾아가는 서비스가 중요해질 것이다.

이런 변화가 가능하려면 미래의 노동시장 변화를 충분히 이해하면서 대안을 만드는 것이 중요하다. 하지만 정부의 노력만으로는 어렵다. 교육제도의 변화, 대학의 변화, 그리고 시민사회·기업·노동조합 등의 사회적 타협을 통해 해결해야 할 과제가 산적해 있다. 이런 과제들이 풀리지 않는다면 교과서적 논의에서 벗어나지 못할 것이다.

사회보장제도 개편 : 궁극적 대안은 기본 소득?

지금까지 살펴본 사회 투자 제도를 강화하고 재편하기 위해서는 안정된 사회보장제도가 필요하다. 하지만 현재의 사회보장제도가 개인과 가족에게 안정성을 부여해, 인적 자본 투자를 촉진하는 역할을 잘 감당할 수 있을지는 의문이다. 앞서 살펴본 바와 같이 미래 기술 진보에 따라 일자리 및 소득의 양극화가 더욱 극대화될 가능성이 있으므로, 이런 위험에 대비해 사회보장제도의 개편이 필요하게 될 것으로 보인다.

자영업자들을 위해 앞에서 제안했던 부분 실업 급여는, 사실 고용 보험 자체에서 배제되어 있는 사람들이 많다는 점에서 한계가 있다. 불안정 노동을 하는 이들과 자영업자들 가운데 고용 보험에 가입되어 있는 비율은 극히 낮다. 고용 보험을 확대 시행하고 실업 부조 제도를 시행할 수 있지만, 미래 노동의 다변화와 불안정성에 대한 궁극적 대응책으로 최근 논의되고 있는 기본 소득(Basic income)에 대해 살펴보자.

기본 소득은 모든 국민에게 권리로서 동일한 소득을 제공하는 것으로, 시민 소득(citizen's income)이라고 부르기도 한다. 이런 논의 자체는 새로운 것이 아니다. 1986년에 창립된 기본소득지구네트워크(Basic Income Earth Network, basicincome.org)를 중심으로 이미 다양한 학술 및 정책 활동을 통해 기본 소득의 필요성을 알려 왔다. 하지만 최근 들어서는 노동의 변화를 예견하고 미래 사회 변화를 설명하는 이들을 중심으로 관련 논의가 확장되고 있다. 2016년 6월, 스위스에서 기본 소득에 대한 국민투표가 진행되었으며(그러나 부결되었다), 핀란드에서는 2017년부터 실업자 2천 명을 무작위로 선정해 개인에게 약 70만 원씩 지급하는 기본 소득제를 실험적으로 시행하고 있다.

기본 소득을 지지하는 사람들은, 자영업이나 특수 고용처럼 고용이 다변화됨에 따라, 기여에 기반하고 소득에 비례하는 사회보장제도를 유지하기 어려워질 것이라고 본다. 또한 이 제도가 도입된다면 저소득 노동자의 경우 생계에 대한 걱정을 줄이고 교육 훈련에도 적극적으로 참여할 수 있다. 하지만 많은 사람들이 지적하듯이, 핵심 쟁점은 소요될 재정에 대한 것이다. 기본 소득의 도입 자체를 합의한다고 해도 재원을 어떻게 마련할 것인지에 대해서는 이견이 존재한다. 또한 기본 소득을 기존의 소득 보장 제도를 대체하는 것으로 간주하거나, 기본 소득이 임금을 부분적으로 대체할 것이라는 주장에 대해서도 상당한 논쟁이 예상된다. 낮은 수준의 기본 소득이 두터운 사회보장을 대체할 것이라는 우려 때문이다. 논쟁은 앞으로 더욱 활발해지겠지만 궁극적인 대안이 되려면 상당한 시간이 필요할 것이다. 그렇다면 중단기적으로는 어떤 대안이 있을까.

인구 특성별로 제공되는 수당은 기본 소득과 성격이 유사하며 직관적이고 이해하기 쉬운 정책이다. 해외에서도 출생 시점부터 10대 기간 동안 아동 수당을 보편적으로 제공하는 국가들이 많다. 한국에서도 2018년 7월부터 0세부터 5세까지의 아동을 대상으로 아동 수당이 10만 원씩 제공될 것이다. 하지만 이는 서구 복지국가가 일반적으로 도입한 0세부터 18세까지를 대상으로 하는 수당과 차이가 있다. 만일 0~18세까지 아동 수당이 도입되고 급여 수준이 높아지게 된다면 아이들을 키우는 30대와 40대에 직접적인 도움이 될 것이다. 최근 불완전 고용과 높은 실업률이 집중된 청년들을 위해, 20대를 대상으로 한 제한적 청년 수당이 일부 시행되고 있다. 하지만 이 수당들은, 성남시를 제외하면, '실업 부조'에 가까운 형태이다. 이미 65세 이상을 위한 수당 성격의 기초 연금이 존재하고 기초적인 아동 수당이 시행될 예정이므로, 기존의 제도가 보완되고, 좀 더 보편적인 청년 수당이 시행된다면 노인과 청년, 아동의 부모 등을 아우르는 기초적인 사회적 보호가 가능할 것이다.

하지만 삶의 질을 보호할 만큼 수당이 충분히 제공되기는 여전히 현실적으로 어렵다. 그렇기 때문에 이와 더불어 기존의 소득 비례형 사회보장제도를 강화할 필요가 있다. 물론 현재 국민연금이 불안정 고용 계층에게 소득 보장 역할을 해주지 못한다는 비판이 존재한다. 중고령층이 많은 자영업자층은 30퍼센트가량이 국민연금에 가입되어 있지 않으며(국민연금공단 2015), 20대 젊은 층의 가입률 또한 매우 낮다.

이들을 대상으로 한 국민연금 보험료 지원 옵션은 어떨까(김태일·최영준 2017). 현재는 두루누리 사업, 즉 영세 사업장의 근로자를 대상으로 보험료가 지원되고 있으나, 1인 창업주나 특수 고용 근로자들은 제외되어 있다. 보편적 국민연금 보험료 지원은 국민연금의 가입 대상인 18세부터 64세까지 인구 가운데 불안정 노동에 가장 많이 노출되어 있는 젊은 층(예컨대 18~27세까지), 노동시장에서 밀려나 중고령 자영업으로 진입하는 사람이 가장 많은 층(예컨대 55~64세까지)에게 정액 형식으로 국가가 국민연금을 지원해 주는 안이다. 이럴 경우 국가로부터 지원받은 보험료만으로도 20년의 국민연금 가입 기간(국민연금 가입 연령의 첫 10년, 마지막 10년)이 생성되어 노령연금을 받을 수 있는 자격이 자동적으로 발생하므로 노후 소득 보장 효과도 발생할 것이다. 자영업만을 대상으로 할 경우 다른 비정규직이 배제될 수 있고, 자영업자들이 비정규직과 무직 그리고 자영업을 짧은 기간에 두루 경험한다는 점에서 특정 직업 계층을 대상으로 하는 것보다 인구 연령대를 대상으로 하는 것이 좀 더 효과적일 수 있다. 이와 더불어 자영업자의 고용 보험 가입 확대를 도모할 필요가 있다.

요약하자면, 분명한 것은 미래 노동시장은 급격하게 변화할 것이며, 자영업자들은 여전히 중요한 정책 대상이 되리라는 것이다. 이들이 노동시장에서 얼마나 경쟁력을 갖는가가 국가적으로 중요한 현안이 될 것이며, 따라서 이들을 위한 고용정책은 매우 중요해질 것이다. 효과적인 고용정책을 위해서는 이에 상응하는 충분한 사회보장제도의 강화와 재편이 반드시 필요하다.

| 좌담 |

우리 사회의 자영업자들을 생각하다

우리는 한국 사회의 중요한 사회집단으로서 '자영업자'에 주목했다. 이들을 둘러싼 문제들, 부채, 세금, 임대료·권리금, 갑-을-병 관계, 사회보장 문제, 특수 고용직, 그리고 노동시장의 변화에 따른 자영업자들의 미래 등에 대해 살펴봤다. 하지만 살펴보지 못한 부분이 더 많을 것이고, 여전히 남는 문제들도 있을 것이다. 필자들 간의 대화를 통해 이런 고민들을 나누고 정리하면서 이 책의 결론을 대신하고자 한다.

자영업자의 비중과 일자리 문제

사회 | 우리는 이 책에서 '과잉 진입 → 과당경쟁 → 조기 폐업'의 악순환을 거듭하고 있는 자영업의 현실을 지적했다. 그렇다면 앞으로 자영업자의 규모는 어떻게 될까.

김태일 | 책에서도 말했듯이, OECD 통계를 보면 우리나라의 고용 중 자영업자 비중은 무급 가족 종사자를 포함해 2015년 기준 26퍼센트 정도인데, OECD 평균은 16퍼센트 정도이다. 한국이 OECD 회원국들 가운데 4번째로 많다. 그런데 이것도 지난 수십 년 간 꾸준히 감소한 결과로, 1960년대 초에 자영업자 비율은 거의 70퍼센트에 가까웠다. 이후 자영업자의 비중이 줄어든 것은 농민의 수가 줄었기 때문이다. 그래서 이촌향도가 거의 마무리된 1990년대부터는 자영업자의 비중 감소가 상당히 완만해졌다. 앞으로 자영업자의 규모는 3차 산업, 즉 서비스업의 자영업자 비중이 어떻게 될 것인지에 달려 있다.

최영준 | 2000년대 이후에도, 비록 완만하기는 하지만 꾸준히 비중은 감소하고 있다. 앞으로도 계속 줄어들기는 할 것이다.

김도균 | 전체 자영업자의 비중은 감소하고 있지만, 연령대별로 보면 50~60대에서 자영업자가 늘고 있다. 일본의 경우에도 고령화가 진

행되면서 1980년대 이후 50~60대에서 자영업자가 늘었다.

이주하 | 유럽을 보면 최근 자영업자가 증가하는 국가들이 많다. 주로 특수 고용직의 증가 때문인데, '위장된 자영업'이라고도 불린다. 특수 고용직의 증가는 한국도 마찬가지다. 전에는 고용 관계였던 것이 이제는 계약관계로, 즉 임금노동자에서 개인 사업자로 바뀌는 사례가 매우 흔해졌다.

정무권● | 기존 임금 근로자가 특수 고용직으로 전환되는 것 외에도, 기술이 발전하고 산업구조가 바뀌면서 새로운 형태의 자영업이 나타날 것이다. 한국의 경우 전통적인 형태의 영세 자영업자 문제가 시급해서 주로 이 문제가 주목받고 있지만, 앞으로는 공유 경제의 확대라던가 IT기술의 발전에 따라 새로운 형태의 사업들이 늘어날 것이다. 그런데 새로운 형태의 자영업이 좋은 일자리를 만들어 낼지 아니면 기존의 문제를 더 악화시킬지는 아직 예측하기 어렵다. 하지만 변화를 감지해 새로운 형태의 자영업이 바람직한 방향으로 발전할 수 있도록 제도의 씨앗을 만드는 것은 중요하다.

김보영●● | 한국 사회의 자영업자 비중이 높은 이유를 따져 봐야 할 것

● 연세대학교 글로벌행정학과

●● 영남대학교 새마을국제개발학과

같다. 우리나라 임금 일자리의 구조를 보자. 대기업 정규직이 되지 못하면 많은 경우 선택지는 열악한 하청기업에 취직하거나 비정규직이 되는 것이다. 또한 40대 말에서 50대 초반이면 퇴직해야 하는데, 그다음에는 재취업이 어려워 자영업을 생각할 수밖에 없다. 2장에서 지적하고 있듯이 한국처럼 살기 편한 곳이 없다. 손 하나 까딱하지 않고 이사할 수 있고, 이사하자마자 바로 인터넷이 연결되고, 24시간 배달된다. 외국 생활을 마치고 돌아왔을 때 비슷한 생각을 했다. 한국에서는 이런 일이 어떻게 가능할까. 사람값이 싼 사회라서가 아닐까. 내가 이용할 때는 값싸게 쓰니까 좋은데 나의 노동도 싸구려가 되고 불안정해져서 서로 나쁜 영향을 주는 사회가 되는 것 같다.

자영업 문제는 그런 과정 속에서 존재하는 것 아닐까. 우리가 싸게 이용하니 영세 자영업자들이 허덕이고, 그들은 다시 알바들을 착취해야 하는데, 이것은 곧 내 자녀의 문제이고, 결국 사회 전체적으로 불안정 고용 시장을 형성하는 문제가 되고…….

우리 사회의 자영업 구조가 바람직한지, 향후 어떻게 변해야 하는지를 얘기하려면 이 부분이 중요한 것 같다. 우리가 정말 사람을 위한 시장구조를 가지고 있는지, 서로가 서로를 착취하고 있는 사회는 아닌지.

과잉 자영업자들은 어디로 가야 할까?

사회 | 자영업자를 줄이려면 결국 임금 근로자로 전환해야 할 텐데, 구체적으로 어떤 임금 일자리로 옮겨갈 수 있을까?

김태일 | 간단한 문제가 아니다. 영세 자영업자가 귀농하기도 어렵고 제조업 일자리는 자동화로 계속 줄어들고 있으니 결국 서비스업 내에서 옮겨야 하는데, 이것도 쉽지 않다. 소매나 음식 업종의 영세 자영업자가 임금 근로자로 전환한다는 것은 가령 전통 시장의 채소 가게 주인이 대형 마트 식품 매장의 직원으로, 분식집 사장이 햄버거 가게 종업원으로 옮겨간다는 것인데, 그렇다고 그들의 생활 형편이 나아질까? 더구나 소매·음식업종은 자영업자든 임금 근로자든 이미 사람들이 너무 많다. 서비스 업종 가운데 우리가 다른 국가들에 비해 규모가 작은 대표적인 분야가 사회 서비스 부문이다. 사회 서비스는 행정·교육·보건·복지 등 공공성이 높은 분야들을 말한다.

최영준 | 최근 공공 부문 일자리를 늘리자는 이야기가 있는데, 많은 사람들이 공무원을 늘리자는 것으로 이해한다. 그러나 공공 부문 일자리의 핵심은 바로 사회 서비스 일자리다.

김태일 | 그렇다. 사회 서비스의 범주는 상당히 넓다. 공무원이 하는 일, 즉 공공 행정도 사회 서비스에 속한다. 경찰이나 소방을 생각하

면 이해가 쉽다. 교육 서비스, 병원·요양원·어린이집 같은 보건 복지 서비스도 포함된다. 사회 서비스는 민간이 제공하기도 하고 공공이 제공하기도 한다.

이번 정부의 대표적인 일자리 정책이 공공 부문 일자리 81만 개를 창출하겠다는 것인데, 내용을 보면 공공이 제공하는 사회 서비스 일자리를 늘리는 것과 기존에 민간이 제공하던 일자리를 공공 제공으로 전환하는 것이 함께 있다. 또한 공공 기관이 외주화한 경비·청소 업무(사회 서비스는 아니지만)를 직영으로 전환하는 것도 있다. 민간에서 공공으로 고용 주체를 전환하는 것은 안 좋은 일자리를 괜찮은 일자리로 바꾼다는 면에서는 중요하다. 아무래도 공공 부문 종사자로 전환되면 고용 안정성이 높아지고 급여도 다소 올라갈 것이다.

어쨌든 81만 개의 일자리를 창출할 수 있을지는 모르겠지만, 그 내용을 보면 경찰·소방·교육 공무원을 늘리는 것과 (민간에서 공공으로의 전환에 추가해) 국공립 복지시설 확충이 있다. 여기에 상당 정도 동의한다. 다만 미리 몇 십만 개를 창출하겠다고 목표를 정하기보다 수요 부족을 파악해 필요한 만큼 창출하겠다는 자세를 지녀야 한다.

김도균 | 영세 자영업자가 옮겨갈 수 있는 사회 서비스 일자리는 많지 않다. 우선 공무원 시험을 거쳐야 하는 직종이나, 교육·의료처럼 전문성이 요구되는 분야는 진입하기 쉽지 않다. 보육 교사 같은 돌봄 서비스 부문은 비교적 전문성이 크게 요구되지는 않지만 출산율이 대폭 증가하지 않는 한 일자리가 늘어나지 않을 것이다. 다만 정부

가, 교사 1인이 담당하는 원아 수를 선진국 수준으로 대폭 줄인다면 일자리가 늘어나고 서비스 질도 향상될 것이다. 요양 보호사도 마찬가지다. 다만 이런 분야는 대부분 여성이 담당하는 분야라 여성 자영업자들을 흡수하는 데는 도움이 될지 모르지만 남성 자영업자를 흡수하기는 어려울 것이다.

사회 | 여성 자영업자를 위한 임금 일자리도 만만치 않고, 별다른 기술이 없는 중고령 남성 자영업자들을 위한 임금 일자리가 별로 없다는 것도 문제다.

김태일 | 그렇다. 50대 후반 이후 저숙련 중고령층이 가장 많이 고용되어 있는 일자리는 '경비 및 청소' 직종이다. 경비는 주로 남성이고 청소는 여성이 훨씬 많은데, 이 직종 역시 일자리에 비해 공급이 많다. 게다가 경비 일자리는 보안 시스템이 도입되면서 줄어드는 추세다. 그래서 대안적 일자리가 되기는 어렵다. 영세 자영업자의 과잉 문제를 후련하게 해결할 방법은 없다. 다양한 정책 수단을 동원해 조금씩 풀어 나갈 수밖에 없다. 그런 대안 중의 하나로 교육 훈련이 매우 중요하다.

직업훈련과 평생교육에 대한 상상력

사회 | 한국에서 자영업의 과잉 공급 문제는 40대 후반, 50대 초반에 은퇴를 강요당하는 상황이 핵심이 아닐까?

최영준 | 그렇기는 한데, 다른 나라들도 유사한 측면이 있다. 최근 유럽의 자영업, 예컨대 영국 같은 경우도 자영업이 증가해 15퍼센트를 넘어서고 있는데, 젊은 창업자가 일부이고, 대부분은 중고령층이다. 이들은 주된 임금 일자리에서 밀려나 프리랜서라든지 자영업자의 대부분을 구성하고 있다. 사실 어느 곳에서나 노동시장이 유연해지면 노동시장에서 밀려나는 층은 중고령층이 좀 많은 추세다.

김보영 | 우리나라는 좀 더 극단적이고 급격하게 움직이는 것 같다. 외국의 경우는 그래도 상당 부분 재고용이 이뤄지는데, 우리나라는 직장에서 퇴직하면 '치킨 집' 말고 다른 대안이 없다는 것이 문제다. 그 이유가 무엇일까. 우선 한국의 독특한 문화를 생각해 볼 수 있다. 그 나이 때에 누구 밑으로 들어갈 수도 없고, 또 나이든 사람을 받기도 어렵다는 분위기다. 그래서 다른 직종에 고용되어 새롭게 일을 배우고 시작하기보다는 내가 그냥 사장을 하는 게 낫다고 생각하는 것 같다.

최영준 | 모 대기업 명예퇴직을 앞둔 사람이 이런 이야기를 한 적이

있다. 승진을 하면 할수록 자신이 벽돌이 되어 가는 것 같다고 말이다. 위에 올라가 아랫사람들을 시키는 것에만 익숙하다 보면, 재교육을 받아들이기 어려운 경우가 많다. 연공서열 문화 안에 있으면 편안하게 느껴지지만, 위로 올라갈수록 특별한 기술이 있는 것도 아니고, 부속품으로 있다 나오기 때문에 문제가 된다. 회사 입장에서는 점점 높은 비용을 지불하지만 점점 그 가치가 떨어지는 것이다. 차라리 자유주의적인 노동시장 문화라면, 위에 올라가서 잘리면 다시 새로운 일을 해야겠다고 생각할 수도 있을 텐데 말이다.

김태일 | 국제성인역량조사(PIAAC)라는 것이 있다. 각 국가의 성인 역량(언어, 수리, 컴퓨터 활용, 문제 해결력)을 평가 비교하는 것이다. 조사 결과를 보면 우리의 경우 20대 때는 상위권에 속하지만 연령대가 높아질수록 순위가 떨어져서 50대부터는 하위권에 속한다. 그 이유에 대해 여러 해석이 가능하지만, 대입 준비와 대학 교육을 통해 반강제로 쌓아 놓은 역량이 그 뒤로 더 개발되기는커녕 오히려 퇴화되고 있다는 데 대부분 동의할 것이다.
인구구조를 보면, 청년 인구는 지금부터 3년 정도가 정점이고 그 뒤로는 줄어든다. 그런 면에서, 청년 실업 문제는 앞으로 몇 년 정도가 가장 심각하고 그 이후에는 완화될 것으로 보인다. 점차 청년 신규 진입은 줄고 중장년층의 재진입이 늘 것이므로, 나이든 사람이 젊은 사람 밑에서 일하는 것이 자연스러워질 것이며, 중장년층의 재교육과 직업훈련 인프라 구축이 필요하다.

사회 | 직업훈련과 재교육이 실제로 효과가 있을까?

김도균 | 인구 구성이 점차 고령화되므로 은퇴 연령도 계속 올라가고 있다. 미국도 연령 차별 금지를 통해 퇴직 연령을 없애는 방향으로 가고 있다. 따라서 앞으로 직업훈련이 이슈가 될 수밖에 없다. 70세까지 일하려면 결국 기술 변화에 맞춰 직업훈련이나 재교육이 필요하기 때문이다. 하지만 산업과 기술이 워낙 빨리 변하는 상황에서 지금과 같은 직업훈련이 얼마나 의미가 있을까. 교육기관이 대응하기는 어려울 것이다.

김태일 | 직업훈련 시스템에 대해 고민해야 할 것 같다. 현재와 같은 파편화되고 임기응변식의 직업훈련에서 벗어나, 그리고 기존의 직업훈련 시스템을 효과적으로 운용하는 정도가 아니라, 직업훈련 내지 재교육이 정규 대학 과정처럼 일반적인 공교육 체계의 하나로 자리 잡아야 한다. 물론 재교육은 자영업자뿐만 아니라 미래 사회를 위해서도 필요하다.

최영준 | 동의한다. 일반 대학원이 아니라 특수 대학원처럼 특화된 실용적 분야를 중심으로 교육 프로그램을 마련하고, 3개월, 6개월짜리 단기 과정을 만들어 어떤 직업 교육이라도 받을 수 있도록 할 수 있겠다.

사회 | 현재 대학들도 평생교육원을 운영하고 있다.

최영준 | 전혀 다르다. 평생교육원은 숙련과 기술을 업그레이드하는 것이 아니라, 인문학이나 음악·골프 같은 교양·취미를 중심으로 한다. 이런 교양 강좌 말고, 가령 마케팅의 특정 전략을 가르치는 강좌 같은 것들을 개설해, 현직에 있는 이들이 3개월에서 6개월 정도 짧은 시간 내에 집중해서 배울 수 있도록 하는 것이다. 그렇게 새로운 지식과 기술을 익힌 뒤에 직장으로 복귀하는 것으로, 직장인들의 지식과 기술을 업그레이드해 회사에 오래 남아 있게 만들면 자영업으로 과잉 진입하는 것을 예방하는 효과가 있을 것이다. 물론 자영업자 중에서도 그만두고 싶어 하는 사람이나, 자영업을 더 잘하고 싶어 하는 사람에 대한 훈련도 중요할 것이다.

김태일 | 미국에서 발간된 4차 산업혁명 보고서를 보면, 성인 재교육에 대해 지금보다 훨씬 더 많은 예산을 투자해야 한다고 주문한다. 250만 명을 재교육시켜야 하며, 이를 위해 현재보다 10배 정도 더 많은 예산이 필요하다는 것이다. 이처럼 4차 산업혁명으로 인해 상당수 일자리가 기계나 인공지능으로 대체될 것이라고들 하지만, 기계가 대체하기 힘든 것이 사람이 제공하는 서비스다. 앞으로 숙련이든 비숙련이든, 새로운 일자리가 창출되는 곳은 사람을 대상으로 하는 일자리일 것이다. 그리고 이런 직업을 대비한 훈련이 더 필요하다. 지금도 우리 사회는 이 분야의 일자리들이 많이 부족하지 않은

가? 의료 서비스, 사회 서비스, 기타 상업적인 서비스 등 말이다. 이런 일자리들에 대한 교육은 꼭 대학 교육이 아니더라도 직업훈련이 상당히 많이 필요하다.

정무권 | 성인들을 위한 평생교육은 자영업만의 문제가 아니며 앞으로 고용 문제와 관련해 중요한 정책 과제이자 이미 대세이다. 그런데 우리 사회에서는 아직도 평생교육을 대학이나 구청에서 운영하는 평생교육원이라던가, 직장에 있는 다양한 야간 대학원 등을 생각하는 경우가 많다. 앞으로 우리가 고민해야 할 평생교육은 이런 모델이 아니다. 현재 대학의 성인교육은 주지하듯이 대학의 재정 확보를 위한 것이고, 교육의 질도 충분하지 않다. 우리의 평생교육은 압축적 경제성장 시대에 충분한 교육을 받지 못한 성인들의, 학력에 대한 갈증을 풀어 주고 형식적인 인사고과를 위한 인센티브 제도 정도로 왜곡되어 있으며, 직업훈련은 산업화 시대의 수준에 머물러 있다. 직업훈련 체제와 성인 평생교육 체제에 대한 획기적인 변화가 우리 사회에 매우 시급하다.

자영업자들의 딜레마: 임대료와 권리금

김도균 | 자영업자를 힘들게 하는 것 가운데 으뜸이 임대료와 권리금

문제인데, 해법 자체는 명확한 것 같다. 환산 보증금 제도를 폐지하는 것이 급선무이고, 다음으로 권리금 양성화 및 양도 차익 과세에 대한 논의를 시작해야 한다. 환산 보증금 제도는 기존 보증금에, 월세를 보증금으로 환산한 금액을 합친 것이다. 가령, 보증금 1억 원에 월세로 3백만 원을 내고 있다면, 월세의 보증금 환산 금액을 3백만 원×100=3억 원으로 계산해서 환산 보증금은 4억 원이 된다. 그런데 우리나라는 이 환산 보증금이 일정 금액 이상이면 〈상가건물임대차보호법〉의 보호를 받을 수 없다. 이는 우리나라에만 있는 독특한 제도인데, 보통 상가 임대차 갈등이 보증금과 월세가 어느 정도 이상인 주요 상권에서 발생하기 때문에 결국 사각지대가 생기게 된다.

자영업자의 입장에서 환산 보증금 제도의 폐지는 환영할 만한 정책이다. 하지만 권리금 양도 차익에 대한 과세는 거부감이 강할 것이다. 내지 않던 세금을 내야 하니까 말이다. 그리고 권리금을 계산하기 위해 매출액이나 순수입을 모두 투명하게 드러내야 한다면 현실적으로 이를 받아들이기 쉽지 않을 것이다. 건물주 입장에서는 환산 보증금 제도 폐지에 대해 당연히 거부감이 클 테고, 권리금 양도 차익에 대한 과세는 자신과 상관없으므로 큰 관심이 없을 것이다. 결국 이 두 가지 정책을 패키지로 추진한다면 어느 쪽으로부터도 지지받지 못할 가능성이 있다.

그러나 다른 뾰족한 대책이 있을 것 같지는 않다. 그런데 우리나라 상가 임대차 문제를 해결하기 어려운 이유 중의 하나는 권리금 관행이 독특하기 때문이다. 결국 이 문제를 해결하려면 권리금 관행의 정상화가 불가피하다. 자영업자들도 당장의 이익만이 아니라 자영업 생태계를 살리는 방법으로 고민해야 한다.

임대료와 권리금 문제가 지역별로 편차가 크기는 하지만, 권리금 관행은 상당히 보편적이다. 그래서 일단은 상가 임대차 갈등이 심각한 상권을 특별 지구 등으로 정해서 관리할 필요가 있다. 주택 시장에서 '버블 세븐' 지역을 지정하듯 말이다. 한 조사 결과를 보면, 건물주의 무리한 요구 때문에 피해를 입는 경우는 대략 10퍼센트 정도라고 한다. 많다면 많고 적다면 적을 수도 있어서, 이른바 악덕 건물주를 기준으로 제도를 설계하기 어려운 측면도 있다. 반대로 임차인들 때문에 피해를 입는 건물주들도 있다. 선의의 건물주들이 피해를 입지 않도록 하는 것도 중요하다.

자영업자들도 사회보험이 필요하다

이주하 | 전통적인 의미에서 사회보험은 사용자와 노동자가 함께 비용을 부담하고 강제가입을 원칙으로 하지만, 자영업자들의 경우 다양한 형태를 띤다. 유럽의 복지 선진국에서는 임금노동자와 자영업자를 구분하지 않고 동일한 사회보험 혜택을 주기도 하고, 자영업자만의 독자적인 제도를 운영하기도 한다. 최근 들어 증가하고 있는 특수 고용 노동자의 경우에는 일반 근로자와 똑같은 복지 혜택을 받거

나, 자영업자와 같은 그룹으로 분류되어 동일한 혜택이 적용되기도 한다. 그러나 한국의 경우 자영업자들, 특히 특수 고용 노동자들에 대한 사회보험 적용률이 매우 낮아 이들에 대한 사회적 보호가 취약하다.

최영준 | 여러 사회보험들 가운데, 특수 고용직이나 일반 자영업자의 경우, 산재보험이 다른 실업보험이나 연금에 비해서는 앞서 나가는 것 같다. 물론 그래도 앞으로 가야 할 길이 멀지만.

이주하 | 문제는 산재보험 가입 대상이 특수 고용 노동자 전체가 아니라 정부에서 인정하는 일부 직종에만 해당된다는 것이다. 2017년 기준으로 9개 직종인데, 이마저도 적용 제외 조항이 있어서 본인이 원하지 않으면 가입하지 않을 수 있다. 또한 사용주가 전액 산재보험료를 부담하는 일반 근로자와 달리, 이들은 본인이 보험료를 부담해야 한다. 그 결과 산재보험 가입률은 10퍼센트 내외에 불과하다.
고용 보험을 보자. 우리나라의 경우, 고용 보험 강제가입 대상인 일반 근로자와 달리 자영업자들은 고용 보험에 임의로 가입할 수 있다. 근로자의 범위에 포함되지 않는 특수 고용 노동자도 자영업자 자격으로 임의 가입은 가능하다. 그러나 실질적인 가입률은 매우 저조하다. 10명 미만 소규모 사업장에 고용 보험과 국민연금 가입을 확대하기 위해 보험료의 일부를 국가가 지원하는 '두루누리' 사업을 자영업자에게 확대하는 것은 매우 중요하다. 물론 특수 고용 노동자들에게도 적극 적용해야 한다. 사실 특수 고용 노동자들은 자영업자로 간주하기보다는 근로자와 동일하게 고용 보험을 적용하는 것이 좀 더 근본적인 해결 방안이다. 고용 보험 사업 전체를 적용하기 어렵다면 실업 급여부터라도 먼저 시작할 수 있다.

최영준 | 유럽의 경우 실업 급여 수급 자격이 안 되면 실업 부조를 준다. 그러나 임금 근로자는 보험료를 내고 급여를 받는데, 자영업자는 보험료를 안 내고도 부조를 받는다면 형평성의 문제가 있다. 그래서 자발적으로 고용 보험에 가입하게 했지만 0.4퍼센트 정도로 가입률이 미비하니 문제가 된다. 차라리 고용 보험과 별도 체계로 운영하는 것도 답이 될 수 있을 것 같다. 우리나라의 고용 보험은 비자발적 실업에 대해서만 급여를 제공한다. 그런데 자영업의 경우는 정말 사업이 망한 건지, 아니면 전망이 어두워 스스로 잠시 접으려는 것인지 구분하기 힘들다. 그래서 근로자와 같은 방식으로 실업 급여를 운영하기 어렵다.

자영업자를 위한 대안으로 현재 노란우산공제회가 있다. 소기업과 소상공인이 매월 일정액을 적립하고 폐업·사망·퇴임 등의 경우에 혜택을 받게 된다. 공제회에 가입하면 세제 혜택을 주며 소득 비례가 확실하기 때문에 고소득 자영업자들이 선호한다. 차라리 노란우산공제회를 영세 자영업자까지 광범위하게 가입시킬 수 있는 방법을 찾아서, 단일 체계로 만드는 것도 고민해 볼 수 있지 않을까.

사회 | 두루누리 사업을 자영업자에게까지 확대하면 자영업자의 고용 보험 가입이 훨씬 늘어나지 않을까?

최영준 | 두루누리 사업을 자영업자에게 확대한다는 것은 보험료의 절반을 자영업자에게 지원한다는 것이다. 그러나 그렇게 한다고 해서 자영업자의 가입이 대폭 늘어날지에 대해서는 회의적이다. 노란우산공제회는 자신이 낸 만큼 받고 세제 혜택도 있어서, 일종의 세제 혜택을 주는 적금과 같은 것이다. 반면 실업 급여는 폐업을 하지 않으면 아무런 혜택이 없으므로 자영업자 입장에서는 세금처럼 생각될 수 있다. 결국 안정된 사람들은 노란우산공제회를 선호하고, 영세한 자영업자들은 둘 다 하지 않을 것이다.

사회 | 자영업자는 특성상 실업보험보다는 노란우산공제회 같은 것이 더 효과적일 수 있다는 것인데, 그렇다면 영세 자영업자의 경우는 공제 회비 중 일부를 정부가 지원해야 할까?

최영준 | 고민이 필요하다. '영세 자영업'을 기준으로 하면 또 그에 따른 문제가 발생하거나 복잡해질 수 있다. 정책은 쉽고 명확할수록 좋다. 기여도 세제 혜택, 급여도 세제 혜택, 이 두 가지만 제공해도 큰 유인이 된다.

협동조합: 자영업자들을 위한 상상력

사회 | 최근 동네 빵집 20곳이 협동조합을 만들어 함께 운영한다는 기사가 보도되면서 자영업 문제의 대안으로 제시되기도 했다. 일본에서는 이런 협동조합들이 상당한 성공을 거두었다고 한다. 한국에서도 그런 성공을 거둘 수 있을지, 자영업 문제의 실질적 대안이 될 수 있을지 살펴봐야 할 것 같다.

정무권 | 중요한 대안이라고 생각한다. 자영업자들을 훈련시켜 정규 노동시장으로 복귀시키는 것도 물론 중요하다. 하지만 산업구조의 변화로 좋은 일자리 자체가 줄어드는 마당에 오히려 자영업자를 노동시장에서 다시 경쟁하게 만드는 것도 쉽지 않아 보인다. 창의력과 기술·능력이 있는 청년들이 벤처기업을 창업하는 것을 독려하고 정부가 지원하는 것도 대안이지만 모든 벤처가 성공하는 것은 아니다. 자영업 집단들의 특성이 다양하므로 다양한 방식으로 해결해 나가야 한다고 생각한다.

협동이라는 방식으로 자영업자들의 경쟁력을 키워 자신의 영역에서 살아남게 하는 것도 가능한 대안 가운데 하나가 아닐까. 프랑스나 이탈리아처럼 협동조합이 상대적으로 발전한 유럽 국가들을 보면, 주로 소상공인들이 종사하는 업종에서 자영업자들이 협동조합을 만들어 발전한 사례들이 많다. 우리나라에서도 아직 미약하지만 몇 개 업종에서 좋은 사례들이 나오고 있다.

사회 | 협동의 방식이란 구체적으로 어떤 것인가?

정무권 | 자영업자들이 자신의 업종 영역에서 협동조합을 만들고, 서로 협력해 제품을 표준화함으로써 공동 브랜드를 만들며, 생산 자제를 공동 구매해 생산 단가를 낮추고……, 특히 자영업자들이 시도하기 힘든, 경쟁력 있는 제품 개발에 필요한 연구 개발(R&D) 자금과 조직을 마련해 제품을 혁신함으로써 시장 경쟁력을 갖도록 하는 것이다. 모든 면에서 열세인 자영업자들이 서로 경쟁하는 것은 공멸로 가는 길이기 때문에 생각을 전환해 서로 협력하고 공존하는 것이다. 자영업의 협동조합 모델로는 이미 제시했듯이 다양한 사례가 있다. 문제는 우리 사회에서 토양이 아직 성숙되지 못했다는 것이다. 협동조합이 활성화되려면 오랜 시간에 걸친 협동의 문화와 제도화에 대한 인식 및 경험이 축적되어야 한다. 그러나 한국의 사회·경제적 역사에서도 협동조합 운동, 협동의 문화를 찾을 수 있다. 민주화 이후에 그 전통이 다시 부활되고 있는 것 같다. 그리고 정부가 2012년 〈협동조합기본법〉을 제정한 이후에 가장 많이 설립된 협동조합 형태가 자영업 수준의 사업자 협동조합이다. 대부분 협동의 방식으로 자영업을 하면 좋지 않을까 하는 막연한 기대감을 가지고 시작하다 보니, 아직 생존율이 낮고 어려움이 많다.

따라서 정부가 할 수 있는 것은 협동조합에 대한 교육을 확대하고 장려하는 것이다. 협동조합을 활성화시킨다고 직접 지원하는 것은 금물이다. 간접적으로 법적·행정적인 지원, 그리고 자영업자들이 스스로 할 수 없는 인프라를 제공해 주고 교육을 지원해 주는 것이 좋다. 협동조합이 성공하려면 조합원들의 철저한 주체 의식과 협동조합의 원리를 이해하는 가운데 시작해야 한다. 사실 한국처럼 경쟁이 치열하고 신뢰가 약한 상황에서 협동과 연대가 쉬운 것은 아니다. 그러나 최근 협동조합 운동이 사회운동 방식으로 발전하고 조직화되고 있어서 정부의 적절한 지원이 뒷받침된다면 생각보다 빨리 활성화될 수 있을 것이다.

위기는 기회라는 말이 있다. 우리 사회는 그동안 경쟁을 통해 경제발전이라는 성과를 이루었지만, 역으로 그것이 지금의 많은 문제를 가져왔다는 깨달음도 공유되고 있다. 성공과 실패의 경험이 새로운 인식의 전환과 혁신의 아이디어를 제공해 줄 수 있을 것이다.

최저임금 1만 원: 을과 병의 갈등

사회 | 최근 최저임금제가 이슈가 되고 있다. 2018년 최저 시급이 2017년에 비해 16.4퍼센트 인상한 7,530원으로 정해졌기 때문이다. 또한 문재인 대통령은 2020년 최저 시급 1만 원 달성을 공약으로 내걸기도 했다. 그러나 최저임금제가 직접 적용되는 대상이 아무래도 편의점 알바생이나 식당 종업원 등 소규모 점포 피고용인이 다수이다 보니, 자영업자가 큰 영향을 받을 수밖에 없다. 이 책에서는

이를 '을과 병의 갈등'으로 표현하기도 했는데, 이 문제를 어떻게 봐야 할까?

김도균 | 최저임금 인상은 단순히 분배를 위한 정책이 아니라 이번 정부의 경제 정책 방향인 소득 주도 성장의 주요 정책 가운데 하나이기도 하다. 하지만 최저임금 인상으로 중하위 계층의 소득을 높이는 것이 소비를 진작하고 성장에 긍정적인 효과를 가져올 것인지는 미지수이다. 긍정적인 효과 못지않게 자영업자의 부담 증가와 고용 축소라는 부정적인 효과도 있기 때문이다. 정부가 늘어나는 인건비를 지원하겠다고 했지만, 그럼에도 어느 정도 부담이 늘어나는 것은 분명하다.

김태일 | 최저임금 인상으로 자영업자의 부담이 증가하면 자영업 구조 조정이라는 효과도 있다. 이 책의 2장에서 논의했듯이 우리 사회는 인건비가 너무 싸고, 이것이 자영업 과당경쟁과 낮은 생산성으로 이어지고 있다. 높아진 인건비를 감당하기 힘든 점포는 퇴출되기도 할 것이고, 남은 점포들도 인력 운영의 효율성을 높이는 방향으로 영업을 하게 될 것이다.
서비스업 영세 자영 업종의 구조 조정은 분명 필요하기는 하다. 하지만 이 과정에서 발생하는 피해(퇴출된 자영업자, 해고된 피고용인)가 문제일 것이다. 이를 완전히 해결할 수는 없겠지만, 완화하기 위한 대책은 물론 마련되어야 한다. 이 대책의 핵심은 출구를 만들어 주는 것이 되어야 한다. 그리고 그것은 앞서 말했듯이, 이들이 옮겨갈 수 있는 새로운 서비스업 일자리를 창출하는 것이다.

최영준 | 정부가 인건비를 지원한다고 해도 이를 모든 자영업자에게 타당하게 배분하는 것도 쉽지 않을 것이며, 일시적인 미봉책일 뿐이다. 따라서 그 밖에 좀 더 적극적인 대책이 필요하다. 가령 성남시의 청년 배당 같은 정책을 전국적으로 확대하는 것은 어떨까? 성남시에서는 지역 소상공인들이 운영하는 곳에서만 사용할 수 있는 지역 화폐를 청년들에게 지급했다. 이 정책을 전국적으로 시행하면, 전국의 소상공인들에게 큰 도움이 될 것이다. 문재인 대통령은 대선 공약으로 신규 도입하는 복지 수당과 공무원 복지 포인트의 30퍼센트를 지역 화폐로 지급하겠다고 했는데, 실제로 매우 의미 있는 정책이라고 생각한다.

출발점은 자영업자들의 현실을 이해하는 것부터

김태일 | 이제는 제법 알려진 '청년 장사꾼'이라는 협동조합이 있다. 처음에는 두 사람이 서울 경복궁역 옆의 금천교 시장 골목에서 '열정감자'라는, 감자튀김과 생맥주 집을 시작했다(이 집이 유명해지자 어떤 사람이 재빨리 상표를 등록해 버리는 바람에 이름이 바뀌었다). 재미있는

메뉴와 접대 방식으로 유명해졌고, 이 골목이 뜨는 데 일등 공신이었다. 이 골목에 사람이 몰리고 임대료가 오르자 다시 서울 용산의 인쇄 골목에 감자튀김 집을 비롯해 각종 음식점을 시작했다. 이 지역은 '열정도 골목'으로 불리는데 이름대로 정말 '핫'하다. 이곳의 메뉴를 보면 감자튀김, 곱창, 치맥 등 이미 너무 많은 식당에서 팔고 있는 아이템들이다. 그런데 차별화된 서비스와 좀 더 신경 써서 만든 음식에 사람들이 몰린다. 종업원들은 유쾌하고 음식도 맛있다. 또한 청년 장사꾼 가게는 알바생을 쓰지 않고 직원들에 대한 교육·훈련과 복지 혜택이 잘 되어 있는 것으로도 유명하다(이곳에서 인턴으로 배우고 직원으로 일하다가 독립을 해서 가게를 창업하게 된다).

그래서 자영업자들에 대한 교육과 컨설팅 지원이 매우 중요하다고 생각한다. 대부분의 자영업자들이 장사를 잘하기 위해 많이 고민하고 노력하지만, 그럼에도 청년 장사꾼처럼 성공하는 경우는 예외적이고, 대부분 상황이 어렵다. 고민과 노력의 양도 중요하지만 방향과 내용이 중요하다. 열심히 노력하겠다는 의지는 있지만 무엇을 어떻게 해야 할지 막연한 사람들에게 방향을 잡아 주고 내용을 제시해 주는 컨설팅과 교육이 이뤄진다면 훨씬 좋아질 것이다. 최근 서울시는 자영업 지원센터를 운영하고 있다. 이곳에서 자영업 창업부터 폐업까지 컨설팅을 해주는데, 실제 이용한 분들 얘기를 들으면 상당히 유용했다고 한다. 이런 것들이 더욱 활성화되어야 한다.

김도균 | '청년 장사꾼'의 경우, 애초 시작한 경복궁 옆 금천교 시장의

감자튀김 집은 결국 건물주가 임대료를 올리는 바람에 문을 닫았다고 한다. 장사가 잘 돼도 문을 닫을 수밖에 없다면 아무 소용이 없을 것이다. 결국, 장사가 잘되면 임대료가 올라서 가게 문을 닫을 수밖에 없는 악순환을 깨야 한다. 그러려면 무엇보다도 〈상가 건물 임대차 보호법〉에서 환산 보증금 제도부터 폐지해야 한다. 환산 보증금 제도가 폐지되어 자영업자들이 좀 더 안정적으로 장사를 할 수 있다면, 자영업자들의 상황이 많이 나아질 것이다.

그리고 이렇게 자영업자들이 안정적으로 장사를 할 수 있어야 다른 문제들도 순차적으로 풀릴 수 있다. 다시 최저임금 인상 문제에 대해 이야기하면, 반론도 만만치 않다. 최저임금을 올리면 자영업자들이 더 힘들어질 것이라는 우려 때문이다. 따라서 최저임금 인상이 불가피하다면 먼저 잘못된 상가 건물 임대차 관행부터 바로잡고 자영업자들이 안정적으로 장사할 수 있는 환경을 만들어야 한다.

이번에 자영업에 대해 연구하면서 한 가지 기억에 남는 에피소드가 있다. 상가 권리금 문제에 대해 알아보려고 맘상모 사무실에 찾아갔다. 맘상모 분들이 만든 자료집이 눈에 띄어서 읽어 봤는데, 권리금이나 임대료 같은 자영업 문제만 다루고 있는 것이 아니었다. 최저임금 문제나 종업원 노동권·인권 문제와 같은 내용도 실려 있어서 호기심에 사무국장에게 물어봤더니, 본인들도 이 문제를 해결해 보려고 공부하고 있다고 했다. 그때 뭔가 가능성이 있겠다는 생각이 들었다. 자영업자들의 문제가 풀리면 최저임금 문제나 아르바이트 노동권·인권 문제도 상당히 해소되겠다는 생각도 들었다. 일본만 해도 아르바이트 임금수준이나 근로조건이 우리나라보다 훨씬 좋은데 그 이유도 따지고 보면 결국 일본은 법을 통해 임차인(자영업자)의 지위를 안정적으로 보장하고 있기 때문이 아닐까.

최영준 | 연구를 진행하는 지난 약 2년 동안 자영업 관련 기사들이 눈에 쏙쏙 들어왔다. 식당에 가도, 옷을 사러 가도, 집 근처 '로데오' 거리를 지날 때도 자영업자들의 애환이 마음에 다가왔다. 우리가 늘 경험하는 이 자본주의의 발전과 '친절', '서비스' 뒤편에 이분들의 삶과 노력이 있다는 것이 새삼 느껴졌다. 그런 의미에서 자영업을 하는 모든 분께 박수를 보내고 싶다. 하지만 동시에, 이렇게 평생을 열심히 쉬지 않고 달려왔음에도 상황은 계속 어렵고 힘들어서, 차라리 '아르바이트'가 편했다는 이야기를 들으면, 그리고 자영업자들의 부채가 계속 증가하고, 결국 노후 빈곤으로 이어질 가능성이 높다는 분석을 접하게 되면 참으로 안타깝다. 열심히 일하는데 보상은커녕 오히려 더 낮은 사회경제적 지위로 떨어진다면, 이는 '시장의 실패'이자 적절하게 개입하지 못하는 '정부의 실패'가 아닐까. 게다가 앞으로 플랫폼 경제와 4차 산업 혁명 시기의 노동시장 변화를 고려한다면 적절한 정책적 개입은 다시 한 번 강조하지 않을 수 없다.
빈곤 계층을 돕기 위한 '찾아가는 서비스'도 중요하지만, 자영업자들을 찾아가서 관련 서비스나 노후 준비 등에 대해 알리는 '찾아가는 서비스'도 매우 중요하다. 이분들은 너무 바쁘고 여유가 없어서 직접 찾아가지 않으면 잘 알지 못한다. 정책의 발전과 더불어 찾아가는 서비스를 다시 한 번 강조하고 싶다. 둘째는 '을과 병' 사이의 긴장을 어떻게 줄일 것인가라는 문제다. 을이 힘들면 병이 편하기가 쉽지 않다. 이 긴장의 지점이 한국 사회 자본주의의 궁극적 모순이 축적된 곳이라고 생각한다. 그저 막연하고 점진적인 변화로는 해결이 어렵다. 좀 더 창의적이고 혁신적인 아이디어들을 실험하고 또 실험해야 한다. 마지막으로, 어쩔 수 없는 창업을 넘어 준비된 창업, 혁신적 창업이 늘어날 수밖에 없는 시대가 오고 있다. 청년 창업자들, 그들이 넘어지고 좌절하지 않도록 적극적인 지원 정책이 꼭 필요하다.

안종순 | 자영업 연구를 하면서 인터뷰 사례자로 만났던 자영업자들의 경험을 들으며 느낀 점이 많았다. 먼저, 자본주의의 자유로운 경쟁만을 강조하기보다, 사회 전반에서 공정거래가 정착되도록 '규제'를 제대로 했더라면 하는 아쉬움이 있었다. 그렇게 한다면, 프랜차이즈 본사와 가맹점주 간의 불공평한 관계라든지, 임대차 문제, 경쟁과열 문제 등 자영업자들이 겪는 모든 어려움 가운데 상당 부분이 해소될 것이다. 그러니까 자본주의를 제대로만 해도 우리의 모습은 현재와 아주 다르지 않을까 하는 생각이 들었다.

그리고 일 년 내내 휴일도 없이 또는 밤늦게까지 일해야 해서 몸 아플 겨를도 없고, 자녀들과 함께 할 시간도 없다는 건 매우 슬픈 일이다. 자영업자들이 장시간 휴일도 없이 일하는 이유는 우리 사회의 장시간 근로 문화 때문인 것 같다. 서구 사회처럼 적정 시간 일하는 근로 문화가 정착된다면, 자영업자들 또한 다른 사람들처럼 적게나마 주말에 쉬기도 하고, 부모 노릇도 하며 적정 시간 일할 수 있게 되지 않을까?

경제 불황이 지속되면서 근로자들이 어쩔 수 없이 자영업을 선택하지만, 얼마 못 가 폐업해 실업자나 비정규직 근로자가 되곤 하는 악순환의 반복, 그것이 우리의 현실이다. 실업자가 되어도, 창업 후 실패해도, 육아로 잠시 쉬었다가 일을 다시 시작하려고 해도 안정적인 지원 없이는 다시 일하기 어렵다. 현재 우리의 사회보장 수준은 너무도 낮고 단기간일 뿐만 아니라, 아직도 많은 이들이 사회보장 제도권 밖에 머물러 있다. 저소득 비정규직 근로자든, 영세 자영업자든, 이제는 사회보장 체계 내로 들어와 보호받아야 할 때다. 자영업자가 근로자가 아니라는 이유만으로 임금 근로자들에게 제공하는 사회복지 서비스 혜택을 받지 못하는 일은 없어야 한다. 특히, 대부분의 OECD 국가들처럼, 우리나라의 자영업자도 모성보호를 받을 수 있어야 한다. 돌봄의 사회화는 모든 부모가 똑같이 모성·부성 보호를 받을 때 진정 이루어졌다고 할 수 있다. 이는 정부의 역할만으로는 역부족이다. 직장 보육 시설이 적고 육아휴직 비율도 낮은 우리나라에서 '사업장의 돌봄·육아의 책임'이 더욱 강조되어야 한다. 육아 책임에 대한 사업장의 인식이 낮기 때문에 현재 정부가 지속적으로 확대해 온 육아 정책은 실효를 거두기 어렵다. 스웨덴과 같은 나라에서는 근로자가 아닌, 고용주와 자영업자가 부모 보험료를 부담함으로써 돌봄의 사회적 책임에 적극적으로 기여하고 있다. 물론, 영세 자영업자에게 보험료 부담이 커질 수 있겠지만, 이는 국가의 지원으로 어느 정도 해결이 가능하다. 이처럼 당연히 사업장에서 육아 책임을 져야 한다는 인식이 커진다면, 고용주이면서 근로자인 자영업자도 기꺼이 육아 복지 기여금을 부담하면서 동시에, 무급 가족 종사자를 포함한 자영업자 스스로도 다른 근로자와 마찬가지로 출산 및 양육 급여나 복지 서비스 혜택을 받을 수 있을 것이다. 저출산·고령화 시대에 직면한 노동 수요 문제나 맞벌이 시대의 양성 평등 육아 분담 문제를 해결하기 위해, 고용주도 자영업자도 적극적으로 나서야 할 때다.

김보영 | 자영업자 문제는 사회정책을 고민하는 사람들에게는 숙제와 같은 것이다. 사회보험을 중심으로 한 한국의 사회보장 정책은 보호의 수준이 매우 취약하고 구멍이 많으며, 공공 부조 제도는 모든 자산을 탕진하고 심지어 가족 관계까지 모두 파탄이 나야 개입하는 구조이므로 가뜩이나 조기 퇴직을 강요당하는 사회에서 자신의 삶을 그나마 지키기 위해 결국 자영업으로 몰리게 된다. 그래서 한국의 자영업 비중이 과도하게 높고, 그래서 경쟁이 과도하고, 그래서 자영업자의 지위가 취약하며, 그렇게 형성된 낮은 가격 구조는 싸고 쉽게 서비스를 이용할 수 있게 하고, 그래서 노동시간이 세계적으로 최장인 사회에서 그나마 삶을 유지할 수 있는 것이다. 이렇게 서로 물리고 물린 문제의 고리 가운데에 자영업 문제가 있다 보니 뚜렷한 한 가지 방향의 해법을 찾기가 어려운 것 같다. 그렇기 때문에 자영업 자체의 문제를 이해하고 해법을 모색하는 것과 더불어, 함께 물려 있는 취약한 사회보장 체계와 노동시장의 문제에 대해서도 고민하고

대안을 모색해야 한다. 물론 그 과정에서 이 책이 하나의 표석이 될 수 있지 않을까 기대한다.

정무권 | 앞에서도 이야기했지만 자영업 문제를 일정 부분 해결하기 위해, 그리고 현 지역사회의 경제 활성화와 복지 문제, 특히 사회 서비스의 공급 문제를 해결하는 대안으로서 협동조합 운동이 매우 필요하다. 전통적인 자영업자들은 서비스업이 기업화·대규모화되면서 지금보다는 줄어들겠지만, 자영업자는 여전히 일정 규모로 존재할 것이고 대다수는 여전히 힘들 것이다. 그런 측면에서 협동조합이 가능한 자영업 업종들은 서로 협력해, 프랜차이즈형이든 공동 구매형이든 다양한 방식의 협동조합을 시도해 보면 좋겠다. 경쟁에서 소수의 승자만이 살아남는 구조가 아니라, 큰 승자는 없어도 다 같이 공생하는 구조로 가야 한다는 것이다. 또한 서구 유럽에서는 중소도시의 지역 경제를 중소 상인들 중심의 협동조합 형태로 운영해, 불황에도 크게 흔들리지 않고 지역 경제를 유지하고 있는 사례들이 있다. 지역사회에 필요한 사회 서비스들도 협동조합에 의해 공급되고 있다. 한국에도 협동조합 중심의 사회적 경제의 형태로 운영되는 지역들이 많이 생겨났으면 좋겠다.
앞으로 세계경제는 저성장 시대가 지속될 것이다. 그리고 이미 많은 선진국들이 글로벌 금융 위기를 극복하기 위해 정부 지출을 통한 재정 팽창으로 급한 불은 껐지만, 경제를 다시 성장시키는 효과는 없었고 국가의 재정 여력만 소진시켰다. 기술의 진보와 제4차 산업 혁명이 앞으로 경제를 어떻게 끌어갈지는 몰라도 격차와 불평등을 심화시킬 것은 분명해 보인다. 공유 경제와 같은 형식이나 플랫폼 비즈니스를 통해 새로운 형태의 자영업들이 등장할 가능성도 높다, 그 결과 개인 사업자 수준의 자영업이나 지역 경제는 점점 더 악화될 것이다. 또한 지역사회의 경제적 특성이 다양해지고, 복지 수요도 다양해져서 일괄적인 중앙 정부 정책으로 해결하기란 쉽지 않을 것이다. 지역 단위에서 새로운 대안적 경제체제가 필요할 텐데, 협동과 연대의 방식, 경쟁과 사유재보다는 공공재를 늘리는 사회적 경제의 활성화가 대안으로 진지하게 고려되어야 할 것이다. 한국 사회에서는 이런 아이디어가 아직 일반 국민들 사이에 보편화되어 있지 않지만 서구 유럽의 경우 매우 빠른 속도로 확산되고 있다.

이주하 | 자영업 문제는 한국 사회의 많은 모순이 집약된 축소판이다. 비록 얽히고설킨 타래를 일거에 풀 수는 없지만, 원칙을 세우고 차근차근 해결해 나가는 것이 매우 중요하다. 어떻게 보면 다소 원론적인 얘기일 수 있지만 세 가지 차원을 다시금 강조하고 싶다. 지난 18대 대선에 이어 이번 대통령 선거에서의 주요 이슈이자 향후 한국 사회의 화두는 경제민주화와 복지국가라고 할 수 있다. 첫 번째는 경제민주화의 핵심인, 시장에서의 공정한 경쟁을 바로 세우는 것이 될 텐데, 대기업과 골목 상권, 건물주와 영세 자영업자, 프랜차이즈 본사와 점주, 특수 고용 노동자의 근로조건 등에 있어서 공정성과 형평성을 높여야 한다. 둘째, 서구 복지 선진국처럼 자영업자에 대한 사회

적 보장과 보호를 대폭 확대해야 한다. 마지막으로, 이런 제도 개선이 그냥 주어지는 것이 아니기 때문에 영세 자영업자, 프랜차이즈 점주, 특수 고용 노동자 등 사회적 약자들이 연대하고 조직화해 주체로서의 역량을 강화하는 것이 필수적이다.

| 참고문헌 |

1장 우리 사회의 자영업자들은 누구인가

김태일. 2016. "자영자 과잉과 서비스업 생산성의 관계, 그리고 문제 해결의 방향." 『사회과학연구』 42(2). 경희대학교 사회과학연구원.

______. 2017. 『한국경제, 경로를 재탐색합니다』. 코난북스.

조돈문·조경배·정흥준. 2015. "특수 형태 근로 종사자 인권 상황 실태 조사 결과." <특수 형태 근로 종사자 인권 상황 실태 파악 및 보호 방안 마련을 위한 토론회> 자료집, 국가인권위원회 주최(12/18).

OECD. 2015. "Labor Force Statistics."

2장 너무 많은 자영업자, 어디로 갈 것인가

공정거래위원회. 2017. "가맹사업분야 정보공개서 등록 현황 통계 발표"(07/12).

김태일. 2016. "자영자 과잉과 서비스업 생산성의 관계, 그리고 문제 해결의 방향." 『사회과학연구』 42(2), 경희대학교 사회과학연구원.

______. 2017. 『한국경제, 경로를 재탐색합니다』. 코난북스.

OECD. 2014. *Factbook.*

______. 2015. "Labor Force Statistics."

3장 자영업 장려의 귀결: 증가하는 부채

김순영. 2011. 『대출 권하는 사회: 신용불량자 문제를 통해서 본 신용의 상품화와 사회적 재난』. 후마니타스.

김지섭. 2015. "한국과 미국의 가계 부채 연령별 분포의 구조변화 분석." KDI 국제콘퍼런스 "가계 부채의 주요 문제와 대응 방안 : 국제적 관점의 조명"(7월 10일).

오건호. 2010. 『대한민국 금고를 열다』. 레디앙.

한국금융연구원. 2016. "가계 부채 분석 보고서." 2016년 제1호.

한국은행. 2013. "금융안정보고서." 10월호.

______. 2015. "금융안정보고서." 12월호.

______. 2016. "금융안정보고서." 12월호.

______. 2017. "금융안정보고서." 6월호.

국가통계포털. 1997~2006. “도소매업 조사.”

__________. 2006~2013. “전국사업체조사.”

KB 금융지주 경영연구소. 2012. “프랜차이즈 업계 현황 및 특성.” 『KB Daily 지식비타민』 12-20호.

Crouch, Colin. 2011. *The Strange Non-Death of Neo-Liberalism* (Cambridge: Polity Press).

IMF. 2016. *Regional Economic Outlook : Asia and Pacific*(April).

4장 자영업자와 조세 갈등

강만수. 2005. 『현장에서 본 한국 경제 30년 : 부가세에서 IMF사태까지』. 삼성경제연구소.

국세청. 2015. 『국세통계연보』.

김도균. 2013. “한국의 자산기반 생활보장체계의 형성과 변형에 관한 연구.” 서울대학교 사회학과 박사학위논문.

김태일·김도균. 2016. “자영업자와 조세 부과의 형평성.” 『정부학연구』 제22권제1호.

신영임·강민지. 2014. “자영업자의 소득 탈루율 및 탈세규모의 추정.” 국회예산정책처.

자료 : OECD, “Revenue statistics.” https://stats.oecd.org/Index.aspx?DataSetCode=REV.

5장 자영업자들은 보수적인가?

국세청. 2017. 『2016년 국세통계연보』.

김영순·여유진. 2011. “한국인의 복지 태도.” 『경제와사회』 91.

김윤태·서재욱. 2014. “한국의 복지 태도와 복지 제도.” 『동향과전망』 90.

김재호. 2014. “중·고령자의 생애 주된 일자리의 노동시장 상태가 빈곤 결정에 미치는 효과.” 『사회보장연구』 30(1).

문선웅·전인우. 2011. “OECD 회원국 자료를 활용한 한국의 자영업 적정규모 추정에 관한 실증 연구: 도소매업 및 음식 숙박업을 중심으로.” 『국제지역연구』 15(1).

박미현. 2012. “중고령자 자영업의 생존 가능성에 영향을 미치는 요인: 50세 전후 창업 비교를 중심으로.” 『글로벌사회복지연구』 2(2).

반정호. 2012. “자영업자 가구의 소득변동과 빈곤에 관한 연구: 임금 근로자 가구와의 비교를 중심으로.” 『노동정책연구』 12(1).

석상훈 외. 2009. “우리나라 중고령자의 생애 직업이력 및 연금이력 실태: 국민노후보장패널(KReIS) 제2차 부가조사 기초분석보고서.” 국민연금연구원.

안상훈. 2009. “한국의 친복지 태도 결정 요인과 그 경로 구조에 관한 탐색적 연구.” 『한국사회정책』 16(1).

이동주·표한형·홍성철·장윤섭. 2012. “베이비붐 세대 자영업 창업 급증 : 우려와 대책.” 『KOSBI 중소기업 포커스』 29호.

전병유. 2003. "자영업 선택의 결정 요인에 관한 연구." 『노동경제논집』 26(3).
주은선·백정미. 2007. "한국의 복지 인식 지형 : 계층, 복지 수요, 공공복지 수급 경험의 영향을 중심으로." 『사회복지연구』 34.
중소기업특별위원회. 2005. "영세 자영업자 대책." 보도자료(05/31). 대통령직속 중소기업특별위원회.
지은정. 2012. "경기변동이 자영업이행에 미치는 영향의 연령 집단별 차이: 구축가설과 유인가설을 중심으로." 『사회복지연구』 43(2).
통계청. 2013. "가계금융·복지조사로 본 자영업자 가구의 현황 및 특징." 보도자료(06/21).
_____. 2015. "2015년 기준 기업생멸 행정 통계."
_____. 2016. "자영업 현황 분석."
현대경제연구원. 2015. "자영업자 진입-퇴출 추계와 특징. 현안과 과제."
KB경영연구소. 2012. "국내 자영업 동향 및 특성." 『KB daily 지식 비타민』, 12-1호, KB 경영연구소.
"가계 부채 취약' 자영업 대출 1년 새 27조 원 급증 …… 은퇴 연령 큰 비중." 〈민중의소리〉(2016/08/24), http://www.vop.co.kr/A00001061871.html(검색일: 2017/10/22).
"자영업 어쩌다 이 지경에'(『매일경제』 2017/04/06) http://news.mk.co.kr/newsRead.php?year=2017&no=236300 (검색일: 2017/04/09).
"자영업 빚 폭탄, 또 소 잃고 외양간 고칠 건가"(『한겨레』 2017/03/30) http://www.hani.co.kr/arti/opinion/editorial/788684.html (검색일: 2017/04/09).
Carr, Deborah 1996. "Two Paths to Self-Employment? Women's and Men's Self-Employment in the United States, 1980." *Work and Occupations* 22(1).

6장 기울어진 운동장: 자영업과 임대료·권리금

경국현·백성준. 2012. "시장관계성에 기초한 상가권리금의 재조명." 『부동산연구』 22집 1호.
기획재정부. 2014. "장년층 고용안정 및 자영업자 대책 발표." 기획재정부 보도자료(09/22).
김정욱. 2011. "권리금에 대한 법경제학적 접근." 정책연구시리즈 2011-04. 한국개발연구원.
김제완. 2015. "해외 사례로 본 상가건물임대차제도 개선 방향." 〈상가임대차제도 개선을 위한 대토론회: 상가임차인의 권리는 어떻게 보호받아야 하는가?〉. 서울시·새정치민주연합을지로위원회·서영교의원.
남기업. 2015. "헨리 조지의 사상으로 본 토마 피케티의 『21세기 자본』." 『토지+자유연구』 2015-1(15호).
다무라 후지노리. 2014. "한일 양국 상가임대차권리금의 역사적 배경 및 법적·사회적 인식의 차이." 『공간과사회』 제24권 4호(통권 50호).
맘편히장사하고픈상인모임. 2016a. "[긴급 논평] 우장창창-리쌍 사건의 쟁점과 진실"(07/08).
_____. 2016b. "[긴급논평] 우장창창-리쌍 사태에 대해, 오해하기 쉬운 7가지"(07/18).
_____. 2016c. "서울시 민생침해 예방교육 자료집."
박성규. 2014. "상가권리금에 대한 법경제학적 고찰." 『공간과사회』 제24권 4호(통권 50호).
배병일. 2004. "상가건물 임대차의 권리금." 『법학연구』 26집.

법무부. 2014. "상가건물임대차보호법 개정안 마련." 법무부 보도자료(09/24).
_____. 2015. "개정된 상가건물임대차보호법 Q&A 40선."
소상공인진흥원. 2010. "소상공인 권리금 실태조사 및 정책방안 연구 보고서."
_____. 2013. "소상공인 업종별 경쟁력 강화방안 연구."
이성영. 2015. "상가권리금 제도화 방안 모색에 대한 소고 : 권리금 측정 방안을 중심으로." 『부동산 포커스』 4월호(통권 83호).
이종아. 2015. "상가건물임대차보호법 개정의 주요 내용과 영향." 〈KB지식비타민〉(2015-44호).
이충훈. 2015. "권리금 문제의 해결을 위한 방안." 『부동산 포커스』 4월호(통권 83호).
이충훈·허명국. 2009. "상가임대차 권리금 계약에 관한 현황과 정책방향." 국회입법조사처.
이태경. 2014. "장사해서 먹고 살기 힘든 이유." 〈토지+자유 연구소〉.
임영희. 2015. "상가임차인의 현실 및 제도 개선 제안." 〈상가임대차 제도 개선을 위한 대토론회: 상가임차인의 권리는 어떻게 보호받아야 하는가?〉. 서울시·새정치민주연합을지로위원회·서영교의원.
조성찬. 2013. "모든 세입자를 약자로서 보호하려는 일본의 차지차가법이 주는 시사점." 토지+자유 리포트 2013-5(6호).
조지, 헨리. 2016. 『진보와 빈곤』. 비봉출판사.
참여연대. 2013. "상가건물임대차보호법 피해사례 보고대회 자료집."
허자연. 2016. "상가 권리금의 리스크 요인과 젠트리피케이션의 부작용 완화를 위한 정책 과제." 『부동산 포커스』 6월호(통권 97호).
"'권리금 폭탄' 언제까지 돌릴 건가요." 『경향신문』(2016/07/23).
"'뜨는 동네' 건물주-임차인 상생 '말로만 그쳐'." 『아시아경제』(2016/07/16).
"'법대로'라는 리쌍의 입장이 정의가 될 수 없는 이유." 〈오마이뉴스〉(2016/07/13).
"'상가건물임대차보호법' 두 차례 개정됐지만 …… 법대로 하면 여전히 불리한 임차인 : '리쌍 건물' 사태로 본 논란." 『국민일보』(2016/07/21).
"'조물주 위 건물주' 횡포 끝? …… 〈상가임대차보호법〉 개정안 잇단 발의." 『경향신문』(2016/06/13).
"리쌍-우장창창 갈등 …… '조물주 위 건물주' 현실 바뀔까?" 『아시아경제』(2016/ 07/12).
"서울시, 권리금 등 상가임대차 관련 분쟁조정 본격 나선다." 『경향신문』(2015/08/03).
"세입자 서윤수와 맘상모, 상가임대차보호법을 두 번 바꾸다." 『미디어오늘』(06/19).
"우장창창의 '을질'? 개정 상가법이라면 리쌍이 진다." 『미디어오늘』(07/08).
"을 코스프레? 정치적 선동? 도 넘은 '리쌍 세입자 때리기'." 『국민일보』(2016/07/10).
"제2의 우장창창 막을 임대차보호법 끝장판 나왔다." 『미디어오늘』(07/22).

7장 자영업과 갑-을-병 관계

강도현. 2014. 『골목 사장 분투기』. 북인더갭.

공정거래위원회. 2017a. "가맹분야 불공정 관행 근절대책."

______________. 2017b. "유통분야 불공정거래 근절대책."

국회의원 우원식 보도자료. 2016. "중소기업·중소상인 적합 업종 보호에 관한 특별법" 대표 발의(06/02).

김군수 외. 2012. "자영업 정책의 新패러다임." 경기개발연구원. 『이슈 & 진단』 제64호

김유선. 2016. "비정규직 규모와 실태." 한국노동사회연구소.

김태훈(전국가맹점주협의회 연석회의 사무국장) 인터뷰(2016/10/13)

박성재·이종임·유대근·조장희. 2015. "대형 유통업체 영업시간 규제 고용 영향 평가 연구." 한국노동연구원.

박제성 외. 2014. "프랜차이즈 노동관계 연구 : 하청노동연구(I)." 한국노동연구원.

새정치민주연합 을지로위원회·경제민주화전국네트워크·전국을살리기국민운동본부. 2015. "가맹사업법·공정거래법 무엇이 문제인가?"토론회 자료집(11월 11일).

소상공인시장진흥공단. 2014. "대형쇼핑몰 출점이 지역상권에 미치는 영향조사"보도자료(11월 21일).

송보화·송민수·배규식. 2014. "서비스 소업종의 저임금과 근로조건 조사와 분석: 커피전문점과 제과점 체인을 중심으로." 한국노동연구원.

오상봉. 2016. "최저임금 미준수: 현황, 제도, 개선방안." 『월간 노동리뷰』 1월호.

이주하. 2017. "새로운 자영업과 갑을관계: 특수고용노동자와 가맹사업관계를 중심으로." 『비판사회정책』 제54호.

전국가맹점주협의회 연석회의. 2016. "'전국 가맹점주 피해사례 발표 및 관련법 개정 촉구 대회' 자료집."

중소기업중앙회. 2016. "중소기업 적합 업종에 대한 대국민 인식조사 결과보고서."

최저임금위원회. 2017. "주요국가의 최저임금제도."

통계청. 2015. "2014년 기준 프랜차이즈통계."

_____. 2017. "2015년 기준 경제총조사."

"1+1 피자에 숨은 비밀." 〈오마이뉴스〉(2016/08/31).

"[2017 국감] 대형 마트 규제 풍선효과 …… 편의점·온라인 매출 2배 증가 vs 전통시장 '감소'." 『아시아경제』(2017/10/16).

"국민 10명 중 9명 '생계형 적합 업종 보호법 필요'." 『한겨레』(2017/09/18).

"대-중소기업 사이에 낀 적합 업종 제도 …… 실효성 논란 여전." 『연합뉴스』(2016/02/23).

"'사장 편드는 근로감독 아웃' 노동청 점거 알바노조 연행." 〈오마이뉴스〉(2016/01/22).

"소상공인 몰락 '자영업의 눈물'." 『주간경향』 제1163호(2016/02/16).

"자영업자에 빨대 꽂은 건물주..알바생 등골까지 빨아들여." 『경향신문』(2016/01/31).

"전국 3만6천 개 가게 망하지 않으려면 지금의 2.5배 더 팔아야." 『매일경제』(2015/09/17).

"중기적합업종 지정 권한 동반위서 중기청으로 이관되나." 〈이데일리〉(2016/06/16).

"중소기업 적합 업종 보호법·남양유업 방지법 아직 국회 '낮잠'." 『경향신문』(2015/07/26).

"중소기업 적합 업종 지정 뒤 …… 동네 빵집이 살아났다." 『한겨레』(2016/02/21).

"최저임금 1만원, 왜 아픔은 늘 청년과 소상공인의 몫인가?" 『한겨레』(2017/06/27).

"최저임금 위반 판쳐도 처벌은 고작 1%." 『한국일보』(2017/07/19).

"프랜차이즈 갑질, 공정위가 상시 감시한다." 『한겨레』(2017/07/27).

"프랜차이즈 거리 제한 자율화, 영세 가맹점주들 족쇄로." 『경향신문』(2016/04/21).
"한국 치킨 집 3만6천 곳 …… 세계 맥도날드 매장보다 많다." 『연합뉴스』(2015/10/05).

8장 자영업자들도 사회적 보호가 필요하다

강세영·유가효·홍성희. 2005. "소규모 자영업의 성별 사회경제적 제약조건." 『가족과 문화』 17(3).
국가통계포털(KOSIS). 2016. "주제별 통계: 고용·노동·임금." 통계청 (http://kosis.kr/index/index.jsp).
국민연금공단. 2016. "2016년 12월 말 기준 국민연금 통계." 국민연금연구원.
관계부처합동. 2014. "장년층 고용안정 및 자영업자 대책."
김영옥·이선행·김민수. 2011. "2000년 이후 여성노동시장의 변화와 미래전략 : 여성 자영업자의 감소현상을 중심으로." 연구보고서-8. 한국여성정책연구원.
박종서 외. 2012. "저출산 고령화 대응 영세 자영업자의 생활 실태 연구." 한국보건사회연구원.
윤홍식. 2006. "새로운 사회적 위험과 한국사회복지의 과제: 사적(가족)영역으로부터의 접근." 한국사회복지학회 추계공동학술대회.
이병희 외, 2016. "자영업자 문제와 사회적 보호." 한국노동연구원.
이삼식 외. 2013. "취업 부모의 출산 양육 여건 개선을 위한 부모 보험 제도 모형 개발." 보건사회연구원.
이승렬 외. 2009. "자영업 노동시장 연구(II)." 한국노동연구원.
이철수 외. 2014. "자영업자 고용 보험 활성화 방안." 한국국제노동법연구원.
임웅재. 2015. "영세 자영업자도 국민연금 보험료 지원." 『서울경제신문』(10/20).
장지연·신동균·박선영 2014. "적극적 복지국가와 여성노동." 한국노동연구원.
중소기업청, 2014. "소상공업체 생존율."
http://news.sbs.co.kr/news/endPage.do?news_id=N1003806410&oaid =N1003884978 &plink=REL&cooper=SBSNEWSEND&plink= COPYPASTE&cooper=SBSNEWSEND.
최민정. 2015. "여성의 노동공급유형 및 임금결정요인 분석: 임금근로와 자영업 간 비교." 『사회복지정책』 42(3).
한국복지패널. 2014. "제7차 한국복지패널." 한국보건사회연구원.
"자영업자 고용보험 가입 쉬워진다." 『매일경제』(2017/09/20).
http://news.mk.co.kr/newsRead.php?year=2017&no=633106.
Ahn, Jong-Soon. 2016. "Self-Employed Women's Social Risks and Difference in Risk Responses by Labor Market Status." The Journal of Women and Economics 13(2).
Budig, M. J. 2006. "Intersections on the Road to Self-Employment: Gender, Family and Occupational Class." Social Forces 84(4).
EUROPA. 2015. "Self-employed workers: equal treatment between men and women." EUR-Lex: Access to European Union Law.
http://eur-lex.europa.eu/legal-content/GA/TXT/?uri= URISERV:em0035.

OECD. 2017. "Poverty rate." OECD Data.
https://data.oecd.org/inequality/poverty-rate.htm(검색일 : 2017/07/22).
Schoukens, P. 2009. "자영업자의 실업 위험 보장 : EU 사례 연구." 『국제노동브리프』 3월호. 한국노동연구원.
Taylor-Gooby, Peter. 2004. "New Risks and Social Change." Peter Taylor-Gooby ed. New Risks, New Welfare: The Transformation of the European Welfare State. Oxford University Press.

9장 새로운 형태의 자영업자, 특수 형태 근로 종사자

국가인권위원회. 2015. "민간부문 비정규직 인권상황 실태조사 : 특수형태근로종사자를 중심으로."
국민권익위원회. 2012. "특수형태근로종사자 권익보호 방안."
김남희. 2014. "법도, 제도도, 노동조합도 보호해 주지 못하는 특수 고용 노동자." 참여연대 사법감시센터.
김종진. 2012. "특수 고용 노동자 산재보험 적용의 현실과 문제점." 『월간 노동사회』 5월호.
도재형 외. 2013. "특수 형태 근로 종사자 보호를 위한 입법적 방안 연구." 경제사회발전노사정위원회.
윤지영. 2012. "특수 고용 노동자의 근로관계." 『법률저널』(07/27).
이병훈 외. 2013. 『사장님도 아니야 노동자도 아니야』. 창비.
이주하. 2017. "새로운 자영업과 갑을관계: 특수고용노동자와 가맹사업관계를 중심으로." 『비판사회정책』 제54호.
이철수 외. 2013. "특수 형태 업무 종사자 실태 조사 및 고용 보험 적용 방안 연구." 고용노동부.
조흠학 외. 2008. "특수 형태 근로 종사자의 산재 발생 형태 및 전략적 예방 대책에 관한 연구 (II)." 한국산업안전공단 산업안전보건연구원.
통계청. 2016. "2016년 8월 경제활동인구조사 근로형태별 부가조사 결과."
한국비정규직노동센터. 2006. "특수 고용 연구포럼 실태조사결과보고서."
"내 남편은 택배 기사입니다." 〈네이트 판〉(2016/08/04).
http://pann.nate.com/talk/332692108?page=127.
"靑, 고용보험 적용기준을 '고용'에서 '소득'으로 개편 추진." 『경향신문』(2017/10/23).
"캐디·보험 설계사 등 산재보험 가입률 10퍼센트대." 『세계일보』(2016/10/12).
"학습지 교사, 작가 등 1백만 명 실업급여 받는다." 『한겨레』(2016/09/28).
Buschoff, K. S. and C. Schmidt. 2009. "Adapting Labour Law and Social Security to the Needs of the 'New Self-Employed' : Comparing the UK, Germany and the Netherlands." *Journal of European Social Policy* 19(2).

10장 기술 진보, 변화하는 노동시장, 그리고 '신'자영업 시대

국민연금공단. 2015. 『국민연금 통계연보』. 국민연금공단.

금재호·김기승·조동훈·조준모. 2009. "자영업 노동시장 연구(I) : 자영업의 변화 추이와 특성." 연구보고서 2009-03. 한국노동연구원.

김영범. 2014. "적극적 노동시장정책의 복지국가 유형별 다양성에 대한 분석." 『한국사회학』 48(2).

김용성. 2017. "한국 성인 역량의 현황과 개선 방향 : 문제 해결 스킬을 중심으로." 『KDI Policy Forum』 No. 265, 한국개발연구원.

김태일·최영준. 2017. "노동시장의 변화와 국민연금 사각지대에 대한 대안 : 국민연금 기여 보조에 대한 제안." 『한국정책학회보』 26(2).

나영선. 2013. "자영업자 직업능력개발 훈련수요 조사." 한국직업능력개발원.

대한민국 정부 관계부처 합동. 2014. "장년층 고용안정 및 자영업자 대책."

박가열 외. 2016. "기술 변화에 따른 일자리 영향 연구." 한국고용정보원.

박주민. 2016. 『자영업던』. 이비락.

반가운. 2015. "기업의 지식이 좋은 일자리에 미치는 영향." 『사회경제평론』 28(1).

베르너, 하인츠, 우베 브리엔. 2001. "독일의 고용 보험 제도와 적극적 노동시장 정책." 〈한국노동연구원 개원 13주년 및 고용 보험 시행 6주년 기념 고용보험제도 발전 방향에 관한 국제 심포지엄〉. 한국노동연구원.

슈밥, 클라우스 지음. 송경진 옮김. 2016. 『클라우스 슈밥의 제4차 산업혁명』. 새로운현재.

이승렬·김종일·박찬임·이덕재·홍민기. 2009. "자영업 노동시장 연구(II): 노동시장 정책과 사회보장." 연구보고서 2009-07. 한국노동연구원.

한국교육개발원. 2016. "평생 학습 개인 실태 조사."

Frey, Carl Benedikt and Michael A. Osborne. 2013. "The future of employment : How susceptible are jobs to computerisation." Oxford Martin School. Working Paper.

Hitlin, Paul. 2016. "Research in the crowdsourcing age, a case study." July 11. Pew Research Center.

McKinsey & Company. 2017. "A future that works : Automation, employment, and productivity." McKinsey Global Institute.

OECD. 1996. "The Knowledge-based Economy." http://www.oecd.org/sti/sci-tech/1913021.pdf.

_____. 2015. "Education at a glance 2015."